# Vermessungskunde

## II

## Winkel- und Streckenmeßgeräte, Polygonierung, Triangulation und Trilateration

von

Walter Großmann

und

Heribert Kahmen

Dreizehnte, völlig neubearbeitete
und erweiterte Auflage

mit 187 Figuren

1983

Walter de Gruyter · Berlin · New York

SAMMLUNG GÖSCHEN 2161

Dr.-Ing., Dr. E. h. *Walter Großmann* †
em. Professor an der Technischen Universität Hannover

Dr.-Ing. *Heribert Kahmen*
Professor an der Technischen Universität Hannover

Die Gesamtdarstellung umfaßt noch folgende Bände:
Band I: Stückvermessung und Nivellieren 15., erweiterte Auflage 1976. (Sammlung Göschen Band 2160).
Band III: Trigonometrische und barometrische Höhenmessung, Tachymetrie und Abstecken von Geraden und Kurven; Ingenieurgeodäsie 11., erweiterte Auflage 1979. (Sammlung Göschen Band 2162).

*CIP-Kurztitelaufnahme der Deutschen Bibliothek*

**Grossmann, Walter:**
Vermessungskunde / von Walter Grossmann u. Heribert Kahmen. – Berlin ; New York : de Gruyter
(Sammlung Göschen ; . . .)
NE: Kahmen, Heribert [Bearb.]
2. → Grossmann, Walter: Winkel- und Streckenmessgeräte, Polygonierung, Triangulation und Trilateration

**Grossmann, Walter:**
Winkel- und Streckenmessgeräte, Polygonierung, Triangulation und Trilateration / von Walter Grossmann u. Heribert Kahmen. – 13., völlig neubearb. u. erw. Aufl. – Berlin ; New York : de Gruyter, 1983.
(Vermessungskunde / von Walter Grossmann u. Heribert Kahmen ; 2) (Sammlung Göschen ; 2161)
ISBN 3-11-009601-3
NE: Kahmen, Heribert [Bearb.]; 2. GT

# Vorbemerkung

Verfasser der 1. bis 7. Auflage (1910 bis 1949) dieses Bandes II „Vermessungskunde“ war Prof. Dr.-Ing. *Paul Werkmeister.* 1959 erschien eine vollständige Neubearbeitung (8. Aufl.) von Prof. Dr.-Ing. *Walter Großmann*, die im Zuge der Neuauflagen von 1963, 1967, 1971, 1975 um alle wichtigen Neuerungen erweitert worden ist. Nach dem Tode von Prof. Großmann bearbeitete Prof. Dr.-Ing. *Heribert Kahmen* die 13. Auflage neu.
Die Bände Vermessungskunde I, II und III sind so geschrieben, daß sie für eine Einführung in das Vermessungswesen und nachfolgend für ein vertieftes Studium verwendet werden können. In erster Linie dienen sie als Fachliteratur für Studierende der Fachbereiche Vermessungswesen, Kartographie, Bauingenieurwesen, Architektur, Raum- und Landesplanung, Geographie und weiterer Geowissenschaften. Bei der schnellen Fortentwicklung von Techniken und Methoden sollen sie all denjenigen eine Hilfe sein, die um ihre Fort- und Weiterbildung bemüht sind.

Besonderer Dank gebührt: Dr.-Ing. *Heinz Watermann* für zahlreiche Diskussionen und die Bearbeitung vieler praktischer Beispiele, Dipl.-Ing. *Werner Weise* für die Bearbeitung von Aufgaben aus dem Bereich der Ausgleichungsrechnung, *Hans-Jürgen Kramer* für das Anfertigen vieler neuer Zeichnungen.

# Inhalt

# Symbolverzeichnis

*1. Meßwerte*

| | |
|---|---|
| $R$ | Richtungen |
| $Z$ | Zenitdistanzen |
| $D^A$ | am Entfernungsmesser abgelesene Distanz |
| $T$, $T'$ | Temperatur des trockenen bzw. feuchten Thermometers |
| $p$ | Luftdruck |

*2. Abgeleitete bzw. reduzierte Meßergebnisse*

| | |
|---|---|
| $r$ | Richtungen |
| $r^o$ | orientierte Richtung |
| $t$ | Richtungswinkel |
| $z$ | Zenitdistanzen |
| $z'$ | Zenitdistanzen (beeinflußt durch Refraktion) |
| $D$ | geometrische Weglänge |
| $S^R$ | Schrägstrecke |
| $S^0$ | Strecke in Meereshöhe |
| $S$ | ellipsoidische Länge |
| $s$ | Strecke im Gauß-Krüger-Koordinatensystem |
| $H$ | Höhe über NN |
| $\Delta H$ | Höhendifferenz |
| $\beta$ | Brechungswinkel (Polygonzug) |

*3. Koordinaten*

| | |
|---|---|
| | *rechtwinklige Koordinaten* |
| $x$, $y$ | in nordorientierten Abbildungssystemen |
| $x'$, $y'$; $\xi$, $\eta$ | in örtlichen Systemen |
| | *Polarkoordinaten* |
| $s$, $t$ | in nordorientierten Abbildungssystemen |
| $s'$, $t'$ | in örtlichen Systemen |

*4. Statistik*

| | |
|---|---|
| $s(\cdot)$ | empirische Varianz |
| $\sigma(\cdot)$ | theoretische Varianz |
| $m_p$ | mittlerer Punktfehler |

# 1. Der Theodolit und das Messen von Richtungen und Winkeln

## 1.1 Richtungen, Horizontal-, Vertikal- und Positionswinkel

Für viele Aufgaben im Vermessungswesen sind Punkte $P_1, P_2, \ldots$ in einem kartesischen Koordinatensystem durch Koordinatenberechnungen zu bestimmen. Die Koordinaten werden aus gemessenen Richtungen und Distanzen berechnet (Abb. 1.1).

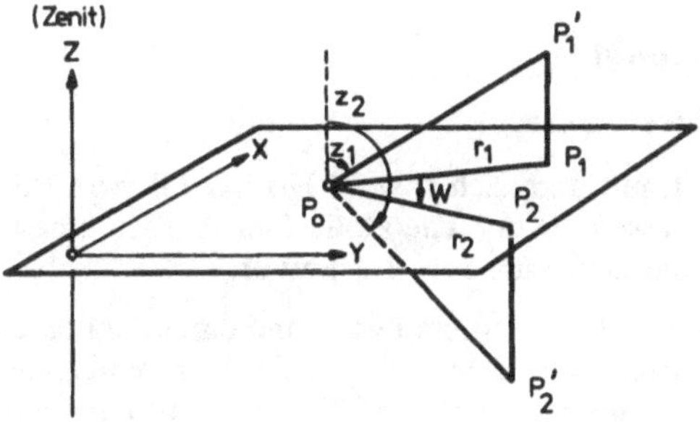


Abb. 1.1. Horizontal- und Vertikalwinkel

Die gemessenen Richtungen sollen sich möglichst einfach auf die Koordinatenachsen beziehen. Die Lotrichtung können Geräte sehr einfach anzeigen. In der Geodäsie läßt man daher die $z$-Achse mit der Lotrichtung zusammenfallen, die $xy$-Bezugsfläche ist dann eine Horizontalebene. Für die Orientierung horizontaler Richtungen $r_1 r_2, \ldots$ in bezug auf die $x$-Achse gibt es rechnerische [5] und instrumentelle Verfahren [1.8].

Winkel berechnen sich aus der Differenz zweier Richtungen. Je nach Lage in einer horizontalen oder vertikalen Ebene unterscheidet man zwischen Horizontal- und Vertikalwinkeln. In Abb. 1.1. bilden die Projektionen der Geraden $P_0P_1'$ und $P_0P_2'$ auf die Horizontalebene den Horizontalwinkel $w$. Bei den Vertikalwinkeln unterscheidet man zwischen Zenitwinkeln und Höhenwinkeln. Die Strahlen zu den Zielpunkten $P_1'P_2'$, . . . bilden mit der durch den Standpunkt $P_0$ gehenden Richtung zum Zenit die Zenitwinkel $z$. Die Strahlen zu den Zielpunkten und ihre Projektionen auf die Horizontalebene durch $P_0$ schließen Höhenwinkel $(\pi/2 - z)$ ein.

Der Winkel $P_1'P_0P_2'$ heißt Positionswinkel; dieser wird mit einem Sextanten gemessen. Für die Geodäsie hat dieser Winkel keine Bedeutung.

## 1.2 Der Theodolit

### 1.2.1 Der äußere Aufbau

Das Instrument, mit dem sich sowohl Horizontal- wie Vertikalwinkel messen lassen, ist der Theodolit. Der Aufbau eines einfachen Theodoliten geht aus Abb. 1.2 hervor.

Der Theodolit besteht aus einem festen und einem um eine vertikale Achse – Stehachse – drehbaren Teil. Der bewegliche Teil ist eine Stütze, die die Stehachse und Kippachse miteinander verbindet. Letztere ist in Kippachslagern der Stütze gelagert. Sie trägt das Fernrohr und den mit einer Altgrad- oder Gonteilung versehenen Vertikalkreis. Die Stehachse ist ein Teil der Stütze. Die Stehachsbuchse verbindet den Theodoliten mit dem horizontierbaren Unterbau – z. B. einem Dreifuß oder Kugelfuß – und trägt den ebenfalls mit einer Altgrad- oder Gonteilung ausgestatteten Horizontalkreis. Die Ableseeinrichtungen für den Horizontal- und Vertikalkreis befinden sich in der Stütze. Der Unterbau ist über Dreifußschrauben mit einer Libelle horizontierbar. Die Verbindung zwischen der Stehachsbuchse und dem Dreifuß kann fest sein oder in einer Zwangszentrierung abnehmbar [1.5.4].

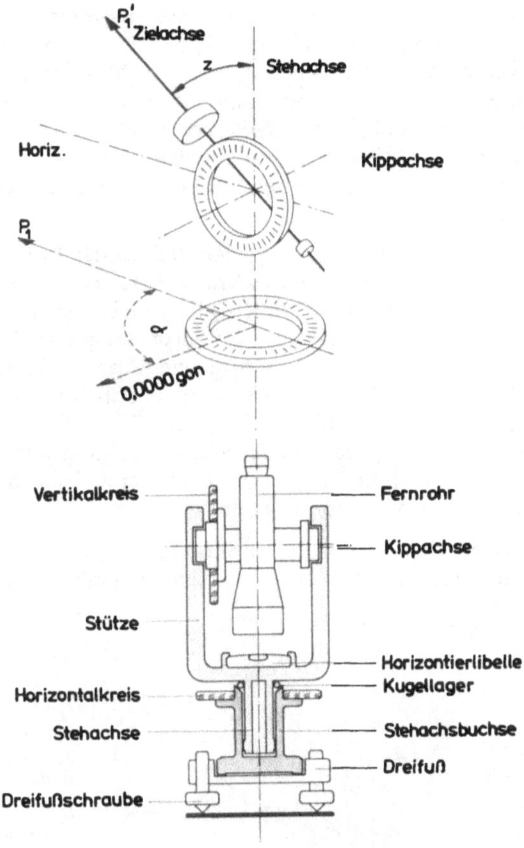


Abb. 1.2. Darstellung eines einfachen Theodolits

## 1.2.2 Die Achsen

### *1.2.2.1 Die Vertikal- oder Stehachse*

Die Stehachse hat zwei Aufgaben: sie nimmt das Gewicht der Stütze auf und bewirkt, daß die Drehachse der Stütze mit dem

Zentrum der Teilung des Horizontalkreises zusammenfällt. Die Stehachse hat in unterschiedlichen Theodoliten verschiedene Formen. Ältere Theodolite haben konische Achsen, welche individuell angepaßt und häufiger gereinigt und geölt werden müssen; neuere sind ausschließlich mit Zylinderachsen ausgestattet, die sich besser für die Serienherstellung eignen und praktisch wartungsfrei sind. Die Achsen werden im allgemeinen aus gehärtetem Stahl hergestellt.

Günstige Reibungsverhältnisse ergeben sich durch Verkleinern der Berührungsflächen zwischen Achse und Buchse sowie durch Stützen und Führen der Achse mit Kugellagern. Es gibt Theodolite, bei denen ein unterer und oberer Führungsring das Zentrum der Stehachse und ihre Winkellage festlegen (Abb. 1.3). Das Gewicht der Stütze nimmt bei diesem System ein Stützkugellager am unteren Ende der Achse auf. Bei anderen Theodoliten werden die Winkellage und das Zentrum der Stehachse durch einen unteren Führungsring und ein Kugellager zwischen Achsbuchse und Achsflansch am oberen Ende festgelegt.

Das Kugellager nimmt dann gleichzeitig das Gewicht auf (Abb. 1.4). In dem Achssystem von Abb. 1.5 legt ein Planlager die Win-

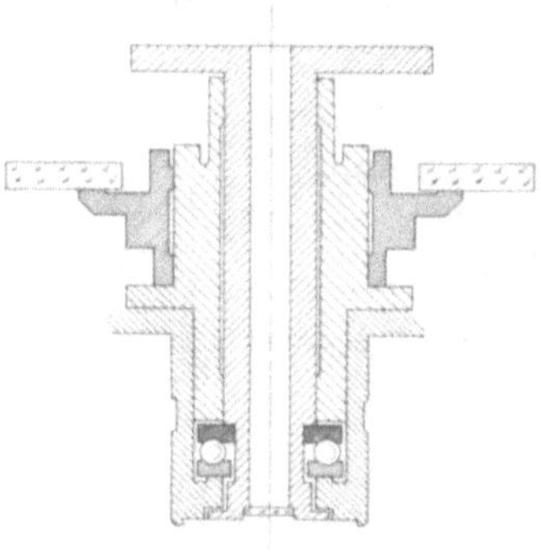

Abb. 1.3. Achssystem mit zwei Führungsringen und Stützkugellager (Beispiel *Zeiss* Th 42)

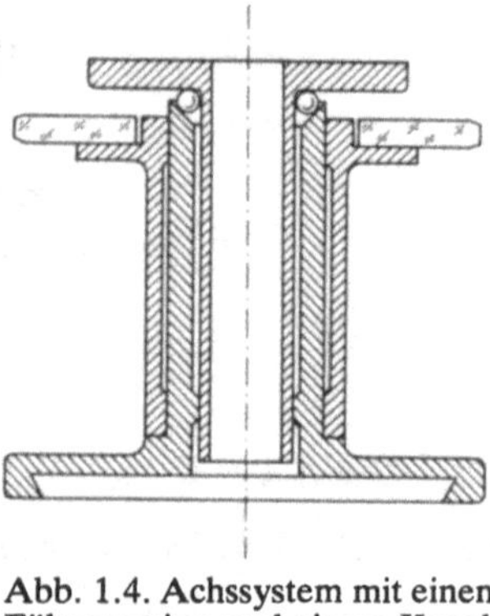

Abb. 1.4. Achssystem mit einem Führungsring und einem Kugellager (Beispiel *Wild* T2)

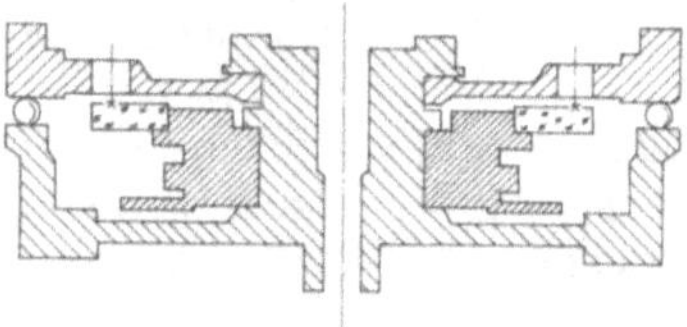

Abb. 1.5. Achssystem mit einem Planlager und Achszapfen (Beispiel *Kern* DKM 2)

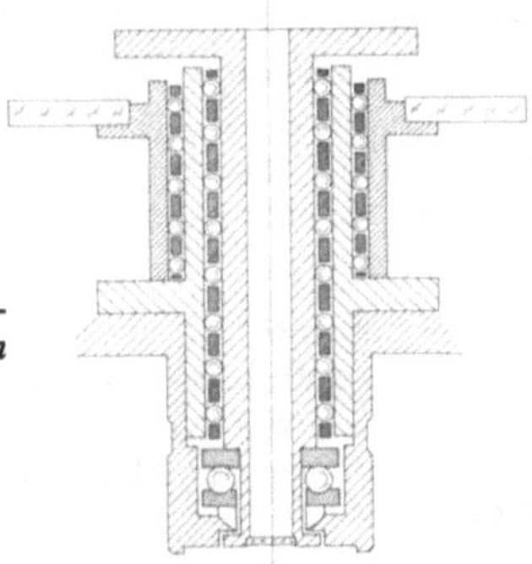

Abb. 1.6. Achssystem mit Kugelführungsachse (Beispiel *Zeiss*)

kellage fest und ein zusätzlicher Achszapfen das Zentrum; auch hier nimmt das Kugellager das Gewicht der Stütze auf. Die Kugelführungsachse (Abb. 1.6) ist im Gegensatz zur Zylinderachse kein gleitendes, sondern ein rollendes Achssystem. Das System ist absolut spielfrei, da der Durchmesser der Kugeln um wenige $\mu$m größer ist als der Spalt zwischen Achse und Buchse.

Im Hinblick auf die Anordnung der Stehachsen unterscheidet man ein- und zweiachsige Systeme. Bei Einachsern sind die Stehachsbuchse und der Teilkreis fest miteinander verbunden (Abb. 1.2). Bei zweiachsigen Systemen (Abb. 1.3 ... 1.6) ist die feste Verbindung von Stehachsbuchse und Teilkreis aufgegeben. Der Kreis ist mit einer Kreisbuchse versehen und um die Stehachsbuchse drehbar; die Kreisbuchse und die Stehachse berühren sich dabei nicht. Die Buchse des Horizontalkreises wird so angepaßt, daß die Stehachse und die Kreisachse zusammenfallen. Ein verstellbarer Horizontalkreis bietet zusammen mit speziellen Meßanordnungen folgende Vorteile:

- kurzperiodische Teilungsfehler lassen sich weitgehend herabsetzen und grobe Ablesefehler aufdecken [1.7.3]
- unvermeidbare Schätzfehler bei der Ablesung werden durch Repetitionswinkelmessung verkleinert [1.7.4]
- bei Absteckungsarbeiten kann man bestimmte Meßwerte vorgeben.

Optische Theodolite höherer Genauigkeit haben normalerweise einen verstellbaren Teilkreis. Bei elektronischen Theodoliten sind die Vorteile der mechanischen Teilkreisverstellung durch elektronische Schaltvorgänge ersetzbar; elektronische Präzisionstheodolite haben daher nicht immer einen verstellbaren Horizontalkreis.

Bei Instrumenten für die Zwangszentrierung [1.5.4] bilden Stütze, Kreise und Achssystem ein in sich zusammenhängendes Teil, das mittels einer Klemmvorrichtung im Unterbau festgehalten und nach Lösen der Klemme herausgehoben werden kann (Abb. 1.51 . . . 1.54).

### *1.2.2.2 Die Horizontal- oder Kippachse*

Sie trägt den Vertikalkreis und ermöglicht das Auf- und Abwärtskippen des Fernrohres in der Vertikalen; sie ist senkrecht zur optischen Achse des Fernrohres angeordnet. Die zylindrischen Achszapfen der Kippachse ruhen normalerweise in V-Lagern (Abb. 1.7). Die Kippachse liegt dann auf zwei – um 45° von der Senkrechten entfernten – erhabenen Stellen auf. Die Achsführung ist spielfrei, da der wegen der kleinen Auflagefläche relativ hohe Druck den Fettfilm des Schmierfettes gleichmäßig verteilt.

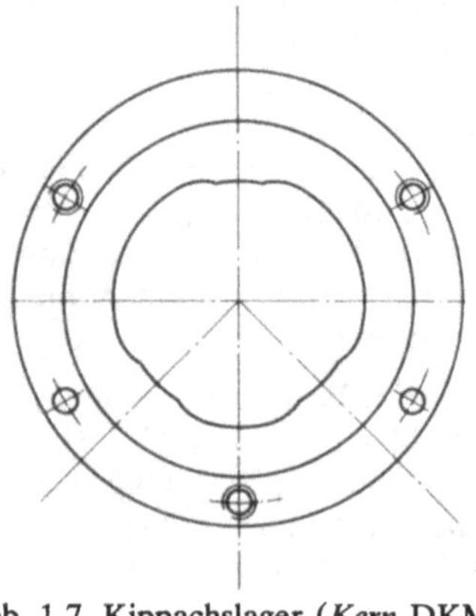

Abb. 1.7. Kippachslager (*Kern* DKM 2-A)

Bei vielen Instrumenten ist eines der Lager gegenüber der Stütze um kleine Beträge zu heben oder zu senken, damit die Kippachse senkrecht zur Stehachse eingestellt werden kann. Bei anderen Geräten läßt sich der Winkel zwischen Steh- und Kippachse durch einen keilförmigen Stehachsflansch verändern. Bei neueren Instrumenten kann nur der Hersteller die Kippachse einstellen.

Das Meßfernrohr befindet sich in der Mitte der Kippachse. Die Fernrohrstützen sollen so hoch sein, daß man das Fernrohr durchschlagen kann. Bei einigen speziellen Instrumenten ist das Fernrohr am Ende der Kippachse außerhalb der Lager befestigt [1.6.2.2].

Im Innern sind die Kippachsen normalerweise hohl, damit sie den optischen Strahlengang für die Teilkreisablesungen aufnehmen können.

#### *1.2.2.3 Die Ziellinie des Fernrohres*

Sie ist die Gerade durch den Schnittpunkt des Strichkreuzes und den Mittelpunkt des Objektivsystems. Die Definition gilt bei Einstellung auf $\infty$ [Band I, 52.3]. Ihre Lage kann durch Justieren in beschränktem Umfang verändert werden [1.6.11].

#### *1.2.2.4 Vertikalstellen der Stehachse*

Zum Horizontieren des Theodolits befinden sich auf der Stütze normalerweise eine oder zwei Flüssigkeitslibellen; einige elektronische Theodolite haben elektronische Libellen [Band I, 51]. Bei einer Winkelmeßgenauigkeit von 0,1 bis 2 mgon ist die Stehachse mit einer Toleranz von 1 mgon vertikal zu stellen. Normalerweise wird zunächst mit einer Dosenlibelle grob horizontiert. Das Feinhorizontieren erfolgt anschließend mit einer senkrecht oder parallel zur Kippachse angeordneten Präzisionslibelle. Bei Theodoliten mit einer elektronischen Libelle ist das Feinhorizontieren mit den Dreifußschrauben nur begrenzt erforderlich, wenn ein geräteinterner Rechner die Fehlereinflüsse der restlichen Stehachsschiefe korrigiert.

### 1.2.3 Die Kreise

#### *1.2.3.1 Der Horizontalkreis*

Er besteht entweder aus Glas oder bei einfachen Theodoliten aus Metall oder Kunststoff. Die Teilung ist im Uhrzeigersinn beziffert. In den meisten Ländern und bei astronomischen Messungen nutzt man Kreise mit Gradteilung. In den deutschsprachigen Ländern, Frankreich und einigen anderen Ländern werden für Vermessungsarbeiten Kreise mit Gon-Teilung bevorzugt. Die Teilung der Kreise stellt man mit speziellen Kreisteilmaschinen als Positiv oder Negativ her. Von diesem Original – auch Mutterkreis genannt – stellt man weitere Gebrauchskreise durch Kontaktkopien her. Für ein Negativ seien die Arbeitsgänge erläutert: Eine auf den Kreis aufgebrachte fotoempfindliche Lackschicht wird durch das Negativ belichtet und anschließend die Teilung und Bezifferung aus der Lackschicht gelöst. Danach bedampft man die glasblanken Stellen mit Chrom und wischt die restlichen Lackflächen ab; das Ergebnis ist ein Positiv von Teilung und Bezifferung. Die Teilstriche sind bei Glaskreisen einige $\mu$m breit.

Je größer der Durchmesser der Teilung ist, um so weniger wirken sich etwaige Teilungsfehler aus; der Teilkreisdurchmesser wird daher vielfach als Gütemerkmal für einen Theodoliten angesehen. Feldmeßtheodolite haben Kreisdurchmesser von 60 mm . . . 100 mm, wobei die Kreise meistens in 20′ oder 30′ oder in 0,5 gon unterteilt sind. Ablesemikroskope oder elektronische Abtastsysteme ermöglichen genauere Ablesungen durch Interpolation zwischen benachbarten Teilstrichen. Teilstrichfehler lassen sich durch besondere Anordnungen der Teilstriche, durch spezielle Abtastverfahren und besondere Meßanordnungen klein halten.

Die Abb. 1.8a, b, c zeigen Ausschnitte von Teilkreisen einiger Theodolite mit visueller Ablesung. Es gibt z. B. einfache Teilungen (a), Doppelkreisteilungen (b) und Doppelkreisteilungen mit Einzel- und Doppelstrichen (c). Die Abb. 1.9a, b, c zeigen Ausschnitte der Kreise elektronischer Theodolite; sie haben anstelle arabischer Ziffern binär codierte Ziffern oder keine Ziffern.

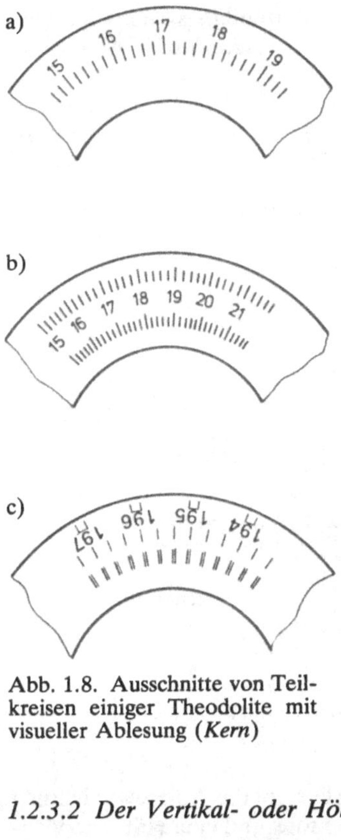


Abb. 1.8. Ausschnitte von Teilkreisen einiger Theodolite mit visueller Ablesung (*Kern*)

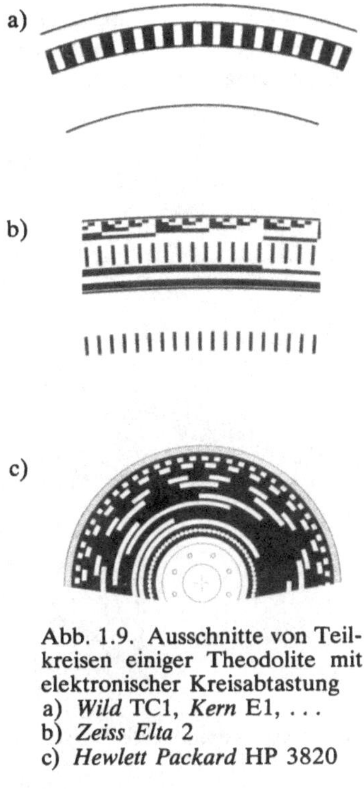


Abb. 1.9. Ausschnitte von Teilkreisen einiger Theodolite mit elektronischer Kreisabtastung
a) *Wild* TC1, *Kern* E1, . . .
b) *Zeiss Elta* 2
c) *Hewlett Packard* HP 3820

### *1.2.3.2 Der Vertikal- oder Höhenkreis*

Er steht senkrecht auf der Kippachse; das Zentrum seiner Teilung liegt in ihr. Er wird wie der Horizontalkreis hergestellt; bei einigen Theodoliten hat er einen kleineren Durchmesser als der Horizontalkreis. Während bei der Horizontalwinkelmessung der Teilkreis feststeht und die Stütze sich bewegt, sitzt der Höhenkreis fest auf der Kippachse und macht alle Bewegungen des Fernrohres mit. Die Ablesevorrichtung ist stützenfest angebracht. Da sich die Vertikalwinkel auf die Richtung zum Zenit beziehen (Abb. 1.1), liegen der Ableseindex und das Zentrum des Kreises auf einer in Lotrichtung zeigenden Verbindungslinie. Eine vereinfachte Darstellung einer von Hand einstellbaren Ableseeinrichtung zeigt Abb. 1.10.

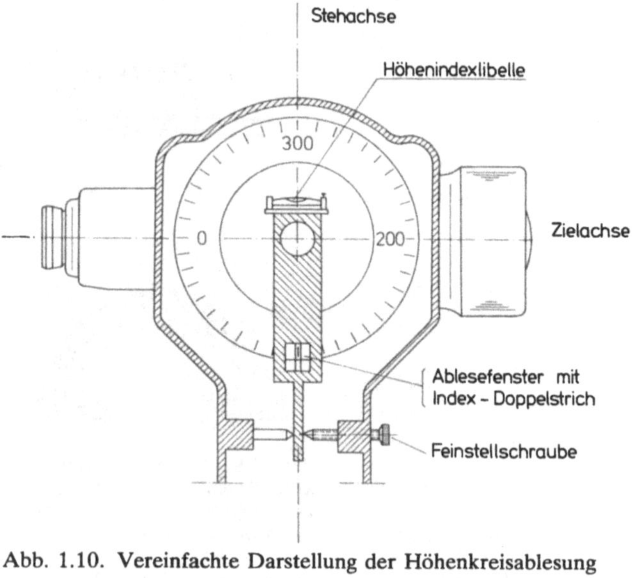


Abb. 1.10. Vereinfachte Darstellung der Höhenkreisablesung

In dieser schematischen Zeichnung besteht die Ablesevorrichtung aus einem Rahmen, der den Ableseindex und eine Höhenindexlibelle trägt. Mit einer Feinstellschraube kann der Rahmen geringfügig um eine Achse bewegt werden, die mit der Kippachse zusammenfällt. Bei richtig justierter Höhenindexlibelle verläuft die Linie durch den Ableseindex und das Zentrum des Kreises in Richtung zum Zenit, wenn die Höhenindexlibelle von dem Beobachter mit der Feinbewegungsschraube eingestellt ist. Bei den meisten neuen Instrumenten stellt der Ableseindex sich mit einem der Schwerkraft gehorchenden Kompensator automatisch in die Ausgangslage ein [Band III, 12.3]. Der Höhenkreis ist meistens, wie Abb. 1.10 zeigt, so geteilt, daß nicht Höhenwinkel, sondern Zenitwinkel abgelesen werden [1.1].

Wie Abb. 1.1 und 1.10 zeigen, liegt das Zentrum der Vertikalwinkel in dem Schnittpunkt von Steh-, Kipp- und Zielachse. Bei Höhenberechnungen muß daher der lotrechte Abstand der Kippachse von dem Bodenpunkt berücksichtigt werden.

### 1.2.4 Klemme, Feintrieb, Kreistrieb

Um das Fernrohr genau ausrichten und bestimmte Kreislagen einstellen zu können, müssen die gegeneinander drehbaren Teile des Theodolits fest miteinander gekoppelt und zusätzlich mit einem Feintrieb um kleine Winkel gegeneinander verstellbar sein.

Diese Vorgänge lassen sich unter anderem mit

- Klemmen und Feintrieben
- einer Kreisklemme oder
- einem Kreistrieb mit Zahnrad und Ritzel

ausführen.

Während der Horizontalwinkelmessung befestigt man zeitweilig die Stütze mit einer Klemme an der Stehachsbuchse. Über einen Feintrieb läßt sich die Stütze dann noch um kleine Winkel um die Stehachse drehen. Eine einfache Ausführung zeigt Abb. 1.11. Mit einer Schraube *S* und einem Klemmstücke *K* wird ein mit einem Ausleger versehener Ring *R* fest an die Achsbuchse gepreßt. Die Feinbewegungsschraube *F* und ihre Gegenfeder *G* schließen einen Zapfen *Z* ein, der mit der Stütze verbunden ist. Der Feintrieb ermöglicht kleine Drehungen der Stütze. Bei Instrumenten höherer Genauigkeit läßt sich die Einstellgenauigkeit durch eine zusätzliche Hebelübertragung steigern. In einigen neueren Geräten sind die Klemme und der Feintrieb koaxial angeordnet. Ein Beispiel zeigt Abb. 1.12. Durch Drehen der Klemmschraube *S* preßt sich das Klemmstück *K* gegen die Stehachsbuchse *Stb*. Beim Drehen des Feintriebs *F* drückt ein Bolzen *B* gegen den Hebelarm *H*, dessen Bewegung sich mit einem weiteren Bolzen *Bo* auf die Stütze überträgt.

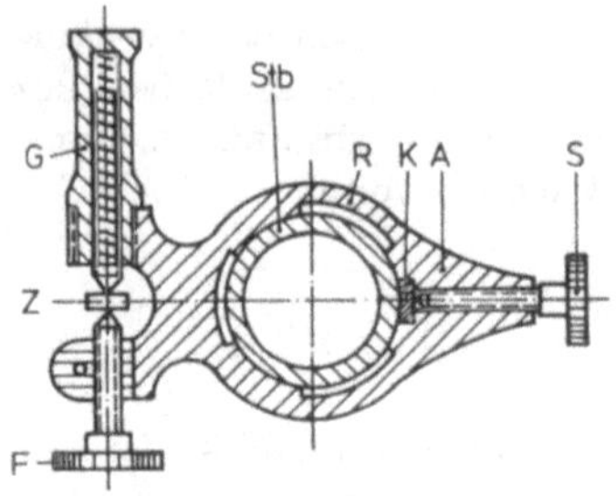


Abb. 1.11. Klemme mit Seitenfeintrieb

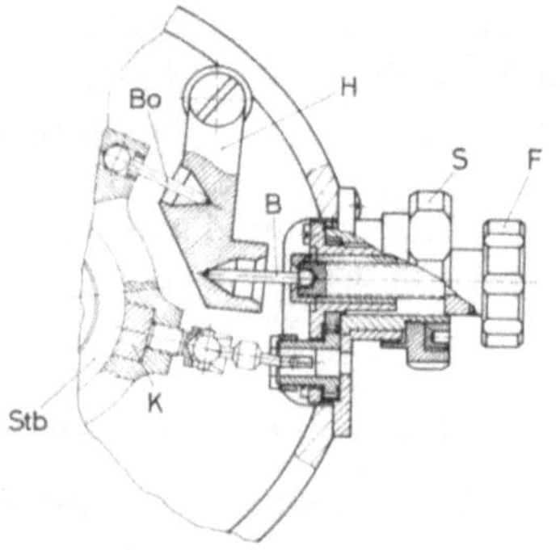


Abb. 1.12. Klemme mit koaxialem Feintrieb (*Breithaupt*)

Die Höhenklemme legt die Kippachse gegenüber der Stütze fest. Der Höhenfeintrieb ermöglicht das genaue Einstellen vertikaler Richtungen. Im Prinzip entsprechen die Konstruktionen denen, die der Horizontalwinkelmessung dienen. Unterschiedliche Ausführungen zeigen die Abb. 1.13, 1.23.

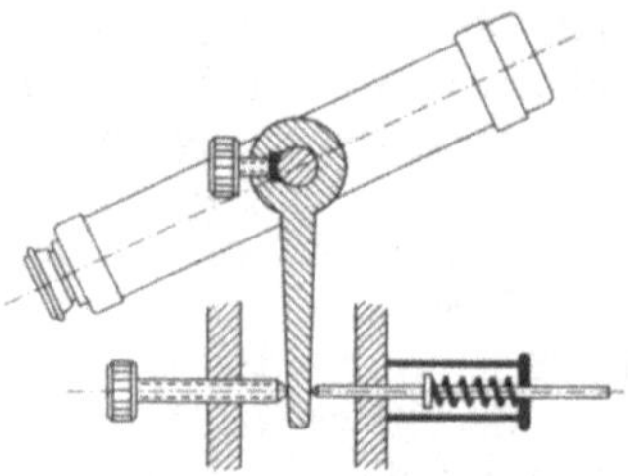

Abb. 1.13. Höhenklemme mit Höhenfeintrieb

Zweiachser bieten zusätzliche Möglichkeiten der Kreisverstellung. Es gibt unterschiedliche Anordnungen. Bei einfachen Theodoliten lagert vielfach die Kreisbuchse unter Reibung auf der Stehachsbuchse. Zum Verstellen koppelt man den Kreis vorübergehend mit einer Kreisklemme an die Stütze. Ein Beispiel für eine

Klemme zeigt Abb. 1.14. Die Klemme ist an der Stütze angebracht. Mit dem Kreis ist eine Scheibenmembran verbunden, die man durch einen an der Stütze sitzenden Hebel vorübergehend an der Stütze befestigen kann; der Kreis nimmt dann an der Bewegung der Stütze teil.

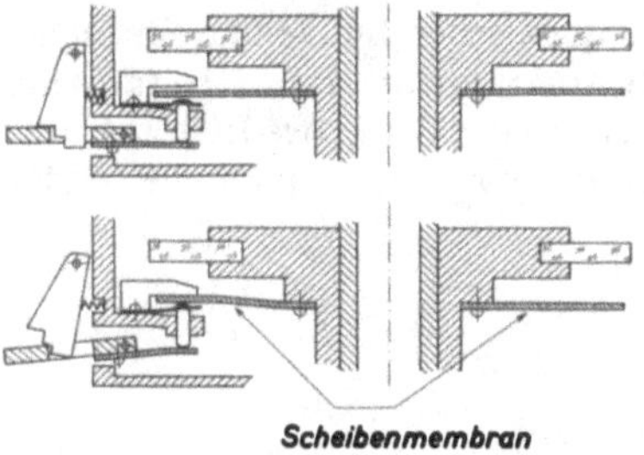


Abb. 1.14. Kreisklemme (*Jenoptik*)

Aufwendigere Theodolite haben zwei Klemmen je mit einem Feintrieb. Mögliche Anordnungen zeigt die Abb. 1.15. Bei einigen Instrumenten des Typs a) kann der Beobachter die Stütze mit dem Kreislager sowie mit der Achsbuchse koppeln und je fein dagegen verstellen; ist die Anordnung b) gegeben, so kann er die Stütze an dem Kreislager sowie das Kreislager an der Achsbuchse befestigen und je die einzelnen Teile gegeneinander bewegen.

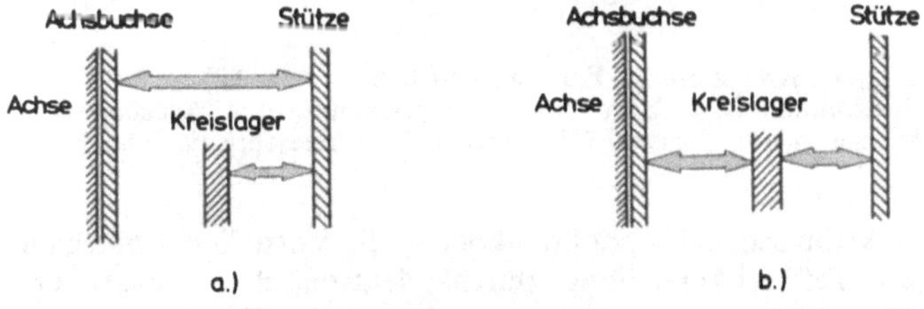


Abb. 1.15. Verschiedene Anordnungen für die Feinverstellung von Kreis und Stütze (z. B. a) *Zeiss* Th42, *Kern* K1S, K1M; b) *Wild* T16, T1 . . .)

Die zuvor beschriebenen Konstruktionen mit Kreisklemmen ermöglichen:

- das Nullen oder Orientieren des Horizontalkreises
- die repetitive Winkelmessung.

Theodolite mittlerer, hoher und höchster Genauigkeit haben einen Kreistrieb mit Zahnrad und Ritzel, durch den sich der Horizontalkreis bei fester Verbindung zwischen Stütze und Stehachsbuchse drehen läßt. In der Konstruktion von Abb. 1.16 trägt die Kreisbuchse ein Zahnrad, in welches das Ritzel des Einstellknopfes greift. In der Ruhestellung wird das Ritzel durch eine Feder von der Scheibe weggedrückt.

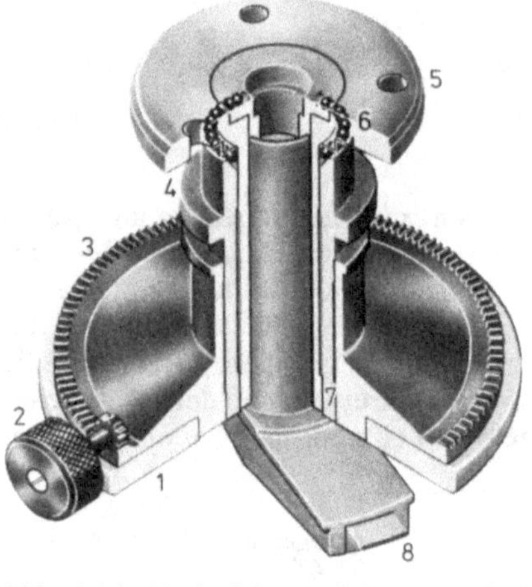


Abb. 1.16. Kreistrieb mit Zahnrad und Ritzel (*Wild* T2)
1 Horizontalkreis; 2 Einstellknopf; 3 Kreisbuchse; 4 Achsbuchse; 5 Stehachse; 6 Kugellager; 7 Gleitlager; 8 Kreisableseprisma

In elektronischen Theodoliten können die Vorteile der mechanischen Teilkreisverstellung durch elektronische Abtast- und Schaltvorgänge ersetzt werden; elektronische Theodolite haben daher teilweise feste Teilkreise.

### 1.2.5 Kreisablese- und Kreisabtastvorrichtungen

Die Richtungen der Zielachse lassen sich an den Kreisen mit einem Ablesemikroskop ablesen oder elektronisch abtasten. Die Art der Meßwerterfassung ist für die nachfolgende Meßwertverarbeitung von entscheidender Bedeutung. Obwohl die Theodolite von ihrem mechanischen Aufbau her weitgehend ähnlich sind, erscheint es daher zweckmäßig, zwischen *optischen Theodoliten* (Theodoliten mit optischer Kreisablesung) und *elektronischen Theodoliten* (Theodoliten mit elektronischer Kreisabtastung) zu unterscheiden. Mit elektronischen Theodoliten läßt sich von der Meßwerterfassung bis zur Datenverarbeitung und Dokumentation ein automatischer Datenfluß erzeugen; zusammen mit elektronischen Entfernungsmessern setzt man sie bevorzugt für großflächige Aufgaben mit umfangreichem Datenmaterial ein. Optische Theodolite sind erheblich preisgünstiger zu erwerben, andererseits jedoch weniger automationsfreudig; sie werden vorteilhaft für weniger umfangreiche Aufgaben eingesetzt.

## 1.3 Optische Theodolite

### 1.3.1 Die Kreisablesevorrichtungen

Sie sind allgemein als Meßmikroskop ausgebildet. Nur bei sehr einfachen Theodoliten dienen zum Ablesen ein Indexstrich und eine Lupe. Die Prinzipien der Ablesevorrichtungen beeinflussen weitgehend den Aufbau und die Genauigkeit der Theodolite. Bei den Meßmikroskopen unterscheidet man im wesentlichen zwischen:

- Strichmikroskopen
- Skalenmikroskopen
- Strichmikroskopen mit optischem Mikrometer und
- Koinzidenzmikroskopen mit optischem Mikrometer.

Während bei den ersten drei Vorrichtungen eine Ablesung nur eine Teilkreisstelle erfaßt, ermöglicht das Koinzidenzmikroskop das gleichzeitige Ablesen und Mitteln zweier Kreisstellen. In neueren Theodoliten verdrängen zunehmend elektronische

Kreisabtastsysteme [1.4] die optisch-mechanischen Ablesevorrichtungen.

### 1.3.2 Die Ablesemikroskope

Sie erhöhen die Auflösung der nur einige hundertstel bis zehntel Millimeter breiten Teilungsintervalle. Die optischen Systeme sind meistens in der Stütze und einem Tubus neben dem Fernrohr untergebracht (Abb. 1.17, 1.23).

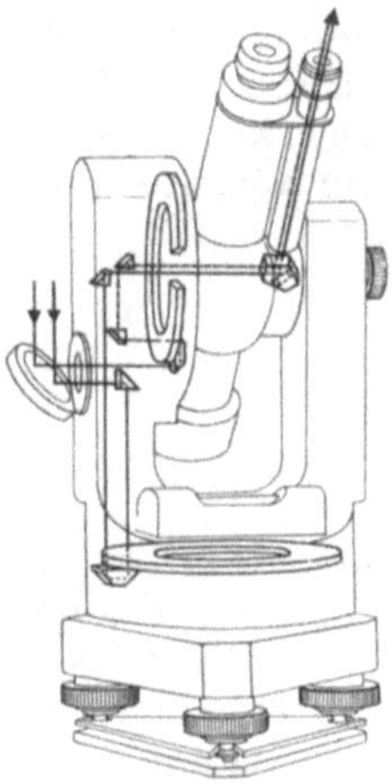

Abb. 1.17. Strahlengang eines Ablesemikroskops bei Theodoliten mit einer Ablesestelle

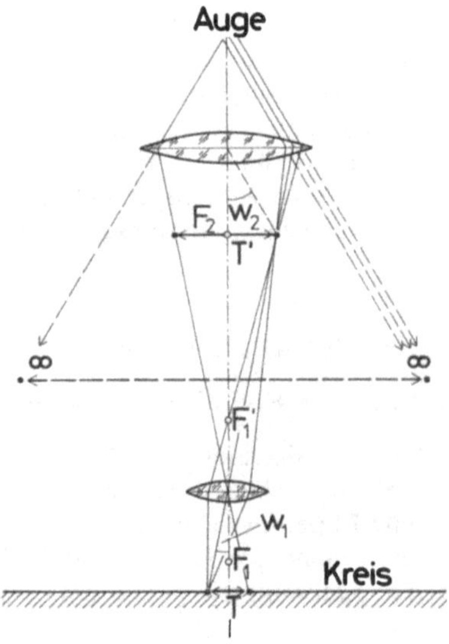


Abb. 1.18. Strahlengang im Ablesemikroskop

Zielen und Ablesen erfolgt schnell und einfach, wenn sich das Mikroskopokular neben dem Fernrohrokular befindet und beide Kreisbilder in jeder Beobachtungslage gleichzeitig sichtbar sind. Bei einigen Theodoliten haben die Bilder der Kreise unterschiedliche Farben. Die Ablesungen an Horizontal- und Vertikalkreis sind dann klar zu unterscheiden und Verwechslungen praktisch ausgeschlossen. In der Regel sorgt ein Drehspiegel an einer Seite der Fernrohrstütze für die Beleuchtung. Bei Nachtbeobachtungen oder z. B. in Schächten benötigt man eine künstliche Lichtquelle; viele Theodolite haben hierfür als Zubehör eine elektrische Ansteckleuchte.

Neuere Theodolite haben in der Regel nur ein Ablesemikroskop. Der Strahlengang des Mikroskops (Abb. 1.18) entspricht weitgehend dem des Fernrohres; das Objektiv ist allerdings kurzbrennweitig. Der Gegenstand, ein Ausschnitt der Kreisteilung, befindet sich zwischen der einfachen und doppelten Brennweite. In der Bildebene des Mikroskops ist anstelle des Strichkreuzes eine Ablesemarke zu sehen, deren Abstand von dem vorhergehenden Teilstrich der Kreisteilung bestimmt werden muß. Die Ablesemarke kann ein Indexstrich, die Nullmarke einer Skala oder das Bild eines diametral liegenden Teilstriches sein.

Damit die Mikroskope einwandfreie Ablesungen ermöglichen, haben sie mehrere optische Bedingungen zu erfüllen. Es müssen infolgedessen entsprechende Justiermöglichkeiten vorhanden sein.

a) Damit ein scharfes Bild des Kreisausschnittes in der Ebene der Ablesemarke entsteht, muß der Abstand der Bildebene vom Objektiv – d.h. die Bildweite – geändert werden können.

b) Befindet sich in der Bildebene außer dem Nullstrich eine Skala, so muß, damit diese genau mit dem Bild eines entsprechenden Teilungsintervalls zusammenpaßt, die Gegenstandsweite geändert werden können. Ein etwaiger Unterschied zwischen der Skalenausdehnung und dem Bild des zugehörigen Teilungsintervalls wird als Maßstabsfehler (Run) bezeichnet. Das Erfüllen der Bedingung b) heißt daher auch Maßstabsfehlerbeseitigung (Runbeseitigung).

Mängel zu a) und b) können bei den heutigen Kompaktinstrumenten nur in den Werkstätten beseitigt werden.

Neben diesen beiden für die Justierung erforderlichen – objektiven – Einstellungsmöglichkeiten tritt noch eine subjektive Forderung: Der jeweilige Beobachter muß, um die Ablesemarke in die für sein Auge günstigste Sehweite zu bringen, das Okular in der Okularfassung verschieben können.

### *1.3.2.1 Das Strichmikroskop*

Das einfache Strichmikroskop Abb. 1.19 hat als Ablesemarke einen Strich, der normalerweise auf eine Glasplatte aufgedampft ist. Bei der Justierung braucht nur die erste der in 1.3.2 genannten Bedingungen erfüllt zu werden. Der Teilkreis eines Strichmikroskoptheodolits ist in der Regel in 10′ oder 10 cgon eingeteilt. Zur Ablesung hat man lediglich den Abstand des Ablesestriches von den nächsten Teilstrichen auf 1/10 des Teilkreisintervalls zu schätzen. Die Ablesegenauigkeit ist nicht sehr hoch; doch kann man sehr schnell und sicher ablesen. Abb. 1.20 a zeigt das Gesichtsfeld zweier Theodolite, in denen sowohl die Ablesungen am Vertikalkreis wie die am Horizontalkreis erscheinen.

Abb. 1.19. Ablesung eines einfachen Strichmikroskops

108,47 gon

a) b)

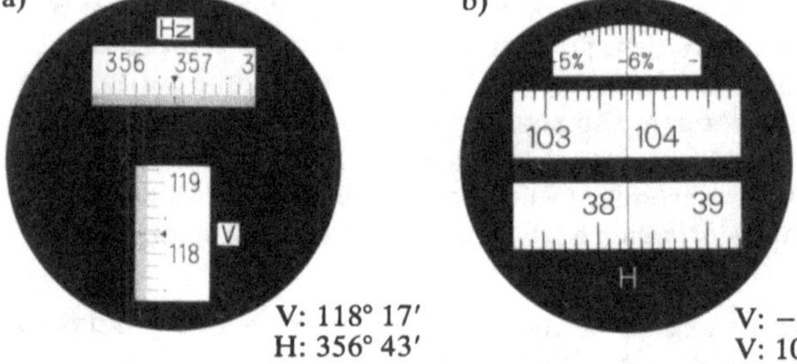


V: 118° 17′
H: 356° 43′

V: −5, 90%
V: 103,75 gon
H: 38,28 gon

Abb. 1.20. Sehfelder von Strichmikroskopen mit Horizontal- und Vertikalkreisablesung a) *Wild* T05 b) *Kern* K0-S

Der Vertikalkreis des Beispiels b) trägt im Bereich von − 15% bis + 15% zusätzlich eine Prozentteilung, die das Festlegen und Kontrollieren von Neigungen ermöglicht.

Wird eine höhere Ablesegenauigkeit erstrebt, so muß der Abstand des Ablesestrichs von dem vorangehenden Strich der Kreisteilung mit einer Skala oder mit einem optischen Mikrometer gemessen werden.

### *1.3.2.2 Das Skalenmikroskop*

Es hat in der Mikroskopbildebene eine Skala, deren Länge bei richtiger Justierung dem Strichabstand des abgebildeten Teilkreises entspricht. Die von der Nullmarke ausgehende Bezifferung verläuft in der Regel entgegengesetzt zu der des Teilkreises. Den Abstand der Nullmarke von dem vorhergehenden Teilstrich liest der Beobachter an der Skala ab.

Das Teilungsintervall der Kreise beträgt bei neueren Theodoliten normalerweise 1 gon oder 1° und das der Skala 10 mgon oder 0,5′ bzw. 1′. Geschätzt werden je nach Instrument 1 bis 2 mgon oder 0,1′. Abb. 1.21 zeigt unterschiedliche Ablesebeispiele.

a) b) c)

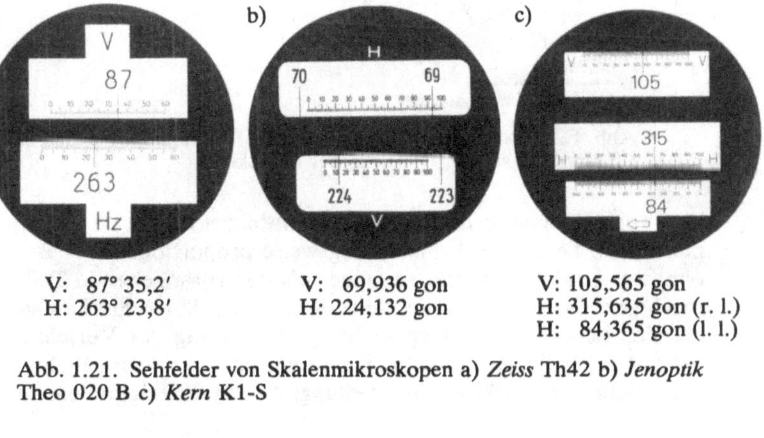


V: 87° 35,2′
H: 263° 23,8′

V: 69,936 gon
H: 224,132 gon

V: 105,565 gon
H: 315,635 gon (r. l.)
H: 84,365 gon (l. l.)

Abb. 1.21. Sehfelder von Skalenmikroskopen a) *Zeiss* Th42 b) *Jenoptik* Theo 020 B c) *Kern* K1-S

In den Sehfeldern a) und b) erscheinen die Bilder des Horizontal- und Vertikalkreises in unterschiedlichen Farben; sie sollen zusätzlich Ablesefehler vermeiden helfen. In dem Sehfeld c) trägt der Horizontalkreis außer der normalen rechtsläufigen Bezifferung eine zusätzliche linksläufige. Damit entfallen die zeitraubenden und fehleranfälligen Berechnungen der Komplementärwinkel, die bei gewissen Absteckungsarbeiten auftreten.

### *1.3.2.3 Das Strichmikroskop mit optischem Mikrometer*

Es hat neben dem Abbildungssystem ein bewegliches Ablenkelement, mit dem das Bild des Kreisausschnittes relativ zur Ablesemarke meßbar verschoben werden kann. Als Ablenkelement dient in der Regel eine um eine feste Achse drehbare Planplatte (Abb. 1.22).

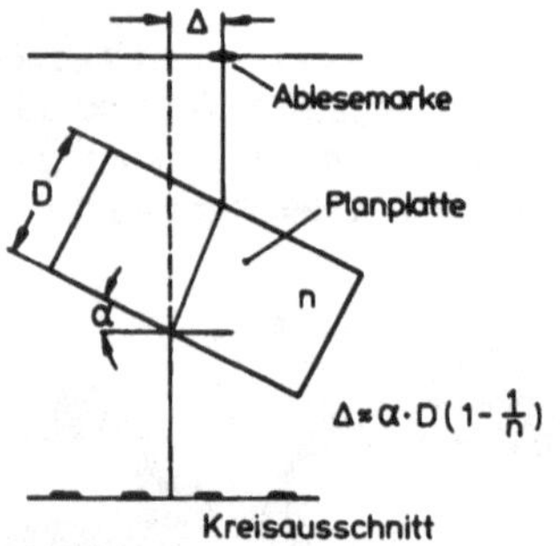


Abb. 1.22. Planplatte als Ablenkelement optischer Mikrometer (n: Brechungsindex, D: Dicke der Planplatte)

Die Verschiebung $\Delta$ des Kreisausschnittbildes ist bei der Planplatte dem Drehwinkel $\alpha$ näherungsweise proportional. Der Beobachter bewegt das Bild so lange, bis der vorangehende Teilstrich und die Ablesemarke koinzidieren. Als Ablesemarke eignet sich besonders ein Doppelstrich. Der Betrag der Verschiebung $\Delta$ erscheint im Winkelmaß an einer im Mikroskopgesichtsfeld erscheinenden Mikrometerteilung. Abb. 1.23 zeigt an einem

Beispiel das Funktionsprinzip eines optischen Planplattenmikrometers und die Beleuchtung der Teilkreise. Über einen Drehspiegel fällt Licht auf die Ablesestelle des Vertikalkreises. Prismen, ein Flüssigkeitskompensator und ein Linsensystem bilden den Ausschnitt des Vertikalkreises in die Ebene der Teilung des Horizontalkreises ab. Weitere Prismen und Linsen projizieren die Bilder beider Ablesestellen in die Ebene der Ablesemarken. Das Bild in der Ebene der Ablesemarken läßt sich nach einer weiteren Strahlumlenkung mit einem zum Fernrohr parallel liegenden Mikroskop beobachten. In der Ebene der Ablesemarken befinden sich zum Ablesen der beiden Kreise zwei Fenster mit je einem Doppelstrich. Durch ein weiteres Fenster mit einer keilförmigen

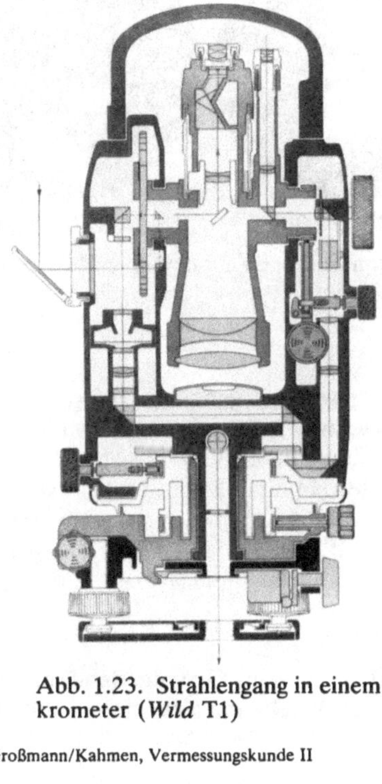

Abb. 1.23. Strahlengang in einem Theodoliten mit optischem Mikrometer (*Wild* T1)

Marke beobachtet man die fest mit der Planplatte verbundene Skala. Die Planplatte ist über einen Hebel mit einer Mikrometerschraube verbunden. Dreht man die Planplatte mit der Mikrometerschraube, so zeigt das dritte Fenster mit seiner Keilmarke die Verschiebungsbeträge der Kreisstrichbilder im Winkelmaß der Teilung an. Mit dem Mikrometer lassen sich nacheinander Horizontal- und Vertikalkreis ablesen.

Das Teilungsintervall der Kreise beträgt normalerweise 1 gon oder 1°. Direkt ablesen lassen sich Intervalle von 1 mgon . . . 1 cgon bzw. 3″ . . . 20″.

a) b) c)

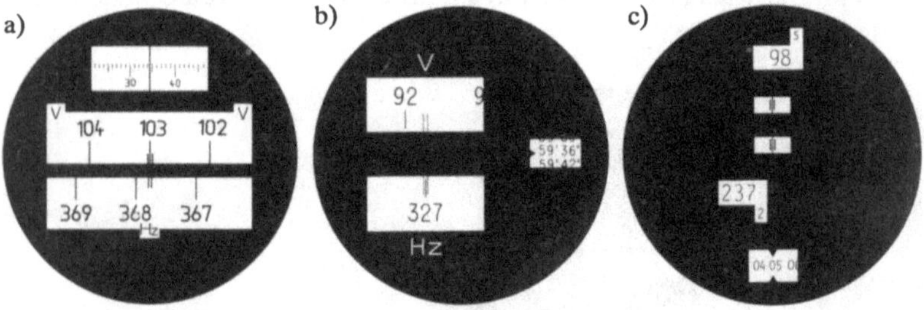


V: 103,345 gon H: 327,59′ 38″ H: 237,205 gon

Abb. 1.24. Sehfelder von Strichmikroskopen mit optischem Mikrometer
a) *Breithaupt* TEAUT
b) *Wild* T1
c) *Zeiss* T3

Bei einigen Instrumenten mit weniger genauer Direktablesung erhält man durch Schätzen kleinste Intervalle von etwa 1 mgon bzw. 3″. Abb. 1.24 zeigt unterschiedliche Ablesebeispiele: in Beispiel a) ist nur die Grobablesung digitalisiert, in b) ist die Ablesung weitgehend digitalisiert und in c) ist die Ablesung voll digitalisiert.

### *1.3.2.4 Das Koinzidenzmikroskop*

Die Konstruktion beruht auf folgendem Grundgedanken: Zwei um 200 gon (180°) voneinander abstehende Kreisstellen sollen so in der Bildebene des Meßmikroskops erscheinen, daß sich die Einzelablesungen mit einem Blick leicht automatisch mitteln lassen. Ein solches Mikroskop ist zuerst von der Firma *Carl Zeiss* in Jena gebaut worden. Inzwischen haben sich unterschiedliche Abbildungssysteme durchgesetzt. Je nach Theodolit werden die Teilstriche so zusammengebracht, daß ihre Bilder im Mikroskop

- längs einer Trennkante aneinanderstoßen und sich gegenläufig bewegen (Abb. 1.26)
- sich überdecken und gegenläufig bewegen (Abb. 1.31b)
- sich überdecken und gleichläufig bewegen (Abb. 1.31a).

Gegenläufigkeit entsteht, wenn beispielsweise in den Strahlengang ein Dachkantprisma eingebaut ist, Gleichläufigkeit, wenn nur einfache Umlenkprismen vorhanden sind. Grundsätzlich sind zwei Abbildungsvorgänge zu unterscheiden:

- beide Bilder lassen sich symmetrisch zusammenführen und dann im Mikroskop abbilden (Abb. 1.25, 1.27)
- eine Ablesestelle läßt sich auf die gegenüberliegende abbilden und dann zusammen mit dieser in die Bildebene des Mikroskops (Abb. 1.29, 1.30).

Die Teilkreise haben entweder Einfach- oder konzentrische Doppelteilungen (Abb. 1.8).

Einen ersten Einblick in das Verfahren gibt die vereinfachte Darstellung in Abb. 1.25. Ein symmetrisches Abbildungssystem (1) bildet zwei gleichwertige Bilder gegenüberliegender Teilkreisausschnitte (2) in die Bildebene des Meßmikroskops ab. Es entsteht

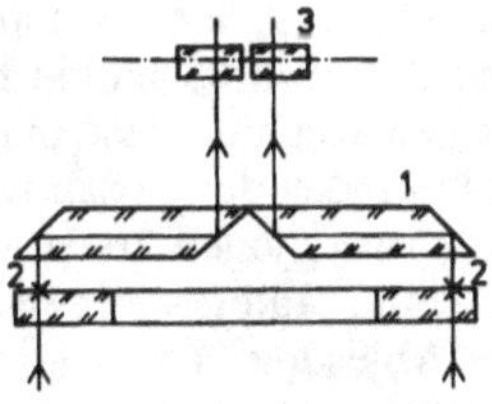


Abb. 1.25. Zusammenspiegeln zweier Ablesestellen mit symmetrischen optischen Systemen

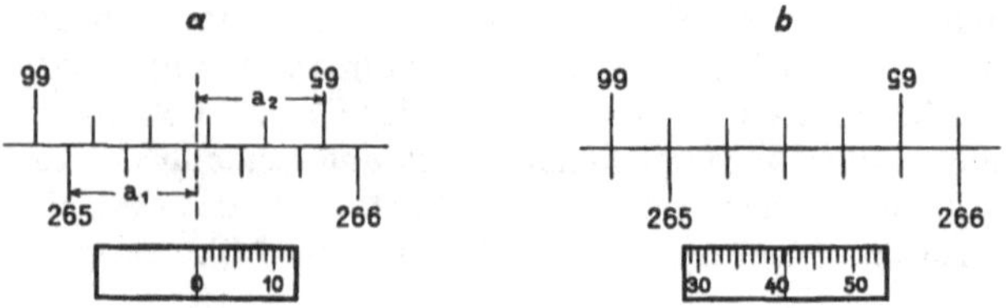


Abb. 1.26. Koinzidenzmikroskop vor und nach Betätigung des Mikrometers

die Abb. 1.26, die die eine Kreisstelle aufrecht, die andere auf dem Kopf stehend längs einer Trennkante erscheinen läßt. Ist eine Ablesemarke vorhanden, so muß diese – in Abb. 1.26 gestrichelt dargestellt – gleichen Abstand von den um 200 gon (bzw. 180°) auseinanderliegenden Ziffern haben. Die Ablesung kann sich dann folgendermaßen gestalten:

Man gehe aus von der in der linken Hälfte des Ablesefensters erscheinenden aufrecht stehenden Gonzahl und nehme für den Augenblick an, es sei im Gesichtsfeld die gestrichelt angedeutete Ablesemarke vorhanden. Dann hätte man abzulesen:

an der aufrechten Kreisstelle 265 gon + $a_1$,

an der umgekehrten Kreisstelle 65 gon + $a_2$,

woraus sich als Mittel ergibt 265 gon + $\dfrac{a_1 + a_2}{2}$ .

Man erhält also die Dezimalbeträge des Gon, indem man den scheinbaren Abstand der Kreisstriche 265 und 65 halbiert. Um automatisch auf den halbierten Betrag zu kommen, lese man folgendermaßen ab: Man nehme als Ableseindex den Strich der um 200 gon abweichenden Gonzahl und bewerte jeden 20 cgon-Abschnitt der Kreisteilung mit 10 cgon. Dann lautet, wenn man die letzte Dezimale zunächst schätzt, die Ablesung 265,44 gon. Die gestrichelte Nullmarke wird also zur Ablesung nicht gebraucht; sie fehlt deshalb meistens. Damit hat man gewissermaßen ein Koinzidenzmikroskop ohne Mikrometer.

Die meisten Koinzidenztheodolite sind jedoch mit optischen Mikrometern versehen. In solchen Instrumenten werden die beiden letzten Stellen nicht geschätzt, sondern es wird der Abstand zwischen den direkt gesehenen und den gespiegelten Teilstrichen mikrometrisch gemessen. Das Mikrometer besteht in einer einfachen Form aus zwei sich gegenläufig drehenden Planplatten (3) Abb. 1.25, die mittels einer Mikrometerschraube so lange bewegt werden, bis die Teilstriche beider Kreisstellen koinzidieren. Dann entnimmt man nach dem oben geschilderten Verfahren die Gonzahl und die 1. Dezimale der Hauptteilung; den die vollen 10 cgon Einheiten überschießenden Betrag findet man, und zwar sogleich halbiert, in der Hilfsteilung. Die genaue Ablesung ist also 265,4412 gon.

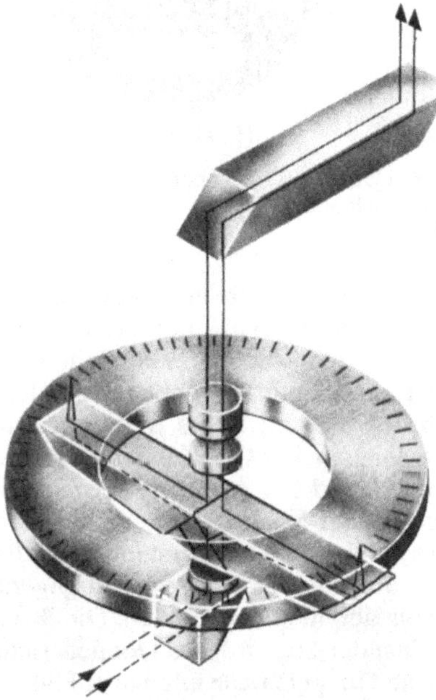

Abb. 1.27. Optischer Strahlengang der Horizontalkreisablesung (Beispiel *Wild* T2)

Nach dem zuvor beschriebenen Prinzip ist z. B. das Ablesesystem des Theodolits Th2 von *Zeiss* Oberkochen aufgebaut. Auch der Theodolit T2 von *Wild* hat einen ähnlichen Strahlengang (Abb. 1.27). Die Sehfelder beider Theodolite sind allerdings so weit digitalisiert, daß man bei der 400 gon Ablesung nur noch die 0,1 mgon und bei der 360° Ablesung die 1″ Intervalle an einer Skala abliest (Abb. 1.28).

a) b)

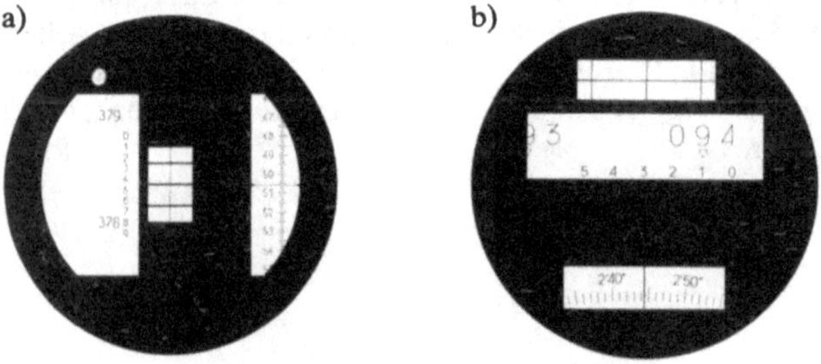

H: 378,8506 gon H: 94° 12′ 44″

Abb. 1.28. Sehfelder von Koinzidenzmikroskopen, in denen die Teilstriche längs einer Trennkante aneinanderstoßen
a) *Zeiss* Th2; b) *Wild* T2

Bei einigen Theodoliten tragen der Horizontal- und Vertikalkreis zwei konzentrische Kreisteilungen (Abb. 1.29, 1.30). In diesen Doppelkreistheodoliten wird zunächst ein Ausschnitt der einen Teilung so auf den diametral gegenüberliegenden der anderen abgebildet, daß beide sich überdecken; dieses Bild erscheint nach weiteren Abbildungsvorgängen in der Gesichtsfeldblende des Mikroskops. Wie zwei nachfolgend beschriebene Beispiele zeigen, gibt es für die Abbildungen und Koinzidenzdarstellungen unterschiedliche Lösungswege. Das Abbildungssystem kann die Striche eines Doppelkreises einfacher Teilungen leicht gegeneinander verschoben gleichläufig abbilden (Abb. 1.29). Die Striche erscheinen dann als fest einander zugeordnete Doppelstriche. Für die Feineinstellung sind die Doppelstriche mit einem Planplattenmikrometer symmetrisch zu einem festen Indexstrich einzustellen (Abb. 1.31 a).

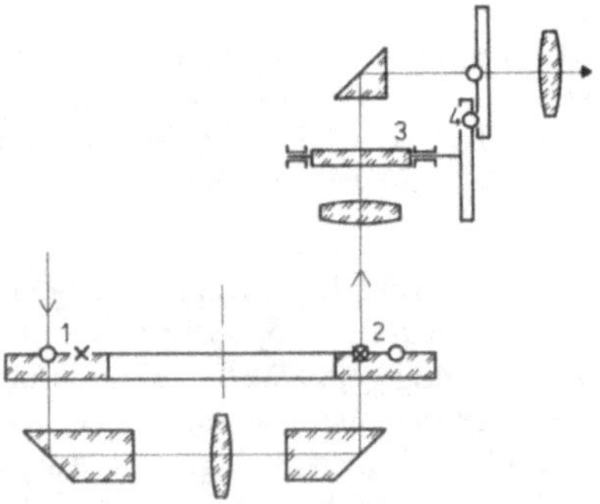


Abb. 1.29. Doppelkreistheodolit mit einfachen Kreisteilungen (Beispiel DKM 1 *Kern*)
1. äußere Kreisteilung; 2. innere Kreisteilung; 3. Mikrometer-Planplatte; 4. Mikrometerskala

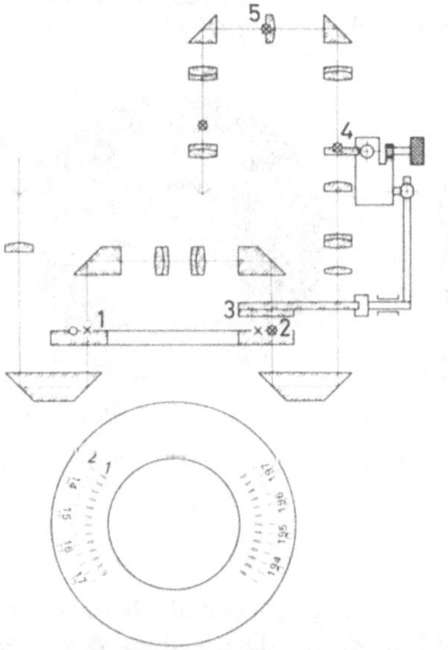


Abb. 1.30. Doppelkreistheodolit mit Kreisteilungen aus Einfach- und Doppelstrichen (Beispiel DKM 2A *Kern*)
1. innere Teilung; 2. äußere Teilung; 3. Mikrometer-Planplatten; 4. Mikrometerschlitten mit Skala; 5. Teilung des Skalenmikroskops; ⊗ Zwischenbild

Dieses mehr einfache Ablesesystem mit einer Ablesegenauigkeit von 0,5 mgon/1″ ermöglicht kleine Abmessungen und ein geringes Gewicht des Theodolits. Der sehr kleine Reise- und Expeditionstheodolit DKM 1 von *Kern* besitzt z. B. diese Ableseeinrichtung.

Bei einem anderen Instrument (Abb. 1.30) trägt die eine Teilung Einfach-, die andere Doppelstriche. Ein optisches System bildet einen Ausschnitt der einen Teilung gegenläufig auf den diametral gegenüberliegenden Ausschnitt der anderen ab. Das Mikrometer besteht aus einer Meßplanplatte im Strahlengang zwischen den diametralen Kreisstellen für die Feinablesungen und einer zweiten Planplatte zwischen der bezifferten Kreisstelle und der Gesichtsfeldblende für die Grobablesung. Der Beobachter bewegt für die Feinmessung die Meßplanplatte so lange, bis die im Mikroskop sichtbaren Striche der einen Teilung symmetrisch zwischen denen der anderen Teilung liegen (Abb. 1.31 b).

a) b)

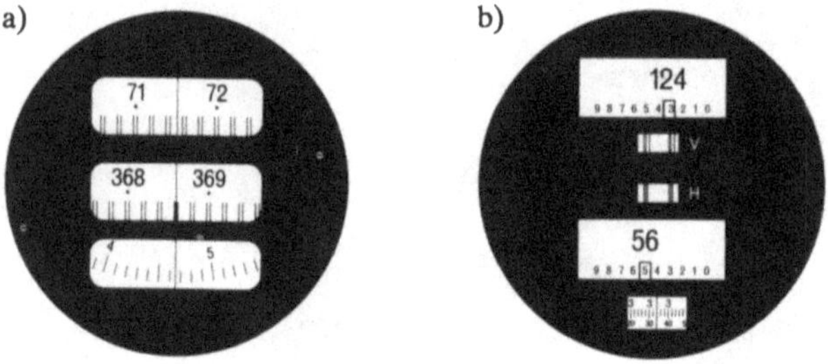


H: 368,6465 gon H: 56,5334 gon

Abb. 1.31. Sehfelder von Koinzidenzmikroskopen, in denen sich die Teilstriche überdecken
a) *Kern* DKM 1 b) *Kern* DKM 2A

Die Ableseoptik arbeitet gleichzeitig auch als Skalenmikroskop, das die 10′/10 cgon-Ziffern erfaßt. Die Teilung des Skalenmikroskops besteht nur aus einer Ziffernreihe. Die zweite Planplatte führt das gemeinsame Bild der zwei diametralen Kreisstellen derart über eine Ziffernreihe in der Gesichtsfeldblende, daß die gesuchten Zehntelgrad der Grobablesung direkt unter dem bezifferten Teilstrich stehen (Abb. 1.31b). Der Rahmen um die abzulesenden Ziffern ist eine ösenförmige Verlängerung des bezifferten Teilstrichs. Die Bildversetzung durch die Hilfsplanplatte braucht nur so genau zu sein, daß der Rahmen näherungsweise um die abzulesende Ziffer zentriert ist.

Das Koinzidieren der Teilstriche gelingt bei den meisten Instrumenten nach einiger Übung auf etwa 1'' oder 0,2 bis 0,3 mgon. Das Ergebnis ist frei von Auswirkungen einer Exzentrizität der Kreisteilung [1.6.2.1], da bei der Ablesung zwei um 200 gon voneinander abstehende Kreisstellen benutzt werden.

### 1.3.3 Klassifizierung der optischen Theodolite

Im Hinblick auf die Genauigkeit unterscheidet man Theodolite niederer, mittlerer, hoher und höchster Genauigkeit (*Deumlich* 1980).

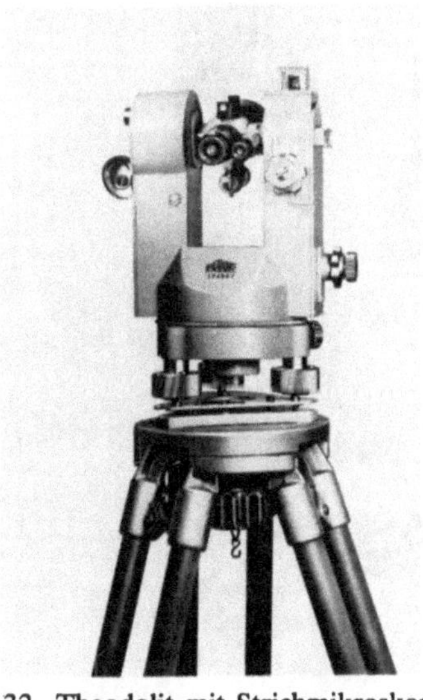

Abb. 1.32. Theodolit mit Strichmikroskop, *Breithaupt* TEKAT

### *1.3.3.1 Theodolite niederer Genauigkeit*

Als Theodolite niederer Genauigkeit, bzw. Bautheodolite oder Minutentheodolite, bezeichnet man gewöhnlich die einfachsten für Baumessungen und einfache Geländeaufnahmen bestimmten Theodolite. Soweit diese Theodolite Mikroskopablesung haben, handelt es sich um einfache Strich- oder Skalenmikroskope ohne Mikrometer. Allgemein kann der Beobachter Intervalle von 10′ bzw. 10 cgon direkt ablesen und endgültige Richtungen mit einer Genauigkeit von 30″ bzw. 0,5 bis 1 cgon schätzen (Abb. 1.32,

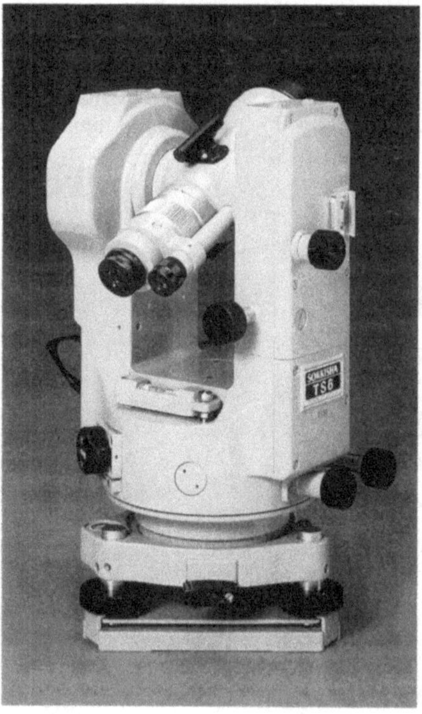


Abb. 1.33. Theodolit mit Skalenmikroskop, *SOKKISHA* TS6

1.19, 1.20). Die Durchmesser der Kreise liegen zwischen 50 und 80 mm; die Fernrohre haben 15- bis 20fache Vergrößerung. Ein Höhenkreis ist nicht immer vorhanden. Siehe Tab. 1.1, S. 46.

#### *1.3.3.2 Theodolite mittlerer Genauigkeit*

Theodolite mittlerer Genauigkeit, für die gelegentlich auch die Bezeichnung Zehn-Sekunden-Theodolit bzw. Ingenieurtheodolit gebraucht wird, sind Instrumente, die in erster Linie für die Polygonierung und für Absteckungsarbeiten bestimmt sind. Siehe Tab. 1.1 S. 47. Sie besitzen ein Repetitionssystem und eine Einrichtung zur optischen Streckenmessung mit Reichenbachschen Distanzfäden [Bd. III, 32]. Die Horizontalkreise haben Durchmesser von 70–100 mm. Die Höhenkreise sind manchmal etwas kleiner; bei den neueren Typen werden sie überwiegend an einer automatisch sich einstellenden Marke abgelesen; vgl. Bd. III, 12. Die Theodolite haben unterschiedliche Ablesemikroskope:

a) *Skalenmikroskope.* An den Skalen können durchweg volle Minuten (1′ bzw. 1 cgon) abgelesen und 0,1′ bzw. 1 mgon geschätzt werden. (Abb. 1.33 und 1.21).

b) *Strichmikroskope* mit optischem Mikrometer. In der Regel ist eine weitgehend oder voll digitalisierte Ablesung gegeben. Direkt ablesen oder schätzen lassen sich 1 mgon bzw. 3″ (Abb. 1.34, 1.24).

c) *Koinzidenzmikroskope* mit einfachem Mikrometer. Nach diesem Prinzip hat *Kern,* den sehr kleinen und leichten Doppelkreistheodolit DKM 1 gebaut, an dem sich 0,1′ bzw. 1 mgon ablesen und Bruchteile schätzen lassen (Abb. 1.31).

#### *1.3.3.3 Theodolite hoher Genauigkeit*

Die Theodolite hoher Genauigkeit, vielfach auch Sekundentheodolite genannt, sind vor allem für Punktbestimmungen im trigonometrischen Festpunktfeld und für Feinabsteckungen bestimmt. Sie haben keine Repetitionseinrichtung. Der Kreisdurchmesser beträgt etwa 80–100 mm, der des Höhenkreises 70–90 mm. Siehe Tab. 1.1 S. 47.

Die neueren Feinmeßtheodolite (vgl. Abb. 1.35) weisen fast ausnahmslos Koinzidenzmikroskope mit optischen Mikrometern auf. In diesen sieht man entweder gegenläufige Teilungen ohne Indexstrich, die koinzidiert werden müssen, oder gleichlaufende Teilungen, bei denen ein Indexstrich zwischen die Doppelstriche der Teilung zu bringen ist (Abb. 1.28 und 1.29). In neueren Konstruktionen ist die Ablesung weitgehend digitalisiert. Das Ablesesystem des Höhenkreises besitzt in der Regel einen Kompensator; die Ablesungen beziehen sich dann automatisch auf die Richtung zum Zenit.

Abb. 1.34. Theodolit mit Strichmikroskop und optischem Mikrometer (*Kern* K1-M) sowie aufgesetztem Entfernungsmesser

Der mittlere Ablesefehler, der durch den mittleren Einstellfehler am Mikrometer gegeben ist, liegt bei den gängigen Ausführungen bei ± 1″ oder 0,2 bis 0,3 mgon für die einzelne Ablesung; bei älteren Instrumenten ist er etwas größer.

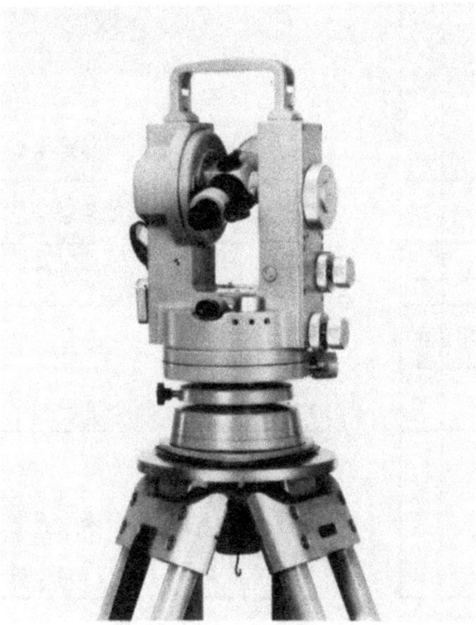

Abb. 1.35. Theodolit mit Koinzidenzmikroskop (*Zeiss* Th 2)

#### *1.3.3.4 Theodolite höchster Genauigkeit*

Theodolite höchster Genauigkeit sind Spezialausführungen für Triangulierungen der I. Ordnung, Tunnelabsteckungen und dgl. (z.B. *Wild* T 3, *Kern* DKM 3, *Jenoptik* Theo 002). In diesen Instrumenten läßt sich der mittlere Ablesefehler auf ± 0,05 bis 0,01 mgon bzw. 0,1'' für die einzelne Ablesung herabdrücken. Siehe Tab. 1.1 S. 47.

Damit reicht die Ablesegenauigkeit bereits weit in die Größenordnung der Refraktionseinflüsse hinein. Sie noch zusätzlich zu steigern, wäre wenig sinnvoll.

Tab. 1.1. Optische Theodolite*

| Hersteller | Type | Fernrohr | | Kreisdurchmesser | | Ableseeinrichtungen in gon | | | | | AH = autom. Höhenzeiger<br>DK = Doppelkreis<br>KF = Kugelfuß |
|---|---|---|---|---|---|---|---|---|---|---|---|
| | | Vergrößerung | Obj.-Öffnung mm | horiz. mm | vert. mm | Art | Horiz.-Kreis Abl. | Horiz.-Kreis Schätz. | Vert.-Kreis Abl. | Vert.-Kreis Schätz. | |
| 1 | 2 | 3 | 4 | 5 | 6 | 7 | 8 | 9 | 10 | 11 | 12 |
| *(1) Theodolite niederer Genauigkeit* | | | | | | | gon · $10^{-2}$ | | | | |
| *Breithaupt*, Kassel | Tekat | 18 | 30 | 65 | 47 | Skalenmikr. | 5 | 0,5 | 5 | 1 | |
| *Ertel*, München | BTU | 24 | 30 | 80 | 60 | Strichmikr. | 10 | 1 | 10 | 1 | |
| *Fennel*, Kassel | FTS | 19 | 25 | 80 | 60 | Skalenmikr. | 2 | 0,5 | 5 | 1 | |
| *Jenoptik*, Jena | Theo 080 | 16 | 32 | 61 | 61 | Strichmikr. | 10 | 1 | 10 | 1 | |
| *Kern*, Aarau | DK 1 | 20 | 30 | 50 | 50 | opt. Mikrom. | 10 | 1 | 10 | 1 | DK |
| *Wild*, Heerbrugg | T 05 | 19 | 25 | 67 | 50 | Strichmikr. | 10 | 1 | 10 | 1 | |
| *(2) Theodolite mittlerer Genauigkeit* | | | | | | | | | | | |
| *Breithaupt*, Kassel | TEAUT | 28 | 40 | 78 | 50 | opt. Mikrom. | 1 | 0,1 | 1 | 0,1 | AH |
| *Fennel*, Kassel | FT 1 A | 30 | 40 | 90 | 70 | Skalenmikr. | 1 | 0,2 | 1 | 0,2 | AH |
| *Jenoptik*, Jena | 015 B | 30 | 40 | 86 | 86 | opt. Mikrom. | 0,2 | 0,1 | 0,2 | 0,1 | AH |
| *Kern*, Aarau | K 1 S | 30 | 45 | 89 | 70 | Skalenmikr. | 1 | 0,2 | 1 | 0,2 | AH |
| *Kern*, Aarau | K 1 M | 30 | 45 | 89 | 70 | opt. Mikrom. | 0,2 | 0,1 | 0,2 | 0,1 | AH, KF |

* Zahlenangaben nach Firmenprospekten

| 1 | 2 | 3 | 4 | 5 | 6 | 7 | 8 | 9 | 10 | 11 | 12 |
|---|---|---|---|---|---|---|---|---|---|---|---|
| *noch (2) Theodolite mittlerer Genauigkeit* | | | | | | | gon · $10^{-2}$ | | | | |
| *Kern*, Aarau | DKM 1 | 20 | 30 | 50 | 50 | Koinzm. m. Mikr. | 0,1 | 0,05 | 0,1 | 0,05 | |
| *Nikon*, Japan | NT-2 A | 30 | 45 | 84 | 84 | Skalenmikr. | 0,5 | 0,05 | 0,5 | 0,05 | AH |
| *Nikon*, Japan | NT-2 C | 30 | 45 | 84 | 84 | Skalenmikr. | 0,5 | 0,05 | 0,5 | 0,05 | AH |
| *Sokkisha*, Japan | TS 6 | 30 | 45 | 95 | 85 | Skalenmikr. | 1 | 0,1 | 1 | 0,1 | AH |
| *Sokkisha*, Japan | TM 20 E | 30 | 40 | 80 | 70 | Opt. Mikrom. | 0,5 | 0,1 | 0,5 | 0,1 | AH |
| *Wild*, Heerbrugg | T 1 | 28 | 40 | 73 | 65 | Strichmikr. mit Mikrom. | 0,2 | 0,1 | 0,2 | 0,1 | AH |
| *Wild*, Heerbrugg | T 16 | 28 | 40 | 79 | 79 | Skalenmikr. | 1 | 0,1 | 1 | 0,1 | |
| *Zeiss*, Oberkochen | Th 4 | 25 | 35 | 98 | 85 | Skalenmikr. | 1 | 0,2 | 1 | 0,2 | AH, KF |
| *Zeiss*, Oberkochen | Th 42 | 30 | 40 | 98 | 85 | Skalenmikr. | 1 | 0,2 | 1 | 0,2 | AH, KF |
| *(3) Theodolite hoher Genauigkeit* | | | | | | | gon · $10^{-4}$ | | | | |
| *Jenoptik*, Jena | 010 B | 30 | 40 | 86 | 86 | Koinz. Mikrom. | 1 | | 1 | | AH |
| *Kern*, Aarau | DKM 2 A | 32 | 45 | 80 | 74 | Koinz. Mikrom. | 1 | 0,5 | 1 | 0,5 | AH, KF |
| *Nikon*, Japan | NT-5 | 30 | 45 | 94 | 74 | Koinz. Mikrom. | 1″ | | 1″ | | AH |
| *Sokkisha*, Japan | TM 1 A | 30 | 40 | 94 | 80 | Koinz. Mikrom. | 1 | | 1 | | AH |
| *Wild*, Heerbrugg | T 2 | 30 | 40 | 90 | 70 | Koinz. Mikrom. | 1 | | 1 | | AH |
| *Zeiss*, Oberkochen | Th 2 | 30 | 40 | 100 | 85 | Koinz. Mikrom. | 1 | | 1 | | AH, KF |
| *(4) Theodolite höchster Genauigkeit* | | | | | | | gon · $10^{-4}$ | | | | |
| *Jenoptik*, Jena | Theo 002 | 38-75 | 65 | 250 | 200 | Koinz. Mikr. | 0,2″ | | 0,2″ | | gebr. Fernrohr |
| *Kern*, Aarau | DKM 3 | 27, 45 | 72 | 100 | 100 | Koinz. Mikr. | 0,5 | 0,1 | 0,5 | 0,1 | Spiegell. DK; KF |
| *Kern*. Aarau | DKM 3 A | 27, 75 | 72 | 100 | 100 | Reg. Mikrom. | 0,5″ | 0,1″ | 0,5″ | 0,1″ | Astron-Variante des DKM 3 |
| *MOM*, Budapest | Te-B 23 | 30 | 45 | 93 | 60 | mit Mikrom. | 1″ | | 1″ | | |
| *Wild*, Heerbrugg | T 3 | 24-40 | 60 | 135 | 90 | mit Mikrom. | 1 | 0,5 | 1 | 0,5 | AH; KF |
| *Wild*, Heerbrugg | T 4 | 60-80 | 70 | 240 | 135 | mit Mikrom. | 0,1″ | | 0,2″ | | gebr. Fernrohr |

## 1.4 Elektronische Theodolite

### 1.4.1 Vorrichtungen für die elektronische Kreisabtastung

Vom mechanischen Aufbau her weisen die Winkelmeßsysteme in den herkömmlichen und elektronischen Theodoliten weitgehende Ähnlichkeit auf. Grundbaustein ist in beiden Instrumentengruppen ein Teilkreis mit einer oder zwei auf eine Achse zentrierten Teilungen. Für die Teilung lassen sich Teilstriche oder andere Muster wie z. B. sinusförmig begrenzte Spuren verwenden (Abb. 1.9).

Die Ablesemikroskope sind durch Abtastsysteme ersetzt, die in der Regel mit optoelektronischen Bausteinen arbeiten. Bei den Abtastvorgängen kommen Code- und Inkrementalverfahren zum Einsatz. Diese Verfahren liefern die gemessenen Größen in Form von Dualzahlen, die von einem Rechner verarbeitet und auf einen elektronischen Speicher gegeben werden können. Über einen Codewandler und eine Ziffernanzeigeeinheit lassen sie sich dezimal anzeigen.

Für Dualzahlen benötigt man zwei Symbole, wie z. B.: die Ziffern 0 und 1, ein helles und ein dunkles Feld (Abb. 1.36, 1.37). Meßgeräte stellen sie mit Hilfe zweier Zustände dar, wie: Spannung und Nullspannung, Strom und Nullstrom ...

| | $2^3$ | $2^2$ | $2^1$ | $2^0$ |
|---|---|---|---|---|
| 0 | 0 | 0 | 0 | 0 |
| 1 | 0 | 0 | 0 | 1 |
| 2 | 0 | 0 | 1 | 0 |
| 3 | 0 | 0 | 1 | 1 |
| 4 | 0 | 1 | 0 | 0 |
| 5 | 0 | 1 | 0 | 1 |
| 6 | 0 | 1 | 1 | 0 |
| 7 | 0 | 1 | 1 | 1 |
| 8 | 1 | 0 | 0 | 0 |
| 9 | 1 | 0 | 0 | 1 |
| 10 | 1 | 0 | 1 | 0 |
| 11 | 1 | 0 | 1 | 1 |
| 12 | 1 | 1 | 0 | 0 |
| 13 | 1 | 1 | 0 | 1 |
| 14 | 1 | 1 | 1 | 0 |
| 15 | 1 | 1 | 1 | 1 |

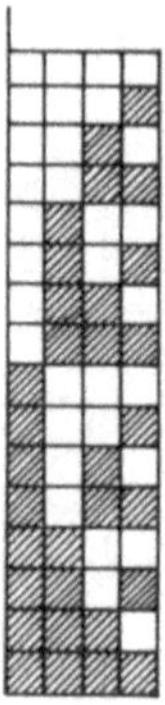

Abb. 1.36. Dual-Code

| | $2^1$ | $2^2$ | $2^1$ | $2^0$ |
|---|---|---|---|---|
| 0 | 0 | 0 | 0 | 0 |
| 1 | 0 | 0 | 0 | 1 |
| 2 | 0 | 0 | 1 | 0 |
| 3 | 0 | 0 | 1 | 1 |
| 4 | 0 | 1 | 0 | 0 |
| 5 | 0 | 1 | 0 | 1 |
| 6 | 0 | 1 | 1 | 0 |
| 7 | 0 | 1 | 1 | 1 |
| 8 | 1 | 1 | 1 | 0 |
| 9 | 1 | 1 | 1 | 1 |

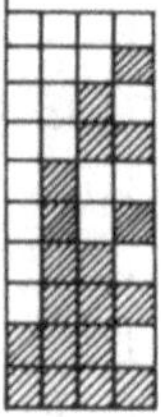

Abb. 1.37. 1-2-4-2 Code

Für den Verkehr mit dem Menschen benötigt man das Ergebnis wegen der größeren Anschaulichkeit in Form von Dezimalzahlen. Dual-und Dezimalzahlen lassen sich einander über einen Code zuordnen. Je nach Verwendung der Meßgeräte sind unterschiedliche Codes gebräuchlich. Der einfachste Code ist der Dual-Code (Abb. 1.36). Wie Abb. 1.36 zeigt, lassen sich mit vier Dualstellen, deren Wertigkeiten je einer Potenz von 2 entsprechen, 16 Dezimalzahlen darstellen. Für elektronische Zählvorgänge hat der 1-2-4-2 Code (Abb. 1.37) Vorteile. Die instrumentelle Arbeitsweise bei Zählvorgängen ist u.a. bei *Borucki/Dittmann* 1971 und *Kahmen* 1983 beschrieben.

### 1.4.2 Steuerung und Überwachung elektronischer geodätischer Meßgeräte

Zentrale Einheit für die Steuerung und Überwachung neuerer geodätischer Meßgeräte ist ein Mikroprozessor bzw. Prozeßrechner. Ihre Arbeitsweise bestimmt auch die der Meßgeräte. Um die Funktionsabläufe der Meßgeräte besser erläutern zu können, soll daher zunächst kurz auf die Funktionen eines Mikroprozessors und Prozeßrechners eingegangen werden.

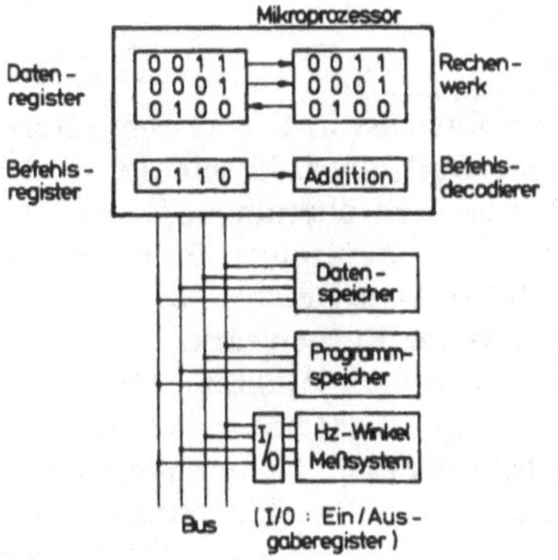


Abb. 1.38. Vereinfachtes Funktionsschema eines Mikroprozessors

Ein Mikroprozessor besteht im wesentlichen aus Zwischenspeichern, dem Datenregister und dem Befehlsregister, der arithmetisch logischen Einheit (dem Rechenwerk) und dem Steuerwerk (Befehlsdecodierer), Abb. 1.38. Die Daten und Befehle können heute durchschnittlich mit einer Taktfolge von einer Mikrosekunde (1000000 Wörter/s) vom Mikroprozessor aufgenommen und verarbeitet werden.

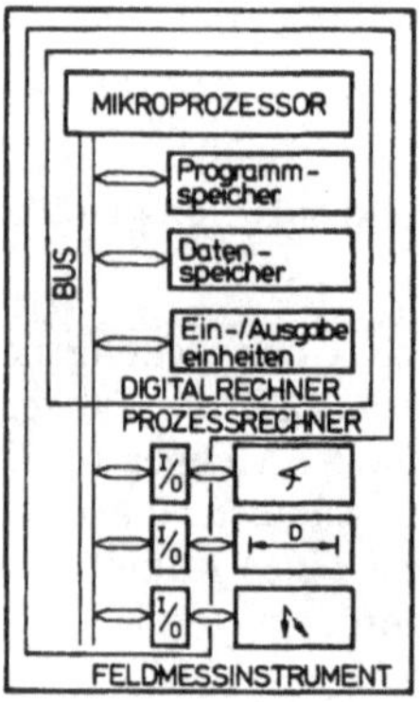


Abb. 1.39. Vereinfachtes Funktionsschema eines prozeßrechnergesteuerten Meßgerätes

Daten und Befehle werden zunächst in Zwischenregistern zwischengespeichert. Das Steuerwerk entschlüsselt die in das Befehlsregister gerufenen Befehle und übernimmt je nach Bedeutung der Befehle die Steuerung der einzelnen Einheiten des Mikroprozessors, z.B. bei arithmetischen Befehlen die Verknüpfung der Daten des Datenregisters im Rechenwerk. Abb. 1.38 verdeutlicht den Vorgang am Beispiel der Addition. Die Ergebnisse werden anschließend wieder in Registern zwischengespeichert und nach einem weiteren Takt über den Datenbus beispielsweise in den Datenspeicher gespeichert. Bei Ein-/Ausgabebefehlen übernimmt das Steuerwerk die Übertragung der Daten zwischen Zwischenspeicher und Ein-/Ausgaberegistern. Über die Ein-/

Ausgaberegister werden Daten an periphere Module (Winkelmeßsysteme, Distanzmesser, Richtungsfühler für die Überprüfung der Stehachse) weitergegeben, oder es werden von dort Informationen eingeholt. Durch Ein-/Ausgabebefehle werden jedoch nicht nur Meßwerte übertragen, sondern auch logische Informationen, die den Meßablauf der einzelnen Meßsysteme steuern.

Aus der Kombination von Mikroprozessor, Speicher und Ein-/Ausgabeeinheiten entsteht ein Digitalrechner (bzw. Mikrocomputer). Abb. 1.39 verdeutlicht an einem Beispiel, wie die peripheren Rechnermodule – Speicher Ein-/Ausgabeinheiten – über einen BUS mit dem Mikroprozessor verbunden werden können. Ein BUS ist eine vieladrige Verbindungsleitung, auf der sich Informationen übertragen lassen. Das Strukturdiagramm zeigt außerdem am Beispiel eines geodätischen Feldmeßinstrumentes, wie zusätzliche periphere Einheiten – das Horizontal- und Vertikalwinkelmeßsystem, das Streckenmeßsystem und ein Richtungsfühler für die Überprüfung der Stehachsenrichtung – über den BUS mit dem Mikrocomputer verbunden werden können. Auf diese Weise ist der Digitalrechner unmittelbar mit dem Prozeß gekoppelt und erfüllt zusätzlich wesentliche Funktionen eines Prozeßrechners.

Der Begriff Prozeßrechner wird heute vorzugsweise auf frei programmierbare Digitalrechner einer bestimmten Bauform angewendet, die sich unmittelbar an einen Prozeß (z. B. Meßprozeß) koppeln lassen und die Prozeßdaten in Echtzeit (real-time) verarbeiten können. Ein weiteres typisches Merkmal der Prozeßrechner ist die Möglichkeit der Vorrangunterbrechung, wodurch der Programmablauf in eine bestimmte Richtung beeinflußt werden kann.

Prozeßrechner haben in neueren geodätischen Instrumenten die Aufgaben übernommen, den gesamten Meßvorgang sowie die Daten-Ein- und Ausgabe zu steuern und zu kontrollieren, Korrekturwerte zu ermitteln und schon im Feld aus den Meßwerten bestimmte gewünschte Parameter (Horizontaldistanz, Höhenunterschied, ...) zu berechnen (*Kahmen* 1983).

### 1.4.3 Analog-Digital-Wandlung der Winkel

Die gemessenen Winkel liegen zunächst als analoge Größen vor. Ein Analog-Digital-Wandler stellt sie in Form binärer Zahlen dar, damit sie der zuvor beschriebene Prozeßrechner verarbeiten kann.

Die Analog-Digital-Wandlung der Winkel erfolgt nach dem Code- oder Inkrementalverfahren. Codeverfahren nutzen codierte Teilkreise, durch die jedem Teilstrich eindeutig ein codiertes Ausgangssignal zugeordnet wird (Abb. 1.9, 1.40). Neuere Instrumente arbeiten mit elektrooptischen Abtastsystemen.

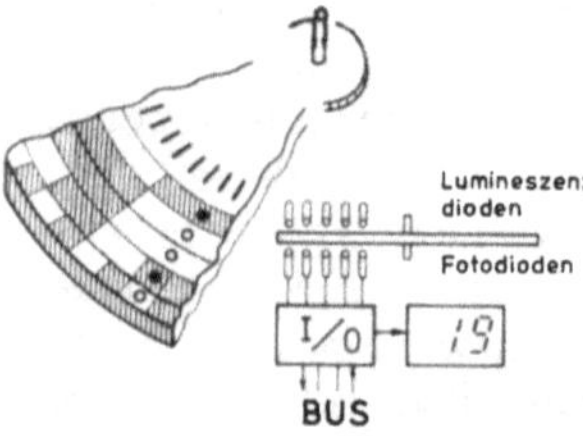


Abb. 1.40. Prinzip der Winkelabtastung mit codierten Teilkreisen

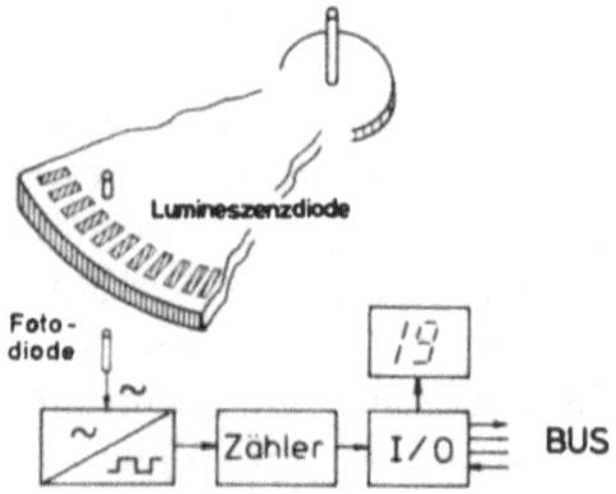


Abb. 1.41. Prinzip der Winkelabtastung nach dem Inkrementalverfahren

Abb. 1.40 zeigt eine mögliche technische Lösung. Die Codespuren bestehen aus durchleuchtbaren und nicht durchleuchtbaren Feldern. Oberhalb jeder Spur ist eine Lumineszenzdiode angeordnet, die infrarot strahlt. Unterhalb der Lumineszenzdioden befinden sich Fotodioden, die Lichtsignale in elektrische Signale umwandeln [2.1.6]. Je nachdem, ob sich jetzt vor den Fotodioden ein durchsichtiges oder ein nicht durchsichtiges Feld befindet, erzeugen sie eine Spannung oder ein Nullsignal. Die so einem jeden Teilstrich zugeordnete Dualzahl gelangt über ein Leitungssystem (BUS) zum Rechner und Speicher. Bevor sie dezimal angezeigt wird, muß der Rechner sie noch weiter aufbereiten. Mit der Codescheibe der Abb. 1.9 b) lassen sich z. B. Intervalle von 0,25 gon auflösen.

Inkrementalverfahren nutzen Teilkreise mit radialen Strichrastern, die eine stets wachsende Folge von Hell-Dunkel-Feldern (Inkrementen) darstellen (Abb. 1.41). Man bezeichnet die Felder auch als Ja-Nein-Elemente. Mit diesem Verfahren kann der Beobachter keine absoluten Richtungen bestimmen; es lassen sich nur Richtungsänderungen messen, indem die von einem Abtastsystem überstrichene Anzahl von Hell-Dunkel-Feldern gezählt wird. In neueren Instrumenten verwendet man elektrooptische Abtastsysteme. Die Ja-Nein-Elemente können dann aus durchleuchtbaren und nicht durchleuchtbaren Feldern bestehen. Befindet sich z. B. – wie in Abb. 1.41 – oberhalb des Rasters eine Lumineszenzdiode, so strahlt diese unterhalb des Rasters verschieden stark, je nachdem ob sie sich ganz, teilweise oder nicht über einem durchleuchtbaren Feld befindet. Bewegt sich der Teilkreis relativ zu der Diode, so erfährt ihre Strahlung eine näherungsweise sinusförmige Intensitätsmodulation. Jedes Ja-Nein-Element erzeugt eine Periode eines solchen Sinussignals. Die Fotodiode (oder ein Fototransistor) unterhalb des Kreises und der Lumineszenzdiode erzeugt aus dem Lichtsignal ein elektrisches Sinussignal. Ein weiterer elektronischer Baustein wandelt das Sinussignal in ein Rechtecksignal um. Der Zähler zählt die Anzahl der bei einer Drehung erzeugten Signalperioden. Das Zählergebnis gelangt über einen Bus zum Rechner und Speicher und läßt sich nach weiterem Aufbereiten dezimal anzeigen.

Bei sehr feinen Rastern bereitet es Schwierigkeiten, die an einem Abtastsystem vorbeiwandernden Striche einzeln zu erfassen. Fehlertheoretisch ist es günstiger, die Intensitätsmodulation mit einer Gruppe von Teilstrichen zu erzeugen. In elektronischen Theodoliten gibt es für diesen Mittelungsvorgang unterschiedliche Lösungswege.

Für Teilkreise mit Durchmessern von 70 ... 100 mm lassen sich Raster von 25000 Strichen herstellen. Die kleinste Zähleinheit entspricht dann bei einfachen Abtastsystemen 0,16 gon.

In den zuvor beschriebenen Anordnungen liefern die Winkelmeßsysteme eine Genauigkeit, die im allgemeinen für geodätische Aufgabenstellungen nicht ausreicht. Bei Teilkreisdurchmessern von 70 . . . 100 mm läßt sich eine ausreichende Genauigkeit erzielen, wenn zusätzlich

- elektronische Interpolatoren eingesetzt werden
- bei eventuell vorhandenen Teilkreisexzentrizitäten diametral

abgetastet wird (*Kahmen* 1978, 1979, 1983).

### *1.4.3.1 Elektronische Interpolatoren mittlerer Genauigkeit*

Elektronische Theodolite mittlerer Genauigkeit nutzen im allgemeinen für das Abtasten der Teilkreise Inkrementalverfahren. Im einfachsten Fall erzeugt der Abtastkopf beim Drehen der Stütze für je ein Hell-Dunkel-Feld des Teilstrichrasters eine Periode eines elektrischen Sinussignals (Abb. 1.42). Bei der Grobmessung zählt ein elektronischer Zähler die Anzahl der Signalperioden.

Die Länge einer Signalperiode ist $2\pi$, bzw. $\lambda$. Allen Schwingungszuständen lassen sich Bruchteile von $2\pi$, Phasenwinkel $\varphi_1$, $\varphi_2$, $\varphi_3$ . . . zuordnen. Diese Phasenwinkel sind ein Maß für die Feinmessung. Bei einfachen Abtastsystemen kann ein zugeschalteter elektronischer Interpolator innerhalb einer Signalperiode 8 Signalabschnitte durch unterschiedlich große Phasenwinkel voneinander unterscheiden (Abb. 1.42). Durch diese Interpolation im Verhältnis 1 : 8 wird bei einem Strichraster von 25000 Inkrementen eine Richtungsauflösung von 0,002 gon erzielt (Beispiel: Elta 46, *Zeiss*).

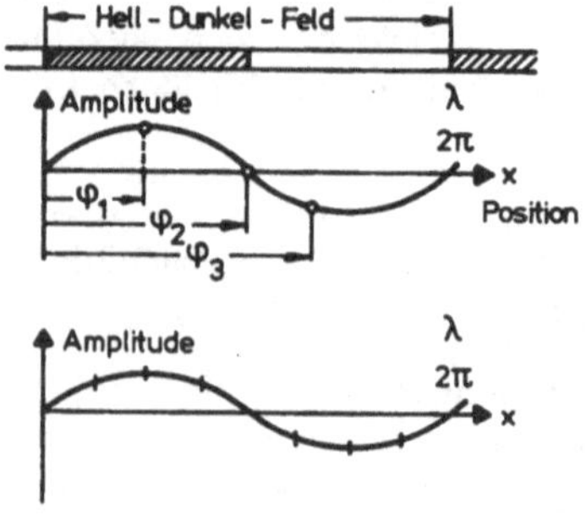


Abb. 1.42. Darstellung der Grob- und Feinmessung bei der Winkelabtastung

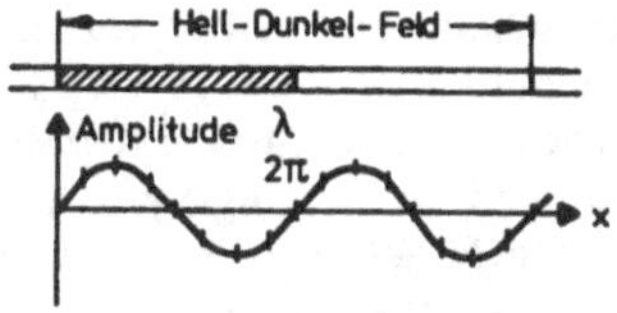


Abb. 1.43. Interpolator 1:16

Über spezielle Abbildungsverfahren lassen sich zwei Signalperioden für ein Hell-Dunkel-Feld erzeugen (Abb. 1.43). Unterscheidet der elektronische Interpolator wiederum innerhalb einer Periode 8 verschiedene Schwingungszustände durch Zuordnen von Phasenwinkeln, so läßt sich ein Hell-Dunkel-Feld im Verhältnis 1:16 unterteilen. Bei einem Raster von 25000 Strichen ist jetzt eine Richtungsauflösung von 0,001 gon gegeben (Beispiel: Theodolit E1, *Kern*).

Eine noch weiterreichende Unterteilung in Zählschritte ist gegeben, wenn zwei diametral angeordnete Abtastsysteme je ein Hell-Dunkel-Feld in 16 Abschnitte unterteilen. Die Anzahl der Teilungsintervalle ist jetzt um den Faktor 32 vergrößert, wenn die Nulldurchgänge beider Signale um $^{1}/_{32}$ einer Signalperiode gegeneinander verschoben sind. Diese Anordnung ermöglicht schon bei einem Strichraster von 12500 Inkrementen eine Richtungsauflösung von 0,001 gon (Beispiel: Tachymat TC1, *Wild*).

Die Steuerung der Meßvorgänge sowie das Bilden des endgültigen Ergebnisses besorgt ein Mikroprozessor.

### *1.4.3.2 Elektronische Interpolatoren hoher Genauigkeit*

Elektronische Theodolite hoher Genauigkeit nutzen vorwiegend für die Grobabtastung das Codeverfahren. Bei der Feinabtastung kann man im wesentlichen zwischen einem Koinzidenzverfahren und einem Phasenvergleichsverfahren unterscheiden.

Die Koinzidenzverfahren werden z.B. beim Tachymeter Elta 2 (Zeiss) angewendet. Sie beruhen auf den in Abb. 1.29 und 1.30 dargestellten Prinzipien. Das Verfahren der Abb. 1.29 dient der Vertikalwinkelmessung, das der Abb. 1.30 der Horizontalwinkelmessung. Die Positionen der Teilstriche (Abb. 1.9 b)) werden allerdings durch Abtasten von Codespuren bestimmt [1.4.3]. Symmetrische Koinzidenz der Teilstriche stellt ein optoelektronisches Meßsystem fest. Eine Unterteilung jedes Teilungsintervalls in mehr als 1000 Schritte ist möglich. Die Ergebnisse der Grob- und Feinmessung gelangen über ein Leitungssystem zu einem geräteinternen Mikroprozessor, der die Teilergebnisse zum endgültigen Ergebnis zusammensetzt.

Das Phasenvergleichsverfahren beruht auf einem inkrementellen Verfahren, bei dem die Teilschritte innerhalb einer Signalperiode durch einen Phasenvergleich entstehen. Das beim Drehen der Theodolitstütze erzeugte sinusförmige Lichtsignal tasten vier gleichmäßig über eine Signalperiode verteilte Dioden ab (Abb. 1.44). Ein Abtasten mit vier Dioden ist nur möglich, wenn größere Teilungsintervalle vorhanden sind. Es entstehen vier sinusförmige elektrische Signale $i_1$, $i_2$, $i_3$, $i_4$, die je gegeneinander um 90° phasenverschoben sind.

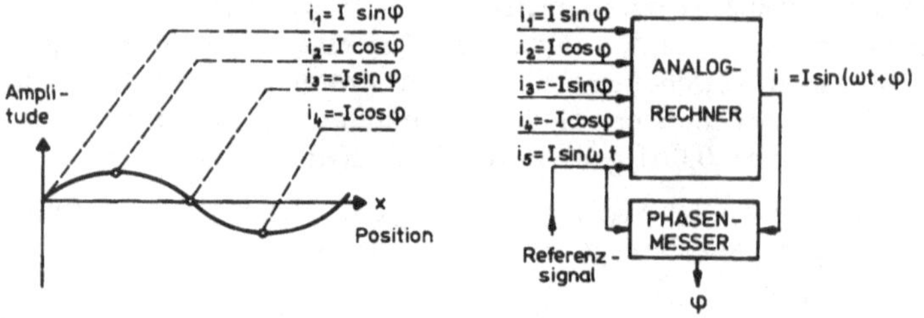


Abb. 1.44. Feinabtastung von Teilkreisen mit dem Phasenvergleichsverfahren

Die vier Signale und zusätzlich ein Referenzsignal werden auf einen Analogrechner gegeben. Dieser kombiniert die trigonometrischen Funktionen so miteinander, daß am Ausgang ein Sinussignal mit der Frequenz des Referenzsignals und dem Nullphasenwinkel $\varphi$ erscheint. Das Referenzsignal und das Ausgangssignal gelangen auf einen Phasendifferenzmesser, der die Phasendifferenz $\varphi$ ermittelt. Ein Teilungsintervall läßt sich so in etwa

1000 Einzelintervalle unterteilen. Für die Grobmessung werden zusätzliche Codespuren abgetastet. Ein geräteinterner Mikroprozessor faßt die Teilergebnisse zum endgültigen Ergebnis zusammen. Anschließend steht dieses zur Anzeige und Abspeicherung zur Verfügung.

Das Phasenvergleichsverfahren wird z.B. beim Tachymeter HP 3820 der Firma Hewlett Packard angewendet. Die Teilkreise tragen am äußeren und inneren Rand eine analoge Spur und dazwischen Codespuren (Abb. 1.9 c)). Die analogen Spuren werden je von vier dicht beieinanderliegenden speziellen Dioden abgetastet, die je vier um 90° phasenverschobenen Signale entstehen lassen. Die Grobmessung erfolgt durch Abtasten der Codespuren, die Feinmessung durch zweifaches Anwenden des Phasenvergleichsverfahrens.

Mit elektronischen Interpolatoren hoher Genauigkeit lassen sich Richtungen mit einer Genauigkeit von 0,0002 gon auflösen.

### 1.4.4 Klassifizierung der elektronischen Theodolite

Im Hinblick auf die Genauigkeit kann man – ähnlich wie bei den optischen Theodoliten – zwischen Instrumenten mittlerer und hoher Genauigkeit unterscheiden. Die Instrumente hoher Genauigkeit lösen Richtungen mit einer Genauigkeit von 0,1–0,2 mgon auf, die Instrumente mittlerer Genauigkeit mit einer Genauigkeit von 1–2 mgon.

Die elektronischen Theodolite stehen in der Regel nicht als Einzelinstrumente zur Verfügung; normalerweise sind sie eine Komponente eines elektronischen Tachymeters und untrennbar mit diesem verbunden. Weitere Einzelheiten und technische Angaben werden daher in [3] behandelt.

## 1.5 Horizontieren und Zentrieren der Meßgeräte

Die Verlängerung der Drehachse eines Theodolits oder Entfernungsmessers soll parallel zur Lotrichtung durch das Zentrum der

Bodenmarke verlaufen. Nur wenn diese Bedingungen erfüllt sind, mißt man die in [1.1] definierten Richtungen, Horizontal- und Vertikalwinkel und die in [2] definierten Distanzen. Das *Ausrichten der Meßgeräte* erfolgt durch Horizontieren und Zentrieren. Zum Horizontieren benutzt man Libellen [Band I, 51], zentriert wird durch seitliches Verschieben (Abb. 1.45).

Je nach Genauigkeitsanforderung stellt man die Verbindung zwischen dem Endpunkt der Drehachse und der Bodenmarke mit einem Schnurlot, einem starren Lot oder einem optischen Lot her.

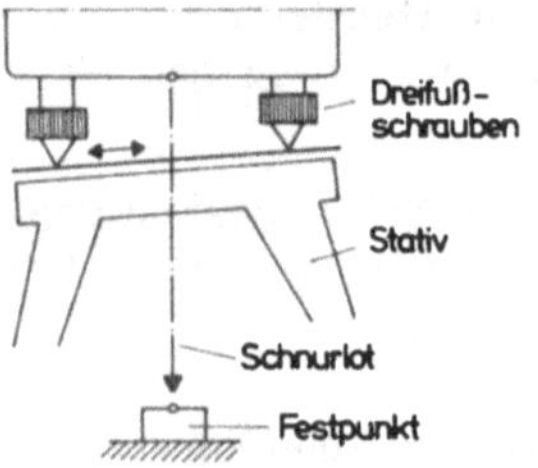


Abb. 1.45. Zentrieren eines Dreifußes durch seitliches Verschieben

### 1.5.1 Horizontieren und Zentrieren mit einem Schnurlot

Das Schnurlot verwendet man bei einfachen Feldmessungen. Der Beobachter befestigt die Schnur an einem Punkt, der in der Verlängerung der Drehachse des Meßgerätes liegt. Der Dreifuß wird zunächst durch Verschieben zentriert und anschließend – z. B. mit der Röhrenlibelle eines aufgesetzten Theodolits – horizontiert.

Wie die Abb. 1.46 zeigt, bringt man die Libelle zunächst parallel zu den Dreifußschrauben *A* und *B* durch gegenläufiges Drehen zum Einspielen. Anschließend wird sie um 100 gon gedreht und erneut mit der Fußschraube *C* zum Einspielen gebracht. Zur Kontrolle wiederhole man den ersten Vorgang.

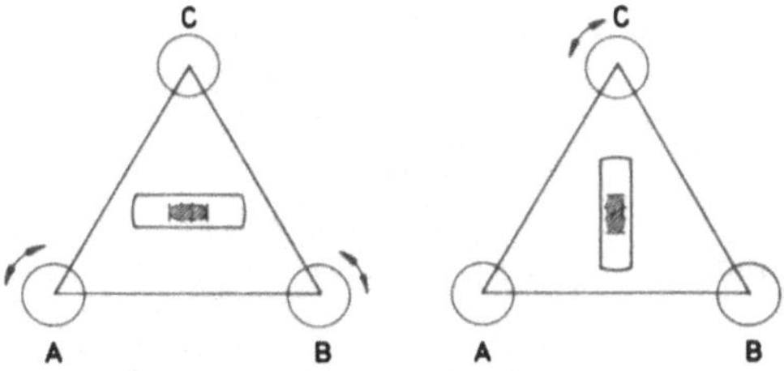


Abb. 1.46. Horizontieren eines Dreifußes

Beim Verstellen der Dreifußschrauben treten Zentrierfehler auf; deren Größenordnung läßt sich nach Abb. 1.47 folgendermaßen abschätzen:

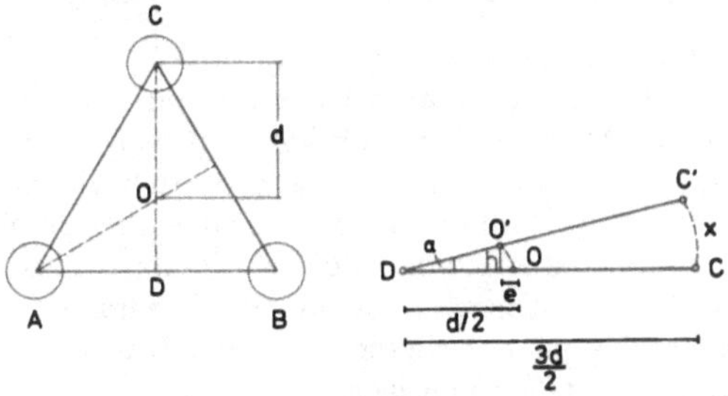


Abb. 1.47. Abschätzen der beim Horizontieren auftretenden Zentrierfehler

Wird die Dreifußschraube $C$ gedreht, so wandert der Punkt 0 – der in der Verlängerung der Stehachse liegt – nicht vertikal, sondern auf einem Bogen. Dabei entsteht der Zentrierfehler $e$.

$$e = \frac{d}{2} - \frac{d}{2}\cos\alpha = \frac{d}{2}(1 - \cos\alpha)$$

$$e = \frac{d}{2}\left(1 - 1 + \frac{\alpha^2}{2!} - \dots\right) = \frac{d}{2}\cdot\frac{\alpha^2}{2!}\,.$$

Da

$$\alpha = \frac{2x}{3d}$$

gilt

$$e = \frac{x^2}{9d}$$

*Zahlenbeispiel:*

$x = 10$ mm, $d = 50$ mm
$e = 0{,}2$ mm

Die Zentrierung gelingt mit einem Schnurlot, falls der Bodenpunkt scharf bezeichnet ist, bei Windstille auf ± 3 . . . 5 mm. Der Zentrierfehler $e$ ist daher normalerweise vernachlässigbar.

### 1.5.2 Horizontieren und Zentrieren mit einem starren Lot

Für genaueres Messen empfiehlt sich – vor allem bei Wind – ein starres Lot, ein ausziehbares, am unteren Ende mit einer Spitze versehenes Leichtmetallrohr. Eine Konstruktion zeigt Abb. 1.48. Der Beobachter braucht den Stativteller (3) nur grob zu horizontieren. Den Zentrierstock (6) stellt er mit seiner Spitze über dem Zentrum der Bodenmarke auf. Dieser trägt an seinem oberen Ende einen rechtwinklig angeordneten Instrumenten-Aufnahmeteller (1), der auf einem Kugelkopf gleiten kann; der Kugelkopf kann sich relativ zum Stativteller bewegen.

Beim Zentrieren wird der Aufnahmeteller so lange über den Kugelkopf und dieser wiederum über den Stativteller geschoben, bis der Zentrierstock, kontrolliert durch eine Dosenlibelle (5) senkrecht steht. Aufnahmeteller, Kugelkopf und Stativteller lassen sich dann über einen Klemmgriff (4) fest miteinander verbinden. Der Beobachter zentriert und befestigt anschließend Meßinstrument und Dreifuß mit einem Schnellverschlußhebel auf dem Aufnahmeteller (Abb. 1.48). Das Gerät ist mit den Dreifußschrauben normalerweise geringfügig nachzuhorizontieren.

Ist die Dosenlibelle des Zentrierstocks dejustiert, so muß die Blase auf den Spielpunkt gebracht werden, den man durch Drehen des Lotes um 200 gon bestimmt. Die Zentriergenauigkeit mit einem starren Lot liegt bei etwa ± 1 mm.

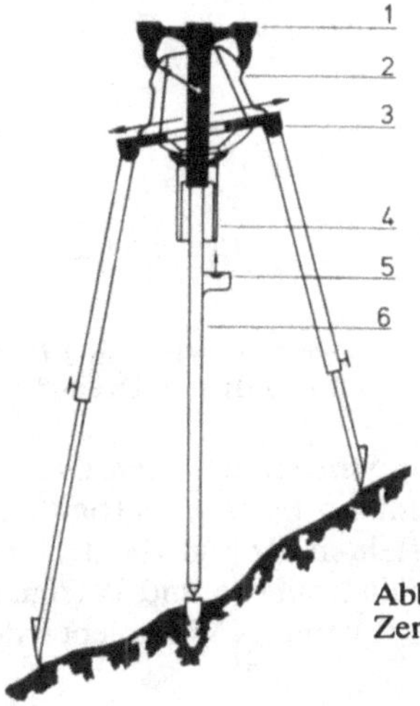


Abb. 1.48. Konstruktionsprinzip eines Zentrierstativs (*Kern*)

### 1.5.3 Horizontieren und Zentrieren mit einem optischen Lot

In genauere Theodolite sind vielfach optische Lote eingebaut. Ein solches besteht aus einem in die Vertikalachse des Theodolits eingelassenen kleinen Fernrohr, in das der Beobachter über ein Reflexionsprisma von der Seite her einblicken kann (Abb. 1.49).

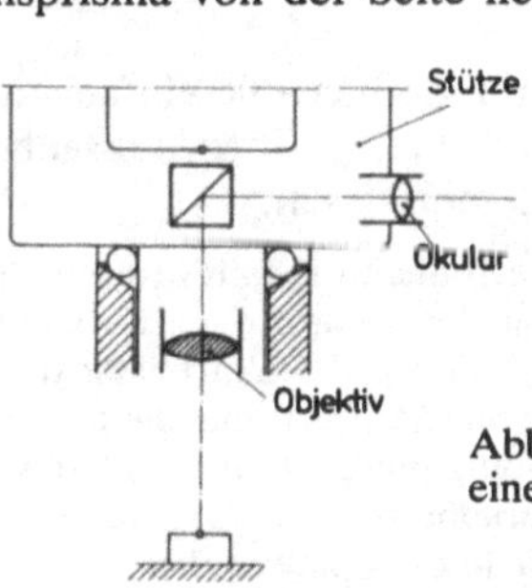


Abb. 1.49. Optisches Lot in der Stütze eines Theodolits

Man stellt das Stativ schon möglichst gut horizontiert und zentriert über der Bodenmarke auf. Anschließend blickt man durch

Abb. 1.50. First- und Bodenlot (*Wild* ZBL) im Dreifuß

das optische Lot und stellt dessen Strichkreuz durch Drehen der Dreifußschrauben auf die Bodenmarke. Danach zentriert man die Dosenlibelle durch Ein- und Ausfahren der Stativbeine, horizontiert mit Fußschrauben und Alhidadenlibelle und korrigiert die Zentrierung, falls notwendig, durch geringes Verschieben des Instrumentes auf dem Stativteller.

Es gibt auch Dreifüße oder Zieltafelträger, die mit einem optischen Lot ausgerüstet sind; außerdem bieten einige Hersteller optische Lote als eigene Instrumenteneinheit an. Es gibt Zenitlote, Nadirlote und kombinierte Geräte (Abb. 1.50). Typische Einsatzmöglichkeiten sind: Zentrieren eines Dreifußes über einem Bodenpunkt oder unter einem Firstpunkt, Lotungen an großen Bauwerken wie Hochhäusern, Hochkaminen, Brücken, Staumauern, . . .

Das Zentrieren von Bodenpunkten gelingt mit einfachen optischen Loten bis auf ± 0,5 mm. Selbständige Präzisionsgeräte erreichen Genauigkeiten von ± 0,5 mm/100 m.

Optische Lote sind regelmäßig zu überprüfen; dies gilt insbesondere für optische Lote in Dreifüßen, da man mit diesen nur in einer Lage beobachtet. Mit einem Bleistift zeichnet man hierfür die Umrißlinie der angeklemmten Dreifußgrundplatte auf den Stativteller, bringt die Dosenlibelle zum Einspielen und markiert den Lotungspunkt am Boden auf Millimeterpapier. Nach Lösen der Klemmschraube wird der Dreifuß noch zweimal um 120° gedreht, in die Umrißlinie eingepaßt und je der Lotungspunkt markiert. Fallen alle Markierungen zusammen, so ist das Lot richtig justiert; ansonsten justiert man das Strichkreuz auf den Schwerpunkt der drei Lotungspunkte.

### 1.5.4 Zwangszentrierung

Die Zwangszentrierung garantiert eine gleichbleibende Zentrierung auch in den Fällen, in denen wie z. B. beim Messen eines Polygonzuges Theodolit, Entfernungsmesser, Reflektor und Zieltafel ausgetauscht werden. Der zentrierte Dreifuß bleibt auf einer Station bis zum Abschluß sämtlicher Messungen fest mit dem Stativ verbunden. Unter den Geräten sind ein oder drei Zentrierzapfen. Diese kann man in sehr genau vorgefertigte Passungen des Dreifußes einführen und dort während der Messungen fest verriegeln. Je nach Fabrikat erfolgt die Klemmung über eine seitliche Klemme oder einen zentral gelagerten Drehverschluß. Abb. 1.51 zeigt die Zwangszentrierung mit einem zentralen Zapfen und seitlicher Klemme. Mit dieser Art der Zentrierung sind z. B. Geräte

Abb. 1.51. Zwangszentrierung mit zentralem Flansch und seitlicher Klemme

von *Breithaupt, Jenoptik* und *Zeiss* Oberkochen ausgestattet. Der Zapfen wird mit hoher Genauigkeit in ein V-Lager gedrückt. Die Systeme der Firmen *Wild* und *Kern* z. B. arbeiten mit einer zentralen Verriegelung. Bei der Zwangszentrierung der Firma *Kern* (Abb. 1.52) greifen durch Drehen eines Verschlußhebels drei Klauen eines Zentralverschlusses in die Grundplatte des Instruments und verbinden dieses fest mit dem Aufnahmeteller. In dem System der Firma *Wild* (Abb. 1.53) verriegelt ein zentral gelagerter Drehverschluß die drei Zapfen des Zentrierflansches in der Zentrierbuchse des Dreifußes. Die Genauigkeit der Zentrierung hängt davon ab, wie genau der Zapfen des Zentrierflansches in die Zentrierbuchse paßt.

Die Zwangszentrierung gewährleistet Zentriergenauigkeiten von 0,03 . . . 0,1 mm.

Abb. 1.52. Zwangszentrierung mit Zentralverschluß (*Kern*)

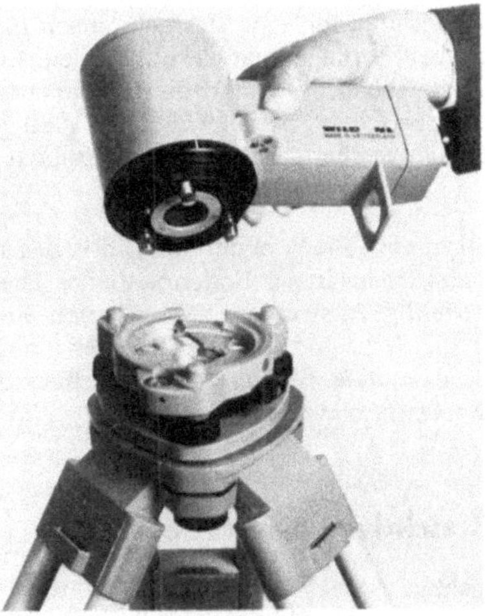

Abb. 1.53. Zwangszentrierung mit zentralem Drehverschluß (*Wild*)

Für die Vermessung dreidimensionaler Präzisionsnetze benötigt man eine Zwangszentrierung mit konstanter Instrumentenhöhe. Diese Forderung wird erfüllt, wenn eine der drei Fußschrauben beim Horizontieren stets

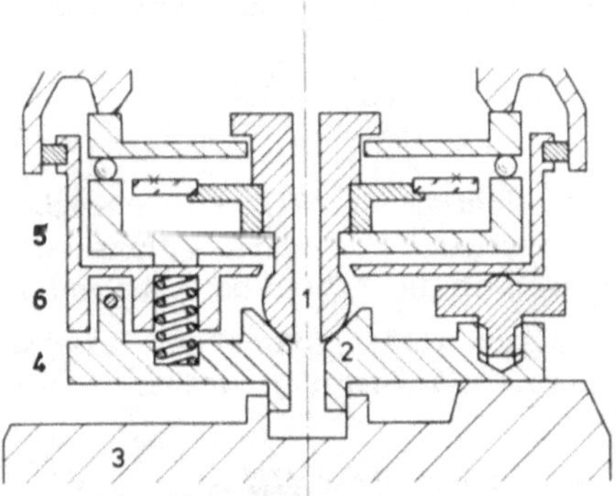


Abb. 1.54. Zwangszentrierung mit konstanter Instrumentenhöhe (1 Kugel, 2 Konus, 3 Auflageplatte mit Vorrichtung für Zwangszentrierung, 4 Bodenplatte des Theodolits, 5 Unterteil, 6 Druckfeder)

unverändert bleibt; da das Horizontieren mit einer festgehaltenen Fußschraube mühsam ist, sind Spezialzentrierungen entwickelt worden. Eine Konstruktion der Firma *Kern* zeigt Abb. 1.54. Damit die Instrumentenhöhe beim Horizontieren unverändert bleibt, ist einer der drei Auflagepunkte in die Stehachse gelegt und gegenüber der Punktversicherung festgehalten.

Die mechanische Lösung ermöglicht ein Gelenk in der Stehachse, das aus einer Kugel im Unterteil und einem Konus in der Bodenplatte des Theodolits besteht. Mit zwei rechtwinklig zueinander angeordneten Fußschrauben kann der Beobachter die Stehachse des Instrumentes um das Zentrum der Kugel kippen. Die azimutale Führung des Unterbaus besorgt eine spezielle Druckfeder (*Aeschlimann*, 1975).

## 1.6 Untersuchung und Berichtigung des Theodolits

Auch bei sorgfältigster Arbeit gelingt es dem Mechaniker nicht, die mathematische Konstruktionsidee beim Bau des Theodolits voll zu verwirklichen. Die einzelnen Bauteile können ferner durch die Beanspruchung beim Gebrauch, durch Temperatureinwirkungen und dgl. ihre Sollage ein wenig verändern. Beide Tatsachen haben Fehler zur Folge, die entweder durch Justierung beseitigt oder durch die Anordnung der Messung eliminiert werden müssen. Die wichtigsten dieser Fehler sind Achsenfehler, Exzentrizitätsfehler und Teilungsfehler. Eingehende Darstellungen findet man z. B. in (*Jordan/Eggert/Kneißl*, Band II 1963, *Scheel* 1955, *Matthias* 1961, *Soltau* 1961).

### 1.6.1 Die Achsenfehler

Man unterscheidet beim Theodolit die Vertikal- oder Stehachse *VV*, die Horizontal- oder Kippachse *HH*, die Kollimations- oder Zielachse *ZZ*; dazu kommen noch die Achsen der Libellen.

Sollen Horizontalwinkel gemessen werden, so muß die Zielachse sich beim Kippen des Fernrohres in einer Vertikalebene bewegen. Das ist der Fall, wenn

a) die Zielachse *ZZ* normal zur Kippachse *HH* ist,

b) die Kippachse *HH* normal zur Stehachse *VV* liegt,

c) die Stehachse *VV* streng lotrecht steht.

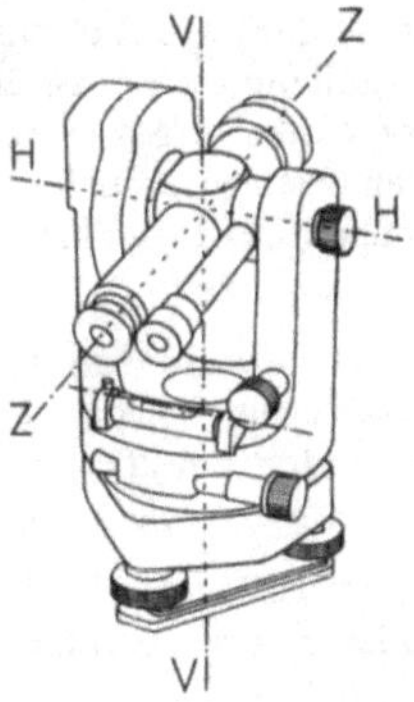


Abb. 1.55. Theodolitachsen (schematisch)

Ist eine dieser Bedingungen nicht erfüllt, so spricht man vom Zielachsen-, Kippachsen- bzw. Stehachsenfehler.

### *1.6.1.1 Der Zielachsenfehler*

Er läßt sich auf mehrfache Art sichtbar machen und beseitigen:

a) Man zielt im Standpunkt *S* Abb. 1.56 einen etwa in Höhe der Kippachse liegenden Punkt *A* an und liest die zugehörige Kreisstelle ab.

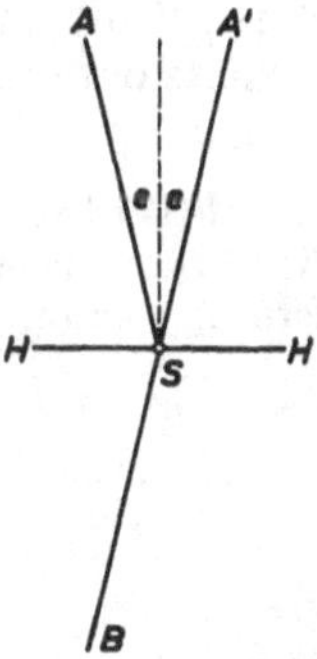


Abb. 1.56. Bestimmung eines Zielachsenfehlers

Anschließend schlägt man das Fernrohr durch, so daß es in Richtung nach $B$ weist und dreht die Stütze mittels der Kreisteilung um genau 200 gon weiter. Das Fernrohr weist dann nach $A'$. Der Winkel $A'SA = 2c$ ist der doppelte Zielachsenfehler. Man beseitigt den Zielachsenfehler, indem man mit den seitlich wirkenden Justierschrauben des Strichkreuzes die Hälfte des Winkels $ASA'$ fortschafft.

b) Statt wie bei a) die Stütze um 200 gon zu drehen, kann man das Fernrohr auf $A$ zurückführen und eine zweite Kreisablesung machen. Die Differenz von Anfangs- und Schlußablesung vermindert um 200 gon ist der doppelte Zielachsenfehler im Winkelmaß. Beseitigung wie oben.

Beim Anzielen eines unter dem Zenitwinkel $z$ erscheinenden hochgelegenen Zieles ist der durch einen Zielachsenfehler $c$ hervorgerufene Richtungsfehler

$$(c) = c : \sin z. \tag{1.1}$$

Eine aus beiden Fernrohrlagen gemittelte Ablesung einer Richtung ist, wie aus den Ausführungen unter a) und b) ohne weiteres folgt, frei von den Auswirkungen des Zielachsenfehlers. Im Falle $z = 100$ gon ist $(c) = c$.

### *1.6.1.2 Der Kippachsenfehler*

Er liegt vor, wenn die Kippachse, wie in Abb. 1.57, bei lotrechter Stehachse den Winkel $i$ mit der Horizontalen bildet. Man erkennt ihn meistens daran, daß das Strichkreuz, das man auf das oberste Ende einer senkrechten Hauskante gerichtet hat, sich beim Herunterkippen in die Horizontale von der Hauskante entfernt. Zur genaueren Untersuchung gibt es mehrere Wege:

a) Man richtet das Fernrohr, nachdem der Zielachsenfehler beseitigt ist, auf einen hochliegenden Punkt $A$, kippt es bis in die Horizontale herunter und macht an einem Maßstab, der in einiger Entfernung vom Instrument

Abb. 1.57. Kippachsenfehler

horizontal und rechtwinklig zur Visur niedergelegt ist, die Ablesung $a_1$ (Abb. 1.58). Darauf schlägt man das Fernrohr durch, richtet es wieder auf $A$, kippt es abermals herunter und macht am Maßstab die Ablesung $a_2$. Dann hat man in dem Stück $(a_2 - a_1)$ die verdoppelte Auswirkung des Kippachsenfehlers.

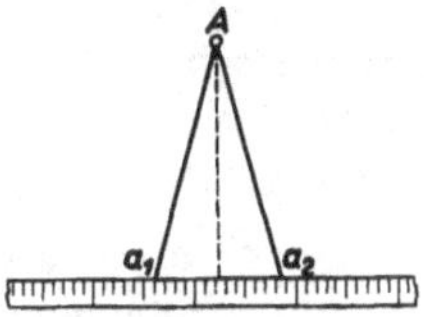


Abb. 1.58. Bestimmung des Kippachsenfehlers

Um den Kippachsenfehler zu beseitigen, richtet man das Fernrohr auf den Punkt $1/2\,(a_1 + a_2)$ des Maßstabs, kippt das Fernrohr nach oben, bis $A$ im Gesichtsfeld erscheint und hebt oder senkt ein Achslager mit Hilfe der in [1.2.2.2] beschriebenen Justiereinrichtungen so lange, bis der Punkt $A$ sich genau in der Strichkreuzmitte befindet. Bei den heute üblichen Instrumenten mit verkapselter Kippachse kann das nur in einer mechanischen Werkstatt geschehen.

b) Man erhält den verdoppelten Einfluß des Kippachsenfehlers im Winkelmaß – wiederum nachdem der Zielachsenfehler beseitigt ist –, wenn man den Punkt $A$ in beiden Fernrohrlagen anzielt und die Differenz der zugehörigen Kreisablesungen vermindert um 200 gon bildet. Man berichtigt den Kippachsenfehler, indem man das Mittel der beiden Kreisablesungen einstellt und wie unter a) verfährt.

Der Einfluß $(i)$, den ein Kippachsenfehler $i$ auf eine nur in einer Lage beobachtete Richtung hat, ergibt sich, wenn der Zielpunkt unter dem Zenitwinkel $z$ erscheint, aus

$$(i) = i \cot z. \tag{1.2}$$

Der Kippachsenfehler übt also auf die Richtung nach Zielen, die im Horizont liegen ($z = 100$ gon), keinen Einfluß aus. Die Formel ermöglicht es ferner, die Größe des Kippachsenfehlers zu berechnen, wenn man mit einer der unter a) und b) genannten Methoden seine Auswirkung auf eine geneigte Visur ermittelt hat.

Aus a) und b) folgt schließlich, daß der Kippachsenfehler ebenso wie der Zielachsenfehler durch Mitteln der Ablesungen aus beiden Fernrohrlagen herausfällt.

#### *1.6.1.3 Der Stehachsenfehler*

Der Stehachsenfehler $\nu$ ist kein Instrumental-, sondern ein Aufstellfehler, der daher rührt, daß die Stehachse schief steht. Man vermeidet ihn, indem man die Stehachse durch Spielpunktbestimmungen nach Band I 5.1.3.2 streng lotrecht stellt.

Um die Auswirkungen $(\nu)$ eines etwaigen Stehachsenfehlers $\nu$ auf eine gemessene Richtung angeben zu können, verstehe man unter $z$ den Zenitwinkel, unter dem das Ziel erscheint, und unter $\alpha$ den Winkel, den die Richtung nach dem Ziel mit der Vertikalebene bildet, die die schiefe Stehachse enthält. Dann ist

$$(\nu) = \sin\alpha \cot z. \tag{1.3}$$

Im Gegensatz zu den Zielachsen- und Kippachsenfehlern läßt sich $(\nu)$ nicht durch Beobachtung in zwei Fernrohrlagen tilgen. Da $(\nu)$ mit dem Cotangens des Zenitwinkels zunimmt, hat man die Stehachse um so sorgfältiger lotrecht zu stellen, je stärker der Zielstrahl geneigt ist.

Es gibt Theodolite und elektronische Tachymeter, die zusätzlich mit einem Kippachsenmikrometer (*Aeschlimann* 1979) oder einer elektronischen Libelle (*Bullock/Warren* 1976) ausgerüstet sind, mit denen die Restneigung der Stehachse erfaßt wird. Die Meßwerte dieser zusätzlich eingebauten Instrumente gestatten es, den Einfluß der Stehachsenneigung auf die Horizontalrichtungen zu korrigieren.

### 1.6.2 Die Exzentrizitätsfehler

Damit an der Kreisteilung der Horizontalwinkel abgelesen werden kann, um den die Zielachse des Fernrohrs gedreht ist, müssen der Mittelpunkt der Kreisteilung und die Stehachse zusammenfallen, und es muß eine im Mittelpunkt der Kreisteilung errichtete Normale die Zielachse des Fernrohrs treffen. Ist das nicht der Fall, so liegt eine Exzentrizität der Kreisteilung bzw. des Fernrohrs vor.

### *1.6.2.1 Kreisteilungsexzentrizität und Zeigerarmknickung*

Wenn der Mittelpunkt $L$ der Kreisteilung nicht identisch ist mit dem Mittelpunkt $A$ der Drehung der Stütze (in ihrer Buchse), so sind auch die „Kreisablesungen“ für die Schenkel von Winkeln nicht identisch mit der Drehung der Stütze. Es ist in Abb. 1.59 $\varphi$ ein Winkel, dessen linker Schenkel zufällig in die Richtung $AL$ der Exzentrizität $e$ bzw. deren Verlängerung $CC'$ fällt, während sein rechter Schenkel in die Richtung $AZ_1$ weist. Um $\varphi$ wird die Stütze beim Zielen gedreht.

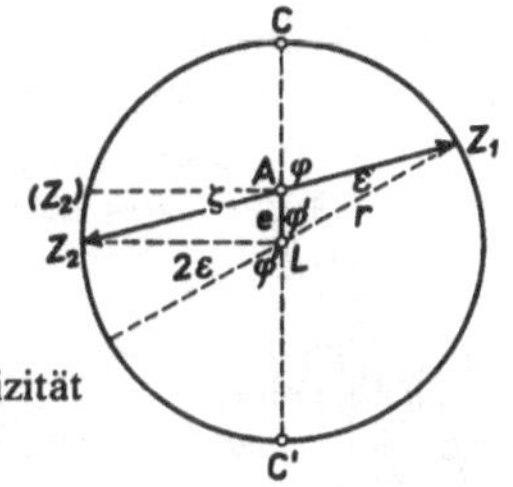


Abb. 1.59. Kreisteilungsexzentrizität

Die Kreisablesungen geben dann für $\varphi$ an der Ablesestelle $Z_1$ nicht $CAZ_1$, sondern

$$CLZ_1 = \varphi' = \varphi - \varepsilon$$

und an der Ablesestelle $Z_2$ nicht $C'AZ_2$, sondern

$$C'LZ_2 = \varphi'' = \varphi + \varepsilon .$$

Da der Unterschied der beiden $\varepsilon$ um eine Größenordnung kleiner ist als $\varepsilon$, ergibt sich durch Mitteln

$$\frac{\varphi' + \varphi''}{2} = \varphi .$$

Man erhält also bei Ablesung an zwei gegenüberliegenden Ablesestellen und Mittelbildung den Drehwinkel $\varphi$ unverfälscht. Wenn, wie bei neueren Theodoliten mittlerer Genauigkeit [1.3.3.2], nur *eine* Ablesestelle vorhanden ist, wird die Kreisteilungsexzentrizität erst durch Mittelung der Ablesungen in beiden Fernrohrlagen eliminiert.

Bei Instrumenten mit zwei Ablesestellen kommt meistens noch eine „Zeigerarmknickung $\zeta$" hinzu, so daß in Abb. 1.59 der zweite „Zeiger" nicht nach $Z_2$, sondern nach $(Z_2)$ weist.

Während aber der durch die Exzentrizität hervorgerufene Fehler $\varepsilon$ aufgrund der Gleichungen

$$\sin \varepsilon = \frac{e}{r} \sin (200^g - \varphi) \text{ oder } \varepsilon = \frac{e \cdot 200/\pi}{r} \sin \varphi$$

von der Größe des Winkels $\varphi$ abhängt und daher alle Werte von Null bis zum Maximalbetrag $\varepsilon_{max} = (e \cdot 200/\pi)/r$ annehmen kann, ist $\zeta$ konstant. $\zeta$ verfälscht also die Ablesung für beide Schenkel eines Winkels stets um den gleichen Betrag; $\zeta$ fällt daher beim Bilden der Differenz von rechtem minus linkem Schenkel heraus. Im übrigen wird $\zeta$ auch beim Durchschlagen eliminiert.

Selbst eine kleine Exzentrizität hat einen sehr großen Einfluß auf die Ablesung. Es ist bei einem Theodoliten mit einem Kreisteilungsdurchmesser von 10 cm $e = 0{,}01$ mm; dann ist nach der Formel $\varepsilon_{max} = (e \cdot 200\,000/\pi)/r$

$$\varepsilon_{max} = \frac{0{,}01 \cdot 63\,662}{50} = 12{,}7 \text{ mgon.}$$

Die Firmen sind daher bemüht, den Exzentrizitätsfehler möglichst unter 1 $\mu$m herunterzudrücken.

### *1.6.2.2 Exzentrizität der Zielachse*

Es sei in Abb. 1.60, in dem $L$ den Mittelpunkt der Teilung des Teilkreises darstellt, die Richtung nach dem Zielpunkt $P$ zu be-

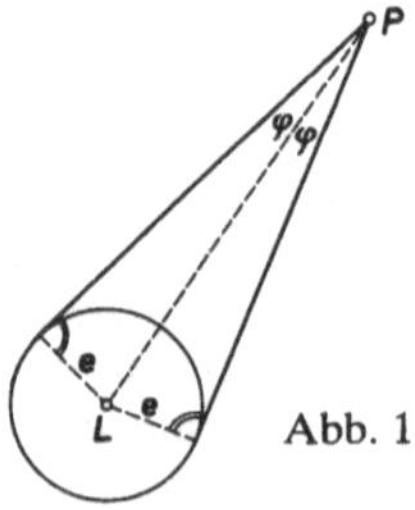


Abb. 1.60. Exzentrizität der Zielachse

stimmen. Hat nun die Zielachse die Exzentrizität $e$, so ist sie bei ihren Drehungen stets Tangente an einen Kreis um $L$ mit dem Radius $e$. Dadurch wird in beiden Fernrohrlagen die gleiche Richtungsabweichung $\varphi$, jedoch mit entgegengesetztem Vorzeichen verursacht, so daß das Mittel aus beiden Lagen durch die Exzentrizität der Zielachse nicht beeinflußt ist. Das gilt auch mit aller Strenge, wenn das ganze Fernrohr nicht auf der Mitte der Kippachse, sondern exzentrisch angebracht ist.

### 1.6.3 Die Kreisteilungsfehler

Wenn ein Theodolit mit einem Teilkreisdurchmesser von 10 cm in $^1/_5$ gon eingeteilt ist, so hat er insgesamt 2000 Teilstriche, die nur 0,16 mm voneinander abstehen. Jeder dieser Striche muß, um eine Ablesegenauigkeit von 0,5 mgon zu garantieren, auf 0,4$\mu$m richtig liegen. Diese Genauigkeit wird trotz feinster Teilmaschinen auch bei höchster Sorgfalt des Mechanikers nicht immer erreicht, sondern es treten regelmäßige und unregelmäßige Teilkreisfehler auf. Die genaue Ermittlung dieser Fehler liegt außerhalb des Rahmens dieses Buches. Über die Theorie und praktische Untersuchungen berichten u.a. (*Heuvelink* 1913, *Roelofs* 1965, *Hallermann/Witte* 1967, *Deumlich* 1980). Man sucht die Kreisteilungsfehler zu eliminieren, indem man ein und denselben Winkel – je nach der angestrebten Genauigkeit – an mehreren symmetrisch auf den Kreis verteilten Stellen des Teilkreises mißt. Dadurch werden erfahrungsgemäß die regelmäßigen Teilungsfehler eliminiert und die Auswirkungen der unregelmäßigen Teilungsfehler so weitgehend gemindert, daß sie bei den gängigen Aufgaben der Praxis vernachlässigt werden können.

### 1.6.4 Die mechanischen Fehler in der Praxis

Exzentrizitäts- und Kreisteilungsfehler sind in neueren Geräten normalerweise vernachlässigbar klein. Ein Überprüfen der Instrumente auf Ziel- und Kippachsenfehler sollte man vor Meßeinsätzen insbesondere dann vornehmen, wenn diese durch das Meßverfahren – z.B. bei Messungen in nur einer Fernrohrlage – nicht beseitigt werden.

## 1.7 Die Horizontalwinkelmessung

### 1.7.1 Allgemeine Regeln

Man unterscheidet bei der Horizontalwinkelmessung die einfache Winkelmessung und die Richtungsmessung; für bestimmte Aufgaben werden daneben die Repetitionswinkelmessung, die Winkelmessung mit Horizontschluß, die Winkelmessung in allen Kombinationen und die Sektorenmethode benutzt. Bei jedem dieser Verfahren beobachtet man im Hinblick auf Zielachsen-, Kippachsen- und Exzentrizitätsfehler in beiden Fernrohrlagen.

### 1.7.2 Die einfache Winkelmessung

Sie ist das einfachste Verfahren zur Beobachtung des Winkels zwischen zwei Richtungen. Zuerst wird das Instrument zentriert und horizontiert. Dann stellt man das linke Ziel ein, liest ab und notiert den Wert. Entsprechend verfährt man mit dem rechten Ziel und erhält in der Differenz Ablesung rechts minus Ablesung links den Winkel in der I. Fernrohrlage. Alsdann wird das Fernrohr durchgeschlagen und die Messung in der II. Fernrohrlage in derselben Weise – jedoch beginnend mit dem rechten Ziel – wiederholt; schließlich wird das Mittel aus beiden Fernrohrlagen gebildet, womit die 1. Messung des Winkels beendet ist. Soll der

*Zahlenbeispiel:* Messung eines Winkels

| Ziel | Fernrohrlage I | Fernrohrlage II | Winkel Lage I | Winkel Lage II | Mittel |
|---|---|---|---|---|---|
| 1 | 2 | 3 | 4 | 5 | 6 |
| | gon | gon | gon | gon | gon |
| 71 | 0,577 | 200,579 | | | |
| 22 | 55,618 | 255,623 | 55,041 | 55,044 | 55,042 |

Winkel zur Erhöhung der Genauigkeit ein 2., 3. oder $n$-tes Mal beobachtet werden, so wird der Teilkreis vor jeder Wiederholung um $200/n$ gon weitergedreht und das Mittel aus allen Beobachtungen als endgültiger Wert angehalten.

### 1.7.3 Die Richtungs- oder Satzmessung

Sie findet Anwendung, wenn von einem Punkt aus mehr als zwei Richtungen oder Strahlen ausgehen. Man zielt bei feststehendem Teilkreis alle Zielpunkte von links nach rechts der Reihe nach an und macht die zugehörigen Ablesungen; dann wird das Fernrohr durchgeschlagen, und es werden in der II. Fernrohrlage alle Ziele in umgekehrter Reihenfolge angezielt und die Mittel gebildet. Anschließend werden die gemittelten Richtungen auf den Anfangsstrahl bezogen (reduziert), indem man von jeder Richtung den für den Anfangsstrahl erhaltenen Richtungswert abzieht. Eine solche Messungsreihe heißt ein Satz oder auch ein voller Satz, während eine Beobachtung in nur einer Fernrohrlage als Halbsatz bezeichnet wird. Zur Beobachtung weiterer Sätze wird der Teilkreis wie in 1.7.2 um $200/n$ gon verstellt. Am Schluß werden durch Mitteln der reduzierten Satzmittel die endgültigen Richtungen gebildet. Mittelung und Reduktion sind durch Summenproben zu sichern; siehe Zahlenbeispiel S. 76.

Die für die II. Fernrohrlage vorgeschriebene Umkehrung der Zielfolge soll eine etwaige Pfeilerdrehung eliminieren. Bei sehr feinen Messungen soll man ferner die Stütze grundsätzlich nur im Uhrzeigersinne herumdrehen und die letzte Drehung an den Feinstellschrauben stets rechtsläufig, d.h. gegen den Druck der Gegenfeder machen. Längstens nach drei Sätzen soll die Horizontierung des Instruments überprüft werden.

Für die Berechnung der Genauigkeitsmaße (*Gotthard* 1978, *Wolf* 1975) werde angenommen, es sei ein Richtungsbüschel mit $s$ Strahlen in $n$ Sätzen beobachtet worden. Man ermittelt zunächst für jede Richtung die Differenz $d$ zwischen dem Satzmittel und der endgültigen Richtung, bildet in *jedem Satz* $[d]$ und errechnet damit für jede gemessene Richtung die Verbesserung $v_i = d_i - [d]:s$, wobei die Probe besteht, daß $[v]$ bis auf die

*Zahlenbeispiel:* Messung von Richtungen

| | Fern-rohr-lage I | Fern-rohr-lage II | Mittel aus I und II | Red. Mittel | Endg. Rich-tung | *d* | *v* | *vv* |
|---|---|---|---|---|---|---|---|---|
| 1 | 2 | 3 | 4 | 5 | 6 | 7 | 8 | 9 |
| | gon | gon | gon | gon | gon | 0,1 mgon | | |
| | | | 1. Satz | | | | | |
| 71 | 0,577 | 200,579 | 0,5780 | 0,0000 | 0,0000 | 0 | + 2 | 4 |
| 22 | 55,618 | 255,623 | 55,6205 | 55,0425 | 55,0420 | − 5 | − 3 | 9 |
| 2 | 95,341 | 295,345 | 95,3430 | 94,7650 | 94,7640 | −10 | − 8 | 64 |
| 53 | 266,489 | 66,491 | 266,4900 | 265,9120 | 265,9127 | + 7 | + 9 | 81 |
| | | | | | 187 | − 8 | 0 | |
| | | | 2. Satz | | $[d]_1 : s =$ | − 2 | | |
| | 67,506 | 267,513 | 67,5095 | 0,0000 | | 0 | + 2 | 4 |
| | 122,548 | 322,553 | 122,5505 | 55,0410 | | +10 | +12 | 144 |
| | 162,270 | 362,279 | 162,2745 | 94,7650 | | −10 | − 8 | 64 |
| | 333,422 | 133,424 | 333,4230 | 265,9135 | | − 8 | − 6 | 36 |
| | | | | | | − 8 | 0 | |
| | | | 3. Satz | | $[d]_2 : s =$ | − 2 | | |
| | 134,150 | 334,158 | 134,1540 | 0,0000 | | 0 | − 4 | 16 |
| | 189,194 | 389,199 | 189,1965 | 55,0425 | | − 5 | − 9 | 81 |
| | 228,913 | 28,919 | 228,9160 | 94,7620 | | +20 | +16 | 256 |
| | 0,064 | 200,069 | 0,0665 | 265,9125 | | + 2 | − 2 | 4 |
| | 592 | 652 | 6220 | 560 | : 3 = *187* | +17 | + 1 | 763 |
| | | | | 4×780=120 | $[d]_3 : s =$ | + 4 | | |
| | | | | 4×095=380 | | | | |
| | 622 | | | 4×540=160 | | | | |
| | | | | 220 | | | | |

$$s(r) = \sqrt{\frac{763}{(3-1)(4-1)}} = 1{,}1 \text{ mgon} \qquad s(\hat{r}) = \frac{11{,}3}{\sqrt{3}} = 0{,}6 \text{ mgon}$$

Abrundungsfehler Null ergeben muß. Dann ergbibt sich als Standardabweichung einer in einem Satz beobachteten Richtung

$$s(r) = \sqrt{\frac{[vv]}{(n-1)(s-1)}}, \tag{1.4}$$

und als Standardabweichung einer aus $n$ Sätzen gemittelten Richtung $\hat{r}$

$$s(\hat{r}) = \frac{s(r)}{\sqrt{n}} = \sqrt{\frac{[vv]}{n(n-1)(s-1)}}. \tag{1.5}$$

### 1.7.4 Die Repetitionswinkelmessung

Bei Theodoliten niederer und mittlerer Genauigkeit gelingt die Einstellung des Ziels auf 0,3 bis 0,5 mgon, die Ablesung dagegen nur auf 1 bis 2 mgon. Die Schärfe der Zieleinstellung geht also durch die Ungenauigkeit der Ablesung verloren. Um diesem Mangel entgegenzuwirken, werden beim Repetitionsverfahren $k$ aufeinanderfolgende Messungen eines Winkels auf dem Teilkreis mechanisch addiert (repetiert), so daß die Differenz zwischen Anfangs- und Schlußablesung den $k$-fachen Winkel ergibt. Bei der dann zum Übergang auf den einfachen Winkel erforderlichen Division durch $k$ gehen auch die Ablesefehler auf den $k$-ten Teil ihrer ursprünglichen Größe zurück und erhalten damit die Größenordnung des Einstellfehlers. Man wird also, wenn die obigen Genauigkeitsverhältnisse vorliegen, in jeder Lage 4 bis 6mal repetieren.

*Zahlenbeispiel:* Repetitionswinkelmessung

| Ziel | Zahl der Rep. $k$ | Fernrohrlage I | Fernrohrlage II | $k$-facher Winkel Lage I | $k$-facher Winkel Lage II | Satzmittel |
|---|---|---|---|---|---|---|
| 1 | 2 | 3 | 4 | 5 | 6 | 7 |
| 25 | 0 | 0,522 | 200,529 | | | |
| (27) | 1 | (187,92) | | 187,4032 | 187,4016 | 187,4024 |
| 27 | 5 | 137,538 | 327,537 | 937,016 | 937,008 | (1874,024) |

5-fache Repetition in jeder Lage verlangt folgende Griffe:

a) Fernrohr auf linkes Ziel einstellen und Anfangsablesung $A_a$ notieren,

b) bei feststehendem Teilkreis Klemme der Stütze lösen und Fernrohr auf rechtes Ziel einstellen (und zweckmäßig Rohablesung machen),

c) Stütze festklemmen, Teilkreis lösen und Fernrohr auf linkes Ziel stets rechtsdrehend zurückführen,

d) wiederholen des Hin- und Hergangs bis zur fünften Einstellung des rechten Ziels und Endablesung $A_e$ notieren; $(A_e - A_a):5$ gibt einen einfachen Winkel in I. Lage,

e) durchschlagen, Kreisklemme lösen und beginnend mit rechtem Ziel Schritte a) bis d) wiederholen,

f) $k$-fachen Winkel aus beiden Lagen addieren und durch $2k$ dividieren (hier $2k = 10$).

Die Repetitionswinkelmessung hat, seitdem die Theodolite hoher Genauigkeit gebaut werden, an Bedeutung verloren. Sie bleibt aber ein schätzenswertes Hilfsmittel, wenn man – etwa zur Messung eines parallaktischen Winkels [2.9.3] – mit einfacheren Instrumenten hohe Genauigkeiten erzielen möchte. Unbestritten ist ferner ihr methodischer Wert.

### 1.7.5 Besondere Winkelmeßverfahren

Wenn die Ziele sehr weit entfernt sind, sind sie selten alle gleichzeitig sichtbar. Man muß dann anstatt voller Sätze einzelne Winkel messen. Dabei unterscheidet man folgende Verfahren (*Gotthard* 1978, *Höpke* 1980, *Wolf* 1975):

#### *1.7.5.1 Die Winkelmessung mit Horizontschluß*

Man beobachtet alle Winkel zwischen je zwei aufeinanderfolgenden Zielen, bis der Horizont geschlossen ist, und verteilt den Widerspruch gegen 400 gon gleichmäßig auf alle beobachteten Winkel. Diese Beobachtungsanordnung ist auch bei kürzeren Zielweiten zu empfehlen, wenn die Beobachtungspfeiler sich unter dem Einfluß der Sonne drehen oder aus anderen Gründen nicht sehr fest stehen.

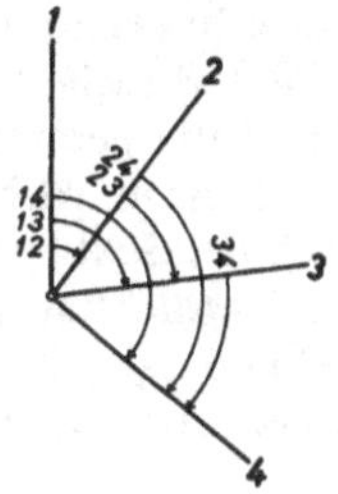


Abb. 1.61. Winkelmessung in allen Kombinationen

### *1.7.5.2 Die Winkelmessung in allen Kombinationen*

Um eine noch bessere Fehlerverteilung zu erzielen als in 1.7.5.1, werden in einem Richtungsbüschel mit $s$ Strahlen die $s(s-1)/1 \cdot 2$ möglichen Winkel zwischen den Zielpunkten gemessen, im Falle der Abb. 1.61 also die 6 Winkel 12, 13, 14, 23, 24, 34. Zur Beseitigung der Widersprüche berechnet man für die Winkel 12, 13 und 14, die den Anfangsstrahl als linken Schenkel haben, als günstigsten Wert das allgemeine arithmetische Mittel [Band I, 1.4.3] aus der direkten Messung des betreffenden Winkels mit dem Gewicht 2 und den ihn bildenden Summen und Differenzen jeweils mit dem Gewicht 1. Also ist, wenn z.B. (12) einen ausgeglichenen, 12 einen beobachteten Winkel darstellt:

$$(12) = \tfrac{1}{4}\{2 \cdot 12 + 1 \cdot (13 - 23) + 1 \cdot (14 - 24)\},$$
$$(13) = \tfrac{1}{4}\{2 \cdot 13 + 1 \cdot (12 + 23) + 1 \cdot (14 - 34)\},$$
$$(14) = \tfrac{1}{4}\{2 \cdot 14 + 1 \cdot (12 + 24) + 1 \cdot (13 + 34)\}.$$

Diese Methode kam in der Regel in Hauptdreiecksnetzen [7.1] zur Anwendung.

### *1.7.5.3 Die Sektorenmethode*

Sie wird angewandt, wenn von einem Punkt mehrere Strahlen verschiedener Ordnungen ausgehen. Bei der viel benutzten Schweizer Sektorenmethode wählt man drei bis fünf möglichst gleichmäßig über den Horizont verteilte Hauptrichtungen und bestimmt die von ihnen gebildeten Winkelräume bei Haupttriangulationen etwa mit dem Gewicht 8 – also durch 8-fache Beobachtung jedes einzelnen Winkels – und stimmt die gemittelten Winkel nach dem Verfahren 1.7.5.1 auf den Horizont, d.h. auf 400 gon ab. Anschließend werden die innerhalb der Sektoren liegenden Winkel der ersten, zweiten und dritten Verdichtungsstufe mit etwa den Gewichten 6, 4 und 2 beobachtet und nach den gleichen Grundsätzen in die Winkelräume zwischen den vorher bestimmten Hauptrichtungen eingeschaltet.

## 1.8 Orientierung mit Vermessungskreiseln

### 1.8.1 Die Grundlagen

Der Kreisel wird aufgrund der Vorarbeiten von Anschütz-Kiel und Schuler-Göttingen im Markscheidewesen bereits seit den 20er Jahren dieses Jahrhunderts als Kreiselkompaß oder Meridianweiser benutzt und hat in den beiden letzten Jahrzehnten auch in die Vermessungstechnik Eingang gefunden. Dort wird er insbesondere zur Richtungsorientierung langer oder nicht angeschlossener Polygonzüge und zu Richtungsangaben bei Ingenieurmessungen benutzt. Dafür haben einige Firmen zunächst sogenannte „Kreiseltheodolite" gebaut, d.h. Instrumente, in denen Theodolit und Kreisel eine Einheit bilden. Neuerdings werden, schon aus preislichen Gründen, vorwiegend „Aufsatzkreisel" angeboten, die direkt oder mit Hilfe von Adaptern auf marktgängige Theodolite aufmontiert werden können (*Deumlich* 1980, *Fabeck von* 1980, *Magnus* 1971, *Pollmann* 1969–1971).

Als Kreisel kann jeder um eine Achse rotierende starre Körper angesehen werden, der – im Regelfall – durch einen schnell laufenden Motor in Drehung versetzt wird. Physikalisch bedeutsame Merkmale des Kreisels sind sein Beharrungsvermögen (= Trägheit) und die Verschwenkung durch eine auf seine Rotationsachse einwirkende äußere Kraft (= Präzession). Für technische Zwecke erhält der Kreiselkörper meistens eine symmetrische Form. Geodätisch interessant ist von den verschiedenen Kreiselarten in erster Linie:

### 1.8.2 Der Pendelkreisel

Hierbei handelt es sich um einen Kreisel, der an einem dünnen, aber kräftigen und elastischen Metallband hängt und in der Luft frei schwingt.

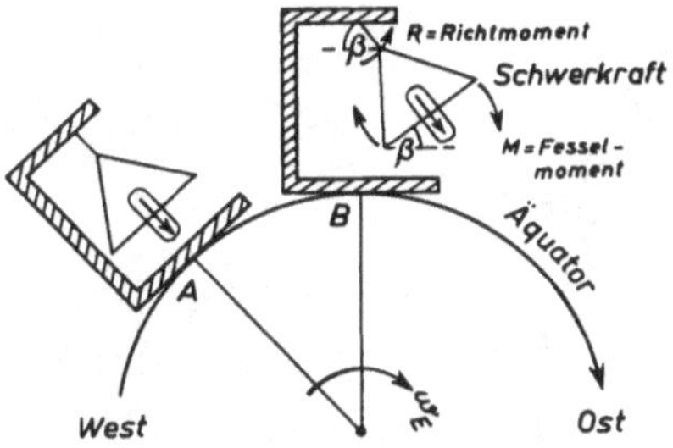


Abb. 1.62. Kreisel im Äquator

Ein Kreisel, der symmetrisch zu seinem Schwerpunkt möglichst reibungsfrei gelagert ist, wird „freier Kreisel“ genannt, da die Schwerkraft auf ihn kein Drehmoment ausüben kann. Bei Verdrehung der Lagerung um die drei Raumachsen behält die Kreiselachse ihre Richtung im Raum bei. Wird ein Kreisel jedoch oberhalb seines Schwerpunktes aufgehängt, beeinflußt die Schwerkraft die Stellung der Kreiselachse; man spricht dann von einem „schweregefesselten Kreisel“.

Das Verhalten eines solchen Kreisels ist besonders einfach, wenn er im Äquator aufgestellt wird (Abb. 1.62). In einer Anfangsstellung *A* möge die Kreiselachse horizontal und in Ost-West-Richtung verlaufen. Infolge der Erdrotation erreicht der Kreisel kurz darauf die Stellung *B*. Die Kreiselachse versucht dabei, ihre Richtung im Raum beizubehalten; infolgedessen wird der Kreiselschwerpunkt aus der Lotrichtung des Aufhängepunktes herausgedrückt. Dem daraus resultierenden Fesselmoment *M* weicht der Kreisel durch Verschwenkung seiner Achse um die Lotrichtung, d.h. durch eine Präzessionsbewegung, aus. Diese dem Kreisel aufgezwungene Bewegung währt so lange, bis die Rotationsachse des Kreisels parallel zur Erdachse verläuft und somit in die geographische Nordrichtung weist (Abb. 1.63).

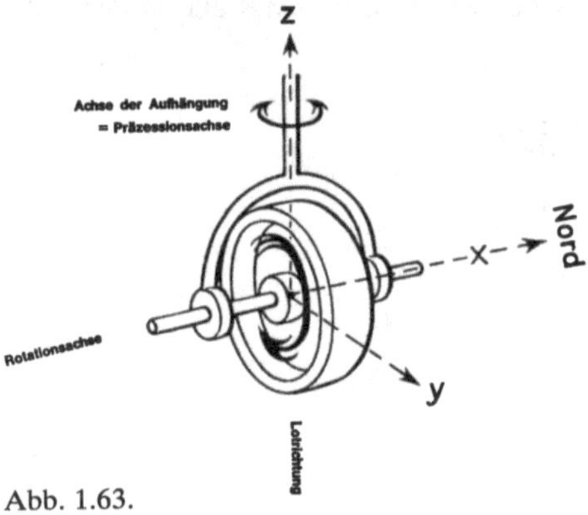


Abb. 1.63.
Nordsuchender Kreisel

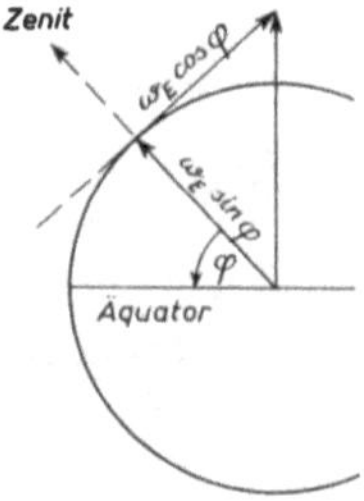


Abb. 1.64.
Kreisel in der Breite $\varphi$

Versteht man unter

- $\theta_K$ das Trägheitsmoment des Kreisels,
- $\omega_K$ die Winkelgeschwindigkeit des Kreisels,
- $\omega_E$ die Winkelgeschwindigkeit der Erde,
- $\alpha$ den Winkel der Horizontalprojektion der Kreiselachse gegen den Meridian, also schlicht ihr Azimut,

so ist das Richtmoment $R$ des Kreisels

$$R = \theta_K \omega_K \omega_E \sin\alpha = J_\omega \omega_E \sin\alpha, \tag{1.6}$$

worin $J_\omega = \theta_K \omega_K$ den Drehimpuls des Kreisels bedeutet. Befindet der Kreisel sich in der Breite $\varphi$, so wird (Abb. 1.64) die Winkelgeschwindigkeit $\omega_E$ der Erdrotation aufgespalten in

$$\begin{aligned} \omega_E \sin\varphi &= \text{Rotation um die Lotrichtung} \\ \omega_E \cos\varphi &= \text{Rotation um den Meridian.} \end{aligned} \tag{1.7}$$

Für die Größe des Richtmomentes ist die Rotation um den Meridian bestimmend. Mithin ist das Richtmoment in der Breite $\varphi$

$$R_\varphi = \theta_K \omega_K \omega_E \cos\varphi \, \sin\alpha = J_\omega \omega_E \cos\varphi \, \sin\alpha \tag{1.8}$$

Demnach erreicht $R$ das Maximum in der Breite $\varphi = 0$, also am Äquator, und das Minimum in der Breite 90°, mithin am Pol. Im Azimut wirkt das Richtmoment um so stärker, je größer die Auslenkung $\alpha$ gegen den Meridian ist. Im Meridian selbst weist der Kreisel wegen $\sin\alpha = 0$ kein Richtmoment auf; er befindet sich in der Ruhelage.

An sich müßte die Rotationsachse des Kreisels sich bald in die Nord-Süd-Richtung einstellen. Angesichts der geringen auf ihn einwirkenden ablenkenden Kräfte kommt der Kreisel jedoch nicht gleich zur Ruhe, sondern er schwingt, wenn $M$ das durch die Schwerebeschleunigung der Erde hervorgerufene *Fesselmoment* ist, mit der Schwingungszeit

$$T = 2\pi \sqrt{\frac{I_\omega}{M(\omega_E \cos\varphi + D_B/I_\omega)}} \approx \frac{T_o}{\sqrt{\cos\varphi}}, \tag{1.9}$$

wobei $D_B$ das Rückstell- oder Torsionsmoment des Aufhängebandes und $T_o$ die Schwingungszeit im Äquator bedeutet. Die Schwingungszeit nimmt also mit wachsender Breite zu. Praktische Werte für $T_o$ und $T$ sind

$$T_o = 7\text{ min.};\quad T_{60°} = 9{,}5\text{ min.};\quad T_{75°} = 13{,}5\text{ min.}$$

Die Rotationskomponente der Erde um die Lotrichtung bewirkt, daß die Kreiselachse sich erheben, d. h. parallel zur Erdachse stellen möchte (Abb. 1.62). Dem Elevationsmoment

$$E = J_\omega \omega_E \sin\varphi \tag{1.10}$$

wirkt jedoch das Fesselmoment $M$ entgegen, so daß der Elevationswinkel $\beta = E/M$ zwar mit der Breite wächst, aber nicht größer als einige Bogenminuten wird.

### 1.8.3 Der mechanische Aufbau

Üblicherweise werden die Bauelemente des Pendelkreisels eingeteilt in das tragende, das richtunggebende und das richtungnehmende System. Bei dem in der schematischen Abb. 1.65 links skizzierten Kreiseltheodoliten besteht das tragende System aus dem äußeren Gehäuse (4) nebst einer Konstruktion, die den

Theodolit, also das richtung*nehmende* System (3), trägt. Der Kreisel, das richtung*gebende* System (1), ist bei horizontaler Rotationsachse mit Hilfe eines dünnen elastischen Metallbandes wie ein Torsionspendel aufgehängt und vollführt aufgrund der Erddrehung Schwingungen um den Meridian. Richtunggebendes und richtungnehmendes System sind optisch (2) durch die Hohlachse des Theodolits hindurch über mehrere Prismen mit dem am Kreiselmast befindlichen Autokollimationsspiegel verbunden. Durch die Autokollimationseinrichtung werden die Kreiselschwingungen verfolgt, und aus den Beobachtungsergebnissen wird auf die gesuchte Mittellage geschlossen.

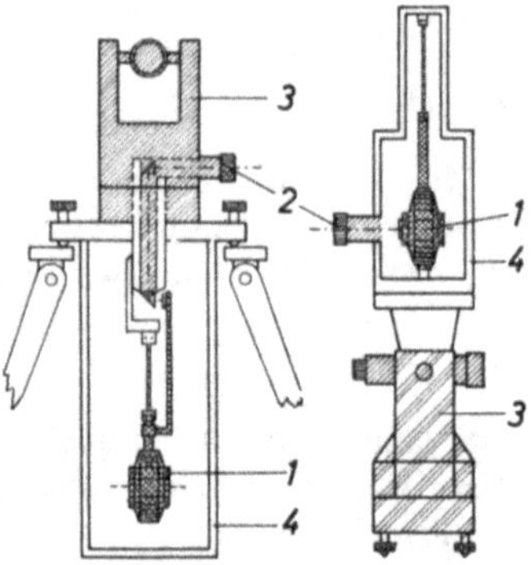


Abb. 1.65. Kreiseltheodolit und Aufsatzkreisel

Der in Abb. 1.65 rechts wiedergegebene Aufsatzkreisel (1) ist mit der Stütze des Theodolits fest verbunden. Daher sind bei ihm die drei Systeme nicht so klar voneinander zu trennen. Hier übernimmt der Theodolit einen Teil der Funktionen des tragenden Systems, in dem er das Kreiselgehäuse (4) trägt. Das richtungnehmende System besteht aus zwei getrennten Bauelementen, und zwar aus der Vorrichtung zur Beobachtung der Schwingungen (2) und aus dem Theodoliten (3) selbst. Nur die Funktion des Kreisels als richtunggebendes System (1) entspricht der gleichen Aufgabe beim Kreiseltheodoliten.

Die bandaufgehängten Kompaktgeräte, in denen Kreisel und Theodolit eine Einheit bilden, haben ohne Stativ und Stromversorgung eine Masse von 10–30 kg. Die Kreiselmotoren erhalten von einem batteriegespeisten Transistor-Drehstrom-Generator den Strom mit etwa 110 V und 400 Hz, wodurch der Kreisel eine Umdrehungsgeschwindigkeit von rund 24000/min erhält. Aufsatzkreisel mit 2 kg Masse werden über eine Brücke auf dem Theodoliten befestigt und mittels Kabel aus einer gesonderten Batterie- und Konvertereinheit gespeist.

Eine kleine Auswahl aus dem Kreiselprogramm bekannter Spezialfirmen ist mit einigen technischen Daten auf der Seite 86 zusammengestellt.

### 1.8.4 Beobachtungsverfahren bei Aufsatzkreiseln

Nach dem Aufstellen schwingt der Kreisel, wie bereits bei Gl. (1.9) erwähnt ist, infolge der Trägheit seiner Masse schwach gedämpft symmetrisch zum Meridian. Die jeweilige Richtung der Kreiselachse wird mittels eines mit dem Kreiselsystem verbundenen Lichtzeigers (Autokollimationseinrichtung) auf eine im Gesichtsfeld erscheinende gerätefeste Hilfsskala projiziert, an der die Bewegung des Kreisels und speziell deren Amplituden abgelesen werden können.

Vor der eigentlichen Messung muß der Kreisel auf 10–30 cgon vororientiert werden. Dazu verfolgt man die Schwingung des Kreisels mit der Stütze, indem man den Lichtzeiger stets auf dem in der Skalenmitte befindlichen Nullpunkt der Hilfsskala hält. Im Zeitpunkt der Umkehr steht der Lichtzeiger einen Augenblick still. Diesen Augenblick benutzt man, um den Horizontalkreis ab zulesen und des Ergebnis zu notieren. Ebenso verfährt man an den nächsten Umkehrpunkten $U_2$ und ggf. $U_3$. Dann erhält man als Vororientierung für die Nordrichtung die Näherungswerte

$$(N)_1 = {}^1\!/\!_2\,(U_1 + U_2) \quad \text{oder} \quad (N)_2 = \frac{{}^1\!/\!_2\,(U_1 + U_3) + U_2}{2}\,.$$

Der endgültige Wert für geographisch Nord ergibt sich entweder durch Beobachtung einer Folge von Umkehrpunkten nebst Able-

Übersicht über einige Vermessungskreisel*

| Hersteller | Type | Kreisel-art | Halb-Schwingzeit T/2 | Hochlaufen | Meßdauer | Masse Instrument | Masse Gesamt-ausrüstung | Standardabw. einer Messung | Besonderheiten |
|---|---|---|---|---|---|---|---|---|---|
| | | | [sec] | [min] | [min] | [kg] | [kg] | [″] | |
| | | | | | a) *Kreiseltheodolite* | | | | |
| *Fennel,* Kassel | KT 3 | Band in Luft | 240 | 2 | 20 | 8 | 42 | 20 | |
| *MOM,* Budapest | GiB 1 | Band in Luft | 270 | 2 | 35 | 11 | 55 | 15 | |
| | | | | | b) *Aufsatzkreisel* | | | | |
| *Fennel,* Kassel | TK 4 | Band in Luft | 240 | 2 | 25 | 4 | 18 | 30 | |
| *MOM,* Budapest | GiC 2 | Band in Luft | 220 | 2 | 25 | 9,3 | 18 | 20 | Koinzidenzeinstellung des Objekts. Abb. 1.69 |
| *Wild* Heerbrugg | GAK 1 | Band in Luft | 240 | 1,5 | 20 | 1,8 | 13,3 | 30 | Abb. 1.68 |
| *Wild* Heerbrugg | ARK 1 | Band in Luft | 210 | 1,5 | 10 | 5,5 | 27,4 | 20 | Richtkreisel |

In dieser Zusammenstellung sind die von den Herstellern angegebenen Massen unsicher, weil die näheren Umstände nicht bekannt sind. Die in der letzten Spalte angegebenen Standardabweichungen sind Sexagesimalsekunden; solche Genauigkeiten sind aber nur unter äußerst günstigen Umständen zu erreichen.

sung der zugehörigen Horizontalkreisanzeigen und abschließende Mittelung für jeden Umkehrpunkt oder durch Messung der Durchgangszeiten und Amplituden der Schwingungen, bezogen

* Auszug aus (*Deumlich* 1980)

auf eine nach Nord vororientierte Bezugsrichtung. In beiden Fällen muß allerdings noch die Eichwertkorrektur [1.8.5] berücksichtigt werden. Weitere Einzelheiten entnehme man den Bedienungsanleitungen der Herstellerfirmen.

### 1.8.5 Gerätekonstante und Meridiankonvergenz

Die Gerätekonstante $E$ ist eine bei der Richtungsermittlung erforderliche Korrektur der Zeigerablesung am Horizontalkreis des Theodolits, die von der Fabrik vor der Auslieferung auf einer Eichstrecke mit bekanntem Azimut bestimmt wird. Der Sache nach ist $E$ der Winkel zwischen der Zielachse des Theodolits und der Achse des Autokollimationssystems des Kreisels, also eine Art Zielachsenfehler. Das Vorzeichen von $E$ wird so gewählt, daß $E$ von der mit dem Kreisel für die Nordrichtung auf dem Horizontalkreis des Theodolits ermittelten Zeigerablesung $Z$ abgezogen werden muß, um auf den richtigen Wert $N$ zu kommen.

Das mit Kreisel und Theodolit bestimmte Azimut $\alpha$ vom jeweiligen Standpunkt $S$ zu einem vorgegebenen Punkt $P$ ist daher, wenn als Richtung nach geographisch Nord am Horizontalkreis des Theodolits (Abb. 1.66) die vom Kreisel auf den Horizontalkreis übertragene Richtung $Z$ als Nord betrachtet wird und $r$ die Richtung nach dem Punkt $P$ ist,

$$\alpha = r - (N - E) = r - N + E.$$

Bei Aufsatzkreiseln sollte die Gerätekonstante $E$ wegen der relativ labilen Verbindung zwischen Theodolit und Kreisel von Zeit zu Zeit überprüft werden.

Eine weitere Korrektur, nämlich die wegen der *Meridiankonvergenz*, wird erforderlich, wenn die mit dem Kreisel bestimmte Nordrichtung für Arbeiten in einem rechtwinkligen geodätischen Koordinatensystem, z.B. in einem der in Deutschland eingerichteten Gauß-Krügerschen Meridianstreifensysteme nutzbar gemacht werden soll. Die Abszissenachsen dieser Systeme fallen bekanntlich zusammen mit dem 3., 6., 9., 12. usw. Längengrad östlich Greenwich, die dann als Hauptmeridiane des betreffenden Systems bezeichnet werden.

Die Ausgangsrichtung für ein geodätisches Azimut oder den Richtungswinkel $t$ nach einem beliebigen Punkt $P$ ist jetzt nicht wie beim astronomischen Azimut $\alpha$ die Richtung $N$ nach geographisch Nord, sondern die in den Gauß-Krügerschen Meridianstreifensystemen auch als Gitter-Nord bezeichnete Parallele zum nächstgelegenen Hauptmeridian. Der Winkel aber, den in unse-

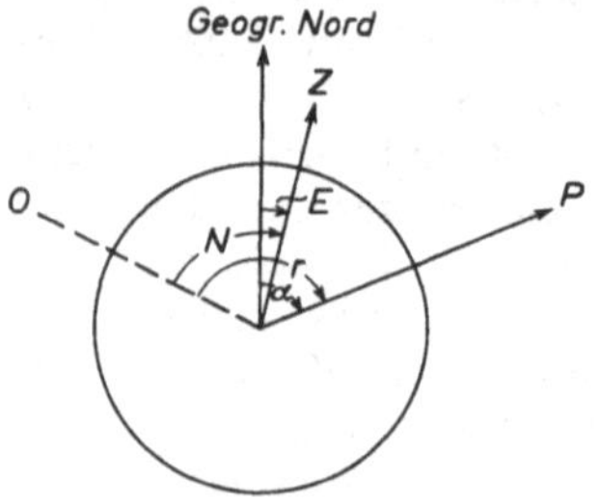


Abb. 1.66. Eichkonstante $E$

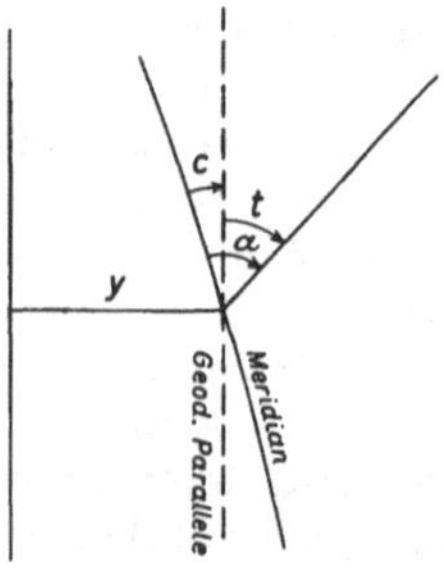


Abb. 1.67. Meridiankonvergenz

rem Standpunkt $S$ die beiden Richtungen nach geographisch Nord und Gitter-Nord miteinander bilden, heißt die Meridiankonvergenz. Diese wird in den Gauß-Krügerschen Systemen mit $c$ bezeichnet und beginnend im Ortsmeridian des Standpunktes im Uhrzeigersinne genommen. Also ist gemäß Abb. 1.67 ostwärts des Meridians

$$\alpha = t + c \quad \text{oder} \quad t = \alpha - c.$$

Dabei ist genau genug $c = l \sin\varphi = \frac{(200/\pi)y}{R} \tan\varphi$, worin $l$ der Längenunterschied zwischen Hauptmeridian und Ortsmeridian ist und $y$ die geodätische Ordinate des Standpunktes in Beziehung auf den Hauptmeridian bedeutet. $R$ ist der Krümmungshalbmesser der Erde im Meridian.

Werden Eichkorrektur und Meridiankonvergenz in einer Gleichung zusammengefaßt, so wird

$$t = r - N + (E - c).$$

Westlich eines Meridians ist die Meridiankonvergenz negativ. Man erkennt das leicht, wenn man in Abb. 1.67 den Punkt $P$ westlich des Hauptmeridians annimmt.

Abb. 1.68. Aufsatzkreisel GAK 1 von *Wild*

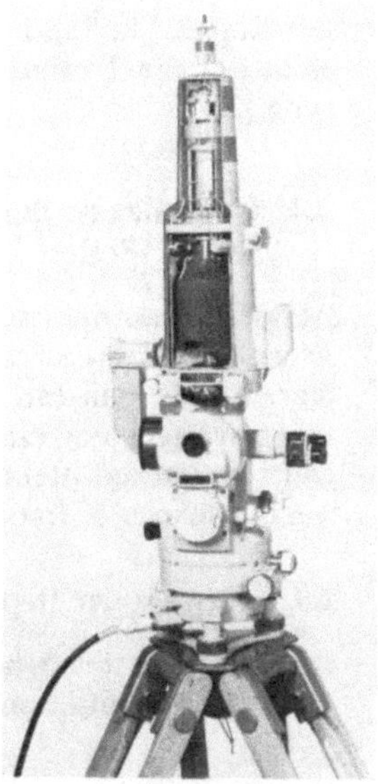

Abb. 1.69. Aufsatzkreisel Gi C 2 von *MOM*

## 2. Distanzmessung mit Distanzmeßgeräten

In der Kataster-, Landes- und Ingenieurvermessung mißt man Distanzen vorwiegend mit Bändern, Drähten oder elektronischen Distanzmessern. Meßbänder benutzt man z.B. häufig, wenn kleinere Gebiete nach dem Rechtwinkelverfahren oder Einbindeverfahren [Band I, 3.1] vermessen werden. Elektronische Distanzmesser verwendet man vorwiegend, wenn längere Distanzen oder eine größere Anzahl von Distanzen zu messen sind; in der Regel sind sie jedoch nicht geeignet, kurze Distanzen mit hoher Genauigkeit zu bestimmen. Ersatzweise kann man in dem Fall Meßbänder und Meßdrähte hoher Präzision oder indirekte Streckenmeßverfahren einsetzen.

Wie Distanzen mit Bändern oder Drähten zu messen sind, erläutert Kap. 2.4 in Band I. Die nachfolgenden Kapitel behandeln die elektronische Distanzmessung und die indirekte Streckenmessung [2.9].

## 2.1 Grundlagen der Distanzmessung mit elektromagnetischen Wellen

Bei der Distanzmessung mit elektromagnetischen Wellen unterscheidet man zwischen Impuls- und Phasenvergleichsverfahren. Geräte, die man für Aufgaben der Kataster-, Ingenieur- oder Landesvermessung einsetzt, arbeiten vorwiegend mit Phasenvergleichsverfahren. Bei der Positionsbestimmung mit Satelliten [6] wendet man u. a. Impuls- und Phasenvergleichsverfahren an.

### 2.1.1 Prinzip der Impulsverfahren

Die Geräte bestehen im wesentlichen aus einem Sender, Empfänger und Laufzeitmesser (Abb. 2.1). Befinden sich diese Kompo-

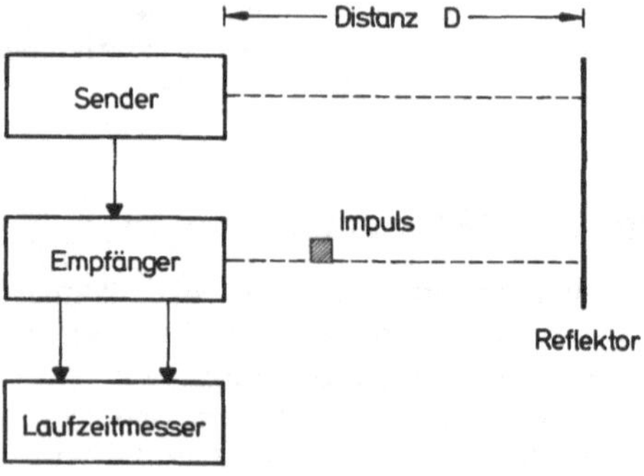


Abb. 2.1. Vereinfachtes Prinzip eines Impulsverfahrens

nenten auf der gleichen Station, so benötigt man auf dem Zielpunkt einen Reflektor. Der Sender sendet einen Impuls (z.B. Licht- oder Mikrowellenimpuls) aus, der zwischen den Endpunkten der zu messenden Strecke hin- und zurückläuft. Zu dem Empfänger gelangt ein geringer Anteil des ausgesendeten Impulses unmittelbar und außerdem der über die Strecke gelaufene Impuls. Der von einer sehr genauen Uhr gesteuerte Laufzeitmesser bestimmt die Differenz der Laufzeit beider Impulse. Diese entspricht der Zeit $t$, die der externe Impuls für das zweimalige Durchlaufen der Distanz $D$ benötigt. Die Distanz erhält man aus

$$D = k_0 + c\frac{t}{2}, \tag{2.1}$$

wobei $c$ der Mittelwert für den Brechungsindex längs der Strecke ist. Eine Nullpunktskorrektur $k_0$ ist hinzuzufügen, wenn der elektrische Nullpunkt des Signalweges $2D$ nicht mit der Stehachse des Meßgerätes zusammenfällt. Die Nullpunktskorrektur kann man mit unterschiedlichen Verfahren bestimmen [2.2].

Nun ist die Ausbreitungsgeschwindigkeit $c$ elektromagnetischer Wellen aber sehr groß; daher ist der zu messende Zeitabschnitt sehr klein. Man muß, um $D$ auf 0,5 cm zu ermitteln, die Zeit auf 0,03 Nanosekunden ($ns$) erfassen.

Für Positionsbestimmungen verwendet man auch Entfernungsmeßsysteme, bei denen der Sender auf dem Anfangspunkt und der Empfänger auf dem Endpunkt der Strecke steht. Für die Laufzeitmessung benötigt man dann auf beiden Stationen sehr genaue Uhren. Die Distanz berechnet sich dann nach

$$D - k_0 + c \cdot t. \tag{2.2}$$

Mit Impulsverfahren lassen sich große Reichweiten erzielen, da man einzelne Impulse mit einer hohen Impulsleistung aussenden kann.

### 2.1.2 Prinzip der Phasenvergleichsverfahren

Die Geräte bestehen aus einem Sender, Empfänger und Phasenmesser (Abb. 2.2).

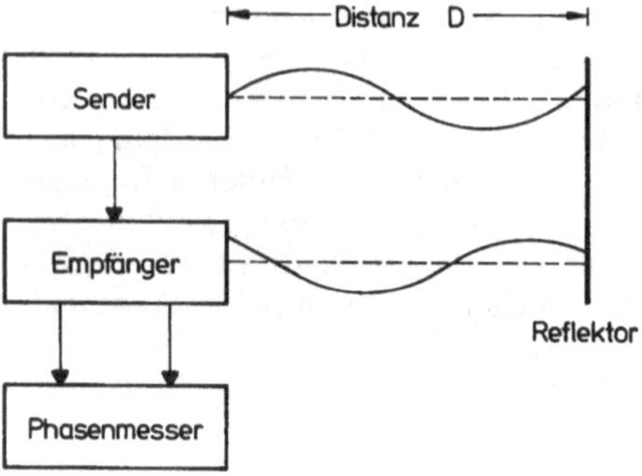


Abb. 2.2. Vereinfachtes Prinzip eines Phasenvergleichsverfahrens

Befinden sich diese Komponenten auf einer Station, so benötigt man auf dem Zielpunkt einen Reflektor. Der Sender erzeugt ein sinusförmiges Meßsignal

$$y_s = A \sin \omega t, \tag{2.3}$$

dessen Wellenlänge

$$\lambda = \frac{c_0}{n \cdot f} \tag{2.4}$$

von der Ausbreitungsgeschwindigkeit ($c_0 = 299792{,}5$ km/s) elektromagnetischer Wellen im Vakuum, dem mittleren Brechungsindex $n$ längs der Strecke und seiner Frequenz $f$ abhängt. Zu dem Empfänger gelangt ein geringer Anteil des gesendeten Signals unmittelbar und außerdem das über die Strecke gelaufene Signal. Das Streckensignal erfährt in Abhängigkeit von der Länge des durchlaufenen Weges eine Phasenverschiebung. Am Empfänger hat es die Form:

$$y_E = \hat{A} \sin (\omega t + \Phi) \tag{2.5}$$

mit

$$\Phi = a \cdot 2\pi + \Delta\varphi. \tag{2.6}$$

$2\pi$ entspricht der Länge eines vollen Wellenzuges, $a$ beschreibt die Anzahl der vollen Wellenzüge und $\Delta\varphi$ ist die Phasendifferenz vom Ende des letzten vollen Wellenzuges bis zum Empfänger. Der Empfänger bestimmt nur die Phasendifferenz $\Delta\varphi$. Damit ist die Reststrecke

$$r = \frac{\Delta\varphi}{2\pi} \cdot \lambda \tag{2.7}$$

vom Ende des letzten vollen Wellenzuges bis zum Empfänger bekannt.

Die Distanz $D$ ist eindeutig bestimmbar, wenn sie nicht größer als die halbe Wellenlänge ist. Phasenmesser haben allerdings nur eine begrenzte Genauigkeit; diese beträgt etwa $\lambda/4000$ bis $\lambda/8000$. Arbeitet das Gerät z. B. mit einer Wellenlänge von 20 m und hat der Phasenmesser z. B. eine Genauigkeit von $\lambda/4000$, so löst er die Reststrecke mit einer Genauigkeit von 5 mm auf. Eindeutige Ergebnisse und eine hohe Genauigkeit lassen sich daher nur erzielen, wenn man den Meßvorgang in einzelnen Schritten, jedoch je mit einer größeren Wellenlänge ausführt. Die Messung mit der kleinsten Wellenlänge bezeichnet man als Feinmessung, die weiteren als Grobmessung. Ein Beispiel soll die schrittweise auszuführenden Messungen verdeutlichen:

| | Meßfrequenz | Wellenlänge | Reststrecken | |
|---|---|---|---|---|
| 3. Messung | 150 kHz | 2000 m | 789 | Grob- |
| 2. Messung | 1,5 MHz | 200 m | 882 | messungen |
| 1. Messung | 15 MHz | 20 m | 8437 | Feinmessung |
| | | | 788,437 m | |

Das Ergebnis erhält man schließlich, indem man zu der Feinmessung je die erste Ziffer der Grobmessungen hinzufügt. Es ist leicht zu erkennen, daß es jetzt völlig unbedeutend ist, wenn die einzelnen Messungen bei zunehmender Wellenlänge je um eine Zehnerpotenz ungenauer werden.

Da das Signal die Strecke zweimal durchläuft, erhält man zunächst als Ergebnis die zweifache Distanz; die einfache erhält man nach Division durch 2 oder wenn man in (2.7) $\lambda$ durch $\frac{\lambda}{2} = U$ ersetzt. $U$ wird als *Maßstab* bezeichnet. Je nach Meßfrequenz nennt man den kleinsten Maßstab *Feinmaßstab* und die übrigen Maßstäbe *Grobmaßstäbe.*

Da die Parameter der Bauelemente temperaturabhängig sind, driftet die Phasenlage der Signale; es läßt sich daher mit einer Phasendifferenzmessung kein fester Anfangspunkt für die gemessene Distanz definieren. Man wiederholt daher den Phasenvergleich auf einer inneren Eichstrecke, indem ein geräteinterner Reflektor (Prisma) in den Strahlengang geschaltet wird (Abb. 2.3). Berechnet man anschließend die Distanz $D$ als Differenz

$$D' = D_2' - D_1' \tag{2.8}$$

des äußeren Weges $D_2'$ und inneren Weges $D_1'$, so wirkt sich das Driften praktisch nicht mehr aus, wenn die Zeitspanne zwischen der äußeren und der inneren Messung sehr kurz ist.

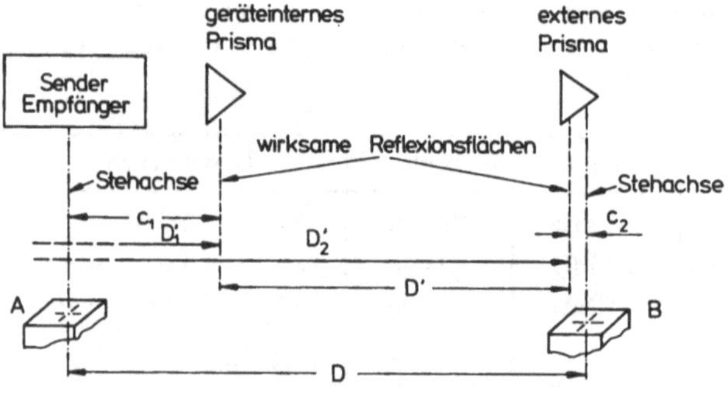


Abb. 2.3. Definition der Nullpunktskorrektur

Fällt die wirksame Reflexionsfläche des geräteinternen Prismas nicht mit der Stehachse des Meßgerätes zusammen und liegt die wirksame Reflexionsfläche des externen Prismas nicht in seiner Stehachse, so bilden die Abweichungen $c_1$ und $c_2$ die Nullpunktskorrektur:

$$k_0 = c_1 + c_2 \,. \tag{2.9}$$

Kapitel 2.2 beschreibt, wie sich die Nullpunktskorrektur bestimmen läßt.

In der Regel steuert ein Mikroprozessor [1.4.2] die einzelnen Meßvorgänge, bildet aus den Teilergebnissen ein Gesamtergebnis und versieht dieses mit der Nullpunkts- und Maßstabskorrektur. Das endgültige Ergebnis kann man dann auf einer Reihe von Ziffernanzeigeeinheiten ablesen.

### 2.1.3 Träger und Modulation der Träger

Will man Distanzen mit einer Genauigkeit von wenigen mm oder cm messen, so kann der Sender die Meßsignale nicht unmittelbar aussenden, da sich ihre Ausbreitungseigenschaften nur ungenau erfassen lassen. Mit ausreichender Genauigkeit kann man die Ausbreitungseigenschaften elektromagnetischer Wellen höherer

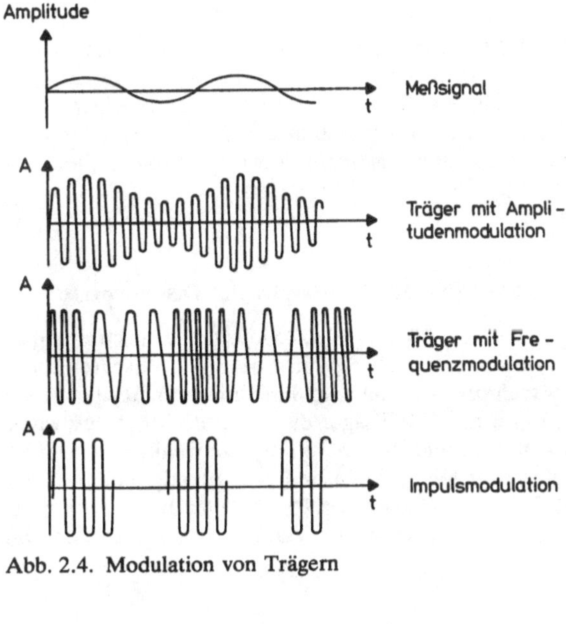


Abb. 2.4. Modulation von Trägern

Frequenzen bestimmen. Man prägt daher die Meßsignale hochfrequenten Wellen – in diesem Zusammenhang Träger genannt – auf. Dieses geschieht durch Amplituden-, Frequenz- oder Impulsmodulation. Bei der *Amplitudenmodulation* ändert sich die Amplitude und bei der *Frequenzmodulation* die Frequenz des Trägers im Rhythmus des Meßsignals. *Impulsmodulation* ist gegeben, wenn der Sender den Träger in konstanten Zeitabständen immer wieder für eine sehr kurze Zeit sendet (Abb. 2.4).

Als Träger eignen sich elektromagnetische Wellen aus dem Bereich des Infrarots, des sichtbaren Lichtes und der Mikrowellen. Ihr geometrischer Verlauf wird nur durch die Refraktion beeinflußt. Die Signalwege lassen sich für Distanzen bis zu 10 km genau genug durch eine Gerade und für größere Distanzen durch einen Kreisbogen beschreiben [2.5].

Die Ausbreitungsgeschwindigkeit der Träger des optischen Bereichs läßt sich mit größerer Genauigkeit bestimmen als die der Mikrowellen. Nachteilig für Geräte mit Trägern des optischen Bereichs ist allerdings, daß ihre Reichweite erheblich durch Dunst, Regen und Luftflimmern beeinflußt wird. Die Reichweite der Mikrowellen-Distanzmesser ist von der Witterung weitgehend unabhängig. Da die Träger der Meßsignale die Eigenschaften der Meßgeräte wesentlich beeinflussen, unterscheidet man zwischen elektrooptischen Distanzmessern und Mikrowellen-Distanzmessern.

### 2.1.4 Vereinfachte Modelle elektrooptischer Distanzmesser

Nach [2.1.3] eignen sich als Träger der Meßsignale elektromagnetische Wellen aus dem Bereich des Infrarots oder sichtbaren Lichtes. Zu einem technisch verhältnismäßig einfachen Geräteaufbau kommt man, wenn man als Träger die infrarote Strahlung wählt und sich auf Entfernungen bis zu 15 km beschränkt. Die Geräte lassen sich dann sehr leicht, klein und preisgünstig bauen. Nutzt man Laser als Träger, so lassen sich Reichweiten bis zu 60 km erzielen. Diese Geräte sind schwerer, von größerem Volumen und kostspieliger.

Das nachstehende Blockschaltbild (Abb. 2.5) läßt die wesentlichen Bauteile eines Distanzmessers erkennen, der mit einem infraroten Träger arbeitet. Die infrarote Strahlung entsteht in einer Ga-As-Diode.

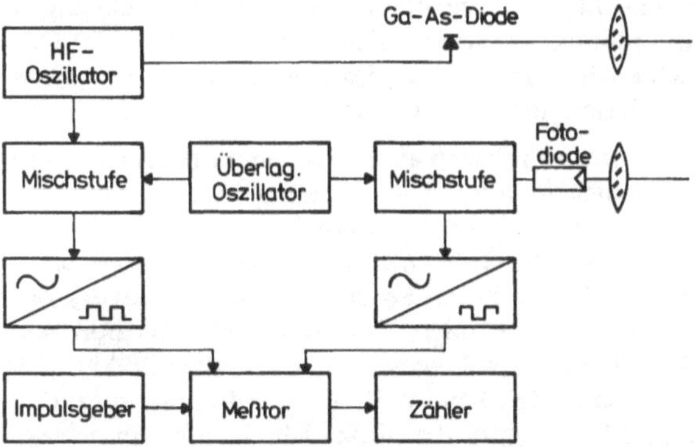


Abb. 2.5. Vereinfachtes Blockschaltbild eines Distanzmessers des Nahbereichs oder mittlerer Reichweite

Das Meßsignal erzeugt ein Hochfrequenz (HF)-Oszillator in Form einer sinusförmigen Wechselspannung. Die Wechselspannung hoher Frequenz (z. B. 15 MHz) steuert die Ga-As-Diode. Dadurch wird die Intensität der Infrarotstrahlung so verändert, daß sie beim Verlassen der Diode im Takt der angelegten Wechselspannung zu- und abnimmt (Hell-Dunkeleffekt). Das Licht wird anschließend in einer Sendeoptik ausgerichtet und über die zu messende Strecke zunächst zu einem am Endpunkt der Strecke aufgestellten Reflektor geleitet und von da zu dem Sendegerät am Anfangspunkt der Strecke zurückgesandt. Dort gelangt es über eine Empfangsoptik auf eine Fotodiode, welche die Intensitätsschwankungen des Lichtes in Spannungsschwankungen der gleichen Frequenz umsetzt. Diese werden als Meßsignal einem Phasenmesser zugeführt, der aus einem Impulsgeber, einem Meßtor und einem Zähler besteht. Ein geringer Anteil des vom Oszillator erzeugten Signals wird außerdem direkt als Referenzsignal zum Phasenmesser geleitet. Der Phasenmesser kann die hochfrequenten Signale nicht unmittelbar verarbeiten. Sie müssen zuvor über Mischstufen in niederfrequente Signale und über weitere Schaltungen in Rechtecksignale umgewandelt werden.

Da das von dem modulierten Licht gebildete Meßsignal die zu messende Strecke hin- und zurück durchlaufen hat, schwingen Meß- und Referenzsignal im Regelfall nicht phasengleich. Der Phasenunterschied ist nach [2.1.2] das eigentliche Meßergebnis und wird vom Phasenmesser bestimmt.

Der Meßvorgang wiederholt sich auf einem inneren Lichtweg und anschließend mehrfach mit abgewandelten Frequenzen, bis schließlich die Strecke aus den Phasendifferenzen eindeutig berechnet werden kann. Mit Hilfe zusätzlicher Schaltungen erzeugt der HF-Oszillator diese weiteren Frequenzen. Die Steuerung der Messungen und die Auswertungen übernimmt ein Mikroprozessor. Je nach Fabrikat gibt es Abweichungen von dem in Abb. 2.5 dargestellten Aufbau. Man kann z. B. auf den Impulsgeber, den Überlagerungsoszillator und die linke Mischstufe verzichten, wenn die Zählfrequenz, die Referenzfrequenz und die Überlage-

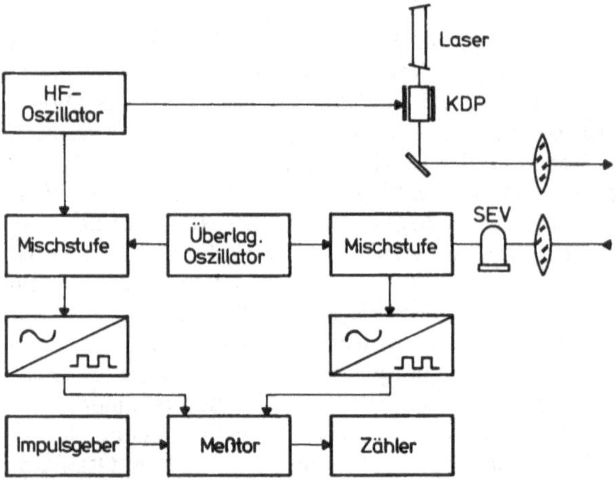


Abb. 2.6. Vereinfachtes Blockschaltbild eines Distanzmessers großer Reichweite

rungsfrequenz mit Zusatzschaltungen unmittelbar aus dem HF-Oszillator gewonnen werden.

Abb. 2.6 zeigt das vereinfachte Blockschaltbild eines Distanzmessers großer Reichweite. Den Träger erzeugt ein Laser. Dem Laser wird indirekt über einen KDP-Modulator das Meßsignal aufgeprägt. Das Lasersignal durchläuft die Strecke. Anschließend wandelt ein Sekundärelektronenvervielfacher (SEV) dieses in ein elektrisches Signal um. Die weitere Signalverarbeitung und anschließende Phasenvergleichsmessung erfolgt wie bei dem in Abb. 2.5 dargestellten Entfernungsmesser.

Neben dem in Abb. 2.5 dargestellten Entfernungsmesser gibt es noch weitere, die mit einem analogen Phasenmesser arbeiten. Die Umwandlung der NF-Signale in Rechtecksignale entfällt dann. Der Phasenmesser besteht aus einer Resolverschaltung und einem Phasendetektor (Abb. 2.15).

### 2.1.5 Ein vereinfachtes Modell der Mikrowellen-Distanzmesser

Entfernungsmesser, die Mikrowellen als Träger nutzen, benötigen eine Hauptstation (Master) und eine aktive Gegenstation (Remote); Master- und Remote-Station haben je eine Sende- und Empfangsanlage. Das Funktionsprinzip eines Mikrowellen-Distanzmessers ist vereinfacht in Abb. 2.7 dargestellt.

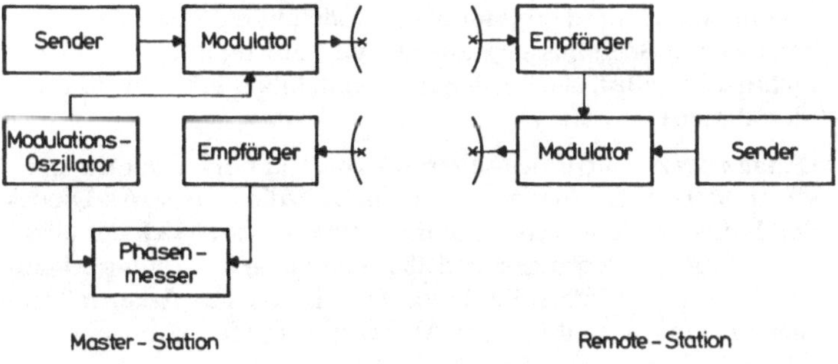


Abb. 2.7. Vereinfachtes Prinzipschaltbild eines Mikrowellen-Distanzmessers

Der Träger wird im Sender von einem Reflexklystron oder einer Gun-Diode erzeugt. Diesem wird durch Frequenzmodulation das Meßsignal aufgeprägt. Die Modulation steuert ein Quarzoszillator. Das modulierte Trägersignal wird über eine Antenne abgestrahlt, vom Empfänger der Remote-Station empfangen und dort demoduliert. Das demodulierte Meßsignal wird verstärkt und erneut durch Frequenzmodulation dem Träger der Gegenstation aufgeprägt. Über die Antennen gelangt es zurück in die Hauptstation, wo es wiederum demoduliert wird. Das demodulierte Signal gelangt zu einem Phasenmesser, der seine Phase mit der eines direkt vom Oszillator abgeleiteten Referenzsignals vergleicht. Die Phasenvergleichsmessung führt je nach Meßgerät entweder ein analoger Phasenmesser (eine Resolverschaltung) oder ein digitaler Phasenmesser aus. Zur eindeutigen Bestimmung langer Strecken wird der Vorgang mit abgeänderten Modulationsfrequenzen wiederholt. Aus den jeweils bestimmten Phasendifferenzen bildet man wie in [2.1.2] die eindeutige Distanz. Eine ausführliche Beschreibung findet man u. a. in (*Kahmen* 1983).

### 2.1.6 Bausteine elektronischer Distanzmesser

Wie bereits in [2.1.3] gezeigt, werden dem kurzwelligen Licht durch die Modulation periodische Signale aufgeprägt, deren Laufzeit der zu messenden Strecke proportional ist. Dabei können entweder die von der Lichtquelle ausgestrahlten Lichtstrahlen moduliert werden (indirekte Modulation), oder das Licht kann durch Beeinflussung am Ort der Entstehung, also in der Lichtquelle selbst, die gewünschte Modulation erfahren (direkte Modulation).

Distanzmesser mit Reichweiten bis zu 15 km erzeugen die optischen Meßsignale mit einer Lumineszenzdiode (Ga-As-Diode) durch *direkte Modulation*. Die Bauelemente lassen sich auf kleinstem Raum unterbringen und die Spannungsversorgung ist unproblematisch. Meßgeräte dieses Typs lassen sich daher mit geringem Gewicht und kleinen Abmessungen bauen.

In der Lumineszenzdiode (Abb. 2.8) sind zwischen zwei Kontakten Halbleiter (Gallium – Arsenid) angeordnet. Durch Einlage-

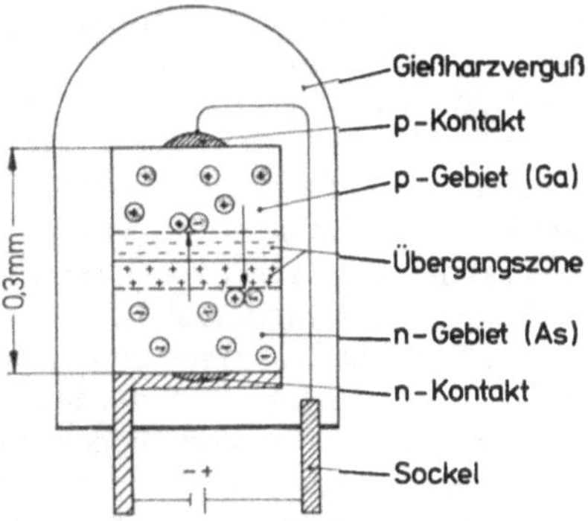


Abb. 2.8. Wirkungsweise der Lumineszenzdioden

rung von Fremdatomen wird in der einen Hälfte der Diode ein Elektronenüberschuß (*n*-Gebiet) und in der anderen ein Elektronenmangel (*p*-Gebiet) erzeugt. In der etwa 10 $\mu$m starken Übergangszone haben sich freie Elektronen und Löcher vereinigt; die Übergangsschicht wirkt also als Sperrschicht. Wird nun eine Spannung im eingezeichneten Sinne angelegt, so bekommen die Elektronen und Löcher eine höhere Energie und werden in die Übergangsschicht geschwemmt, ein Vorgang, der als *Energieinjektion* bezeichnet wird. Die Ladungsträger vereinigen sich hauptsächlich an den Rändern der Übergangsschicht und geben die aus

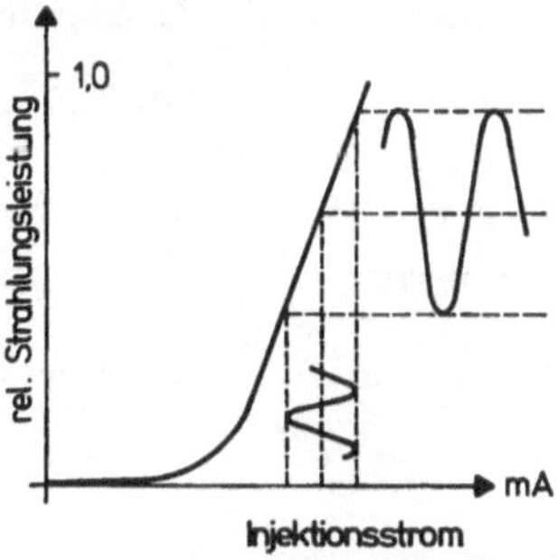


Abb. 2.9. Kennlinie einer Lumineszenzdiode

der Spannungsquelle stammende Energie in Form von Wärme und – hier von Interesse – als Lichtquanten ab. Die entstehende Lumineszenzstrahlung liegt im nahen Infrarot bei etwa 900 nm Wellenlänge. Liegen an der Diode unterschiedliche Spannungen, so fließen durch die Diode unterschiedliche Injektionsströme. In Abhängigkeit von der Stärke des Injektionsstroms entstehen unterschiedliche Strahlungsleistungen. Diesen Zusammenhang beschreibt die in Abb. 2.9 dargestellte Kennlinie der Diode. In einem bestimmten Bereich verläuft die Kennlinie geradlinig. Erzeugt die angelegte Wechselspannung Injektionsströme, die innerhalb des geradlinigen Bereichs der Kennlinie liegen, so werden die Spannungen linear in Intensitätsschwankungen des infraroten Trägers umgesetzt. Sinusförmige Spannungsschwankungen erzeugen sinusförmige Stromschwankungen und diese wiederum eine sinusförmige Amplitudenmodulation des Trägers.

Leider ist die Strahlung nicht sichtbar. Dadurch wird die Ausrichtung des Gerätes auf den Reflektor erschwert.

Elektrooptische Distanzmesser großer Reichweite haben als Strahlungssender einen Laser. Die Laserstrahlung kann man mit einem KDP-Modulator *indirekt modulieren*. Ein KDP-Modulator besteht aus einem KDP-Kristall, Polarisator und Analysator (Abb. 2.10). Der KDP-Kristall befindet sich zwischen zwei Elektroden. Legt man an diese eine Spannung, so wird der Kristall doppelbrechend; d. h. das einfallende Licht wird in zwei rechtwinklig zueinander angeordnete Komponenten zerlegt. Dieser elektrooptische Effekt wird zur Modulation des Lichtes folgendermaßen ausgenutzt:

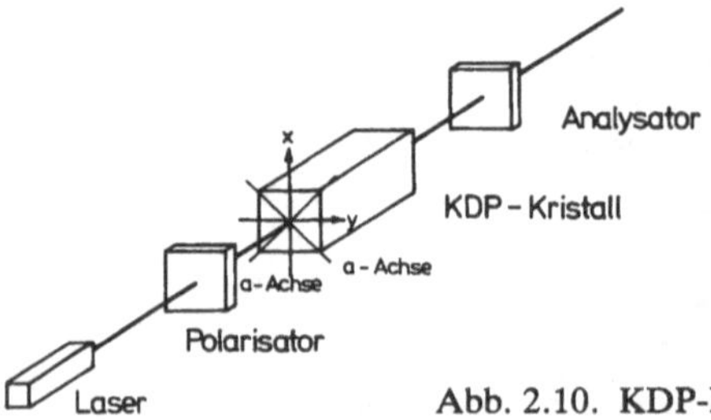


Abb. 2.10. KDP-Modulator

Das von dem Laser gesendete Licht wird durch den Polarisator parallel zu einer *a*-Achse linear polarisiert. Es trifft dann auf den KDP-Kristall, in dem das Licht durch den elektrooptischen Effekt in zwei Komponenten zerlegt wird; diese fallen mit den Hauptachsen *x* und *y* des Kristalls zusammen. Das parallel zur *x*-Achse schwingende Licht durchläuft den Kristall mit einer anderen Geschwindigkeit als das parallel zur *y*-Achse polarisierte. Beim Verlassen des Kristalls ist das Licht daher elliptisch polarisiert. Die Achsen der Ellipse fallen mit den *a*-Achsen zusammen. Überlagert man der Gleichspannung an den Elektroden eine schwächere Wechselspannung, so ändert sich die Form der Ellipse im Rhythmus der Spannungsschwankungen. Durch den Analysator fällt nur Licht einer Schwingungsrichtung. Liegt der Analysator mit seiner Polarisationsrichtung parallel zu einer Achse der Polarisationsellipse, so erreicht die Intensität des Lichtes hinter dem Analysator Höchstwerte. Die Eigenschaften des Modulators beschreibt seine Kennlinie in Abb. 2.11. Handelt es sich bei der Wechselspannung um eine sin-Spannung, so entsteht am Ausgang des Modulators ein sinusförmig amplitudenmoduliertes Lichtsignal.

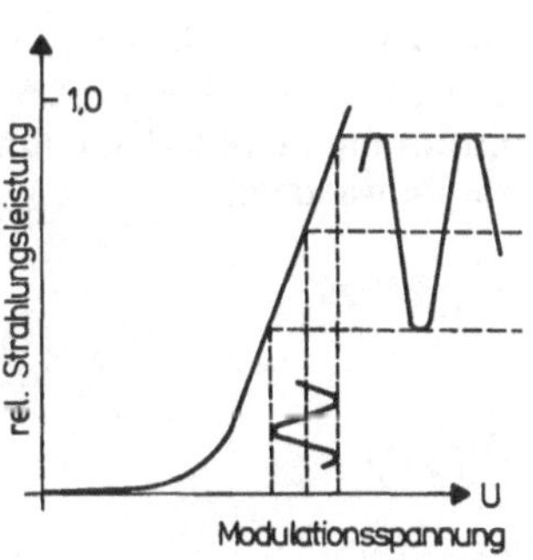


Abb. 2.11. Kennlinie des KDP-Modulators

Das über die Strecke gelaufene Meßsignal wird durch *Demodulation* von dem Träger getrennt und in ein elektrisches Signal umgewandelt. In Nahbereichsentfernungsmessern und Entfernungsmessern mittlerer Reichweite werden vorzugsweise als Demodulatoren, Fotodioden und Sekundärelektronenvervielfacher eingesetzt. Fotodioden sind Halbleiterbauelemente (Abb. 2.12). Die Spannung wird an die $pn$-Elemente in Sperrichtung gelegt. Ohne Lichteinfall hat die Diode einen großen Widerstand und läßt praktisch keinen Strom fließen. Bei Lichteinfall entstehen durch Absorption von Lichtquanten Elektronen-Lochpaare. Diese werden durch das innere elektrische Feld der Übergangszone und die anliegende Spannung getrennt und erzeugen in dem äußeren Kreis einen Strom. Einen besonders hohen Wirkungsgrad haben Avalanche-Fotodioden.

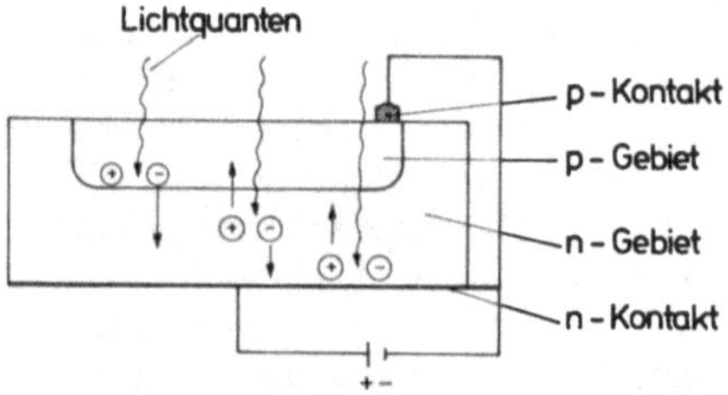


Abb. 2.12. Wirkungsweise einer Fotodiode

Die Kennlinie einer Fotodiode zeigt Abb. 2.13. Sie verläuft in einem größeren Bereich weitgehend geradlinig. Fotodioden können daher weitgehend linear sinusförmig amplitudenmodulierte Lichtsignale in elektrische Signale umwandeln.

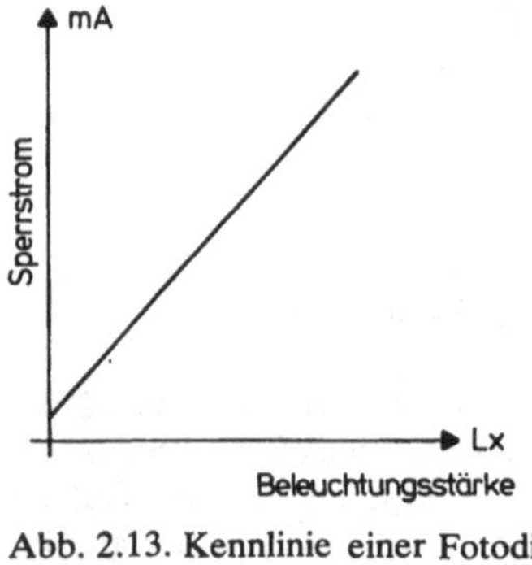


Abb. 2.13. Kennlinie einer Fotodiode

In Distanzmessern großer Reichweite verwendet man Sekundärelektronenvervielfacher (SEV) für die Demodulation. Diese sind empfindlicher als Fotodioden. SEV bestehen aus einem Vakuumrohr, in dem sich eine Katode, eine Anode und Dynoden befinden (Abb. 2.14). Durch Lichteinfall werden aus der Katode Elektronen gelöst. Die Elektronen gelangen von Dynode zu Dynode und lösen dort weitere Elektronen aus. Es entsteht ein Verstärkungseffekt. Die Elektronen gelangen schließlich zur Anode und lassen in dem äußeren Stromkreis einen Strom entstehen. Die SEV haben eine ähnliche Kennlinie wie die Fotodioden; daher ist auch ihre Wirkungsweise ähnlich. Mit ihnen lassen sich auch sehr schwache Signale demodulieren, bei denen Fotodioden bereits versagen.

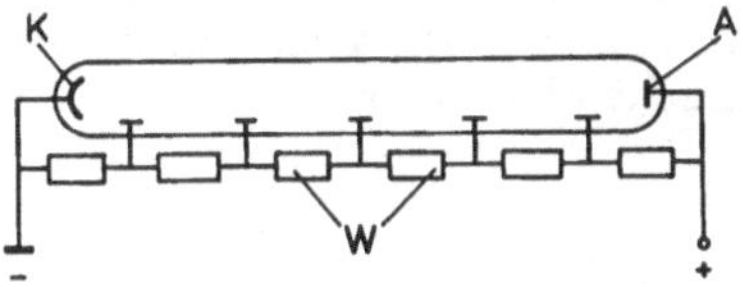


Abb. 2.14. Sekundärelektronenvervielfacher;
*A*: Anode, *D*: Dynode, *K*: Katode, *W*: Widerstände

Nachdem das Meßsignal den Weg zum Reflektor und von dort zurück zum Empfänger durchlaufen hat, mißt man seine Phasendifferenz gegenüber einem Referenzsignal. Man benutzt hierfür *analoge* und *digitale Phasenmesser*. Nach [2.1.2] berechnet man die endgültige Distanz durch mehrfaches Anwenden der Gleichung (2.7):

Beim *Analogverfahren* lassen sich auf den zur Modulation benutzten Hochfrequenzen von etwa 15 MHz die Phasendifferenzen meßtechnisch sehr schwer bestimmen. Deshalb wird in allen neueren Geräten die Hochfrequenz durch Überlagerung mit einer wenig davon verschiedenen Hilfsfrequenz in eine phasengleiche Niederfrequenz umgewandelt, die zwischen 1,5 und 150 kHz liegt. Auf dieser Niederfrequenz kommen als Phasenschieber insbesondere die auch als Resolver bezeichneten Drehmelder in Frage. Ein solcher Resolver ähnelt einem Wechselstrommotor. Er besitzt zwei feste, senkrecht zueinander angeordnete Statorspulen und eine drehbare Rotorspule. Die durch Verdrehen des Rotors erzeugte Phasenverschiebung ist dem Drehwinkel proportional oder technisch gesprochen *„analog"*. Der Drehwinkel wird über ein Zählwerk oder mit Leuchtziffern angezeigt. Die Genauigkeit der Phasenmessung mit Resolvern liegt bei $10^{-3}$ bis $10^{-4}$. Daher wird der Phasenwinkel gewöhnlich mit 3 Ziffern angezeigt. Die Phasenmessung wird gemäß dem in [2.1.2] gegebenen Zahlenbeispiel so angeordnet, daß gleichzeitig die Mehrdeutigkeit verschwindet.

Für die Einstellung des Resolvers benötigt man einen „elektrischen Bezugspunkt". Diesen liefert ein Phasendetektor mit einem Nullinstrument. Phasendetektoren zeigen eine Nullspannung an, wenn zwei ihm zugeführte Signale eine Phasendifferenz von 90° oder 270° haben. Für die Phasenmessung muß man daher den Resolver mit einem Phasendetektor koppeln (Abb. 2.15). Für

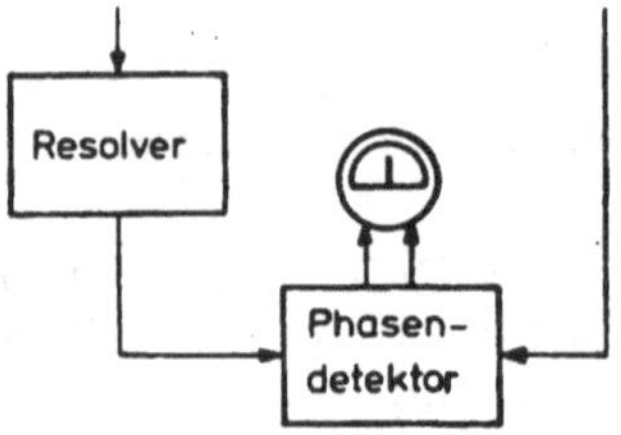


Abb. 2.15. Analoge Phasenmessung

den Phasenvergleich dreht man den Rotor so lange, bis das Anzeigeinstrument eine Nullspannung anzeigt. Die Phasendifferenz beträgt dann

$$\Delta\varphi' = 90° + \Delta\varphi \text{ oder} \tag{2.10}$$
$$\Delta\varphi'' = 270° + \Delta\varphi \tag{2.11}$$

Wichtig ist, daß man nur mit einer Gleichung, d. h. nur mit einem Bezugspunkt arbeitet. In der Regel werden bei analogen Geräten die Reststrecken *r* bei den Grobmessungen und der Feinmessung durch Differenzmessungen gebildet. Der konstante Anteil von 90° bzw. 270° wird dann eliminiert.

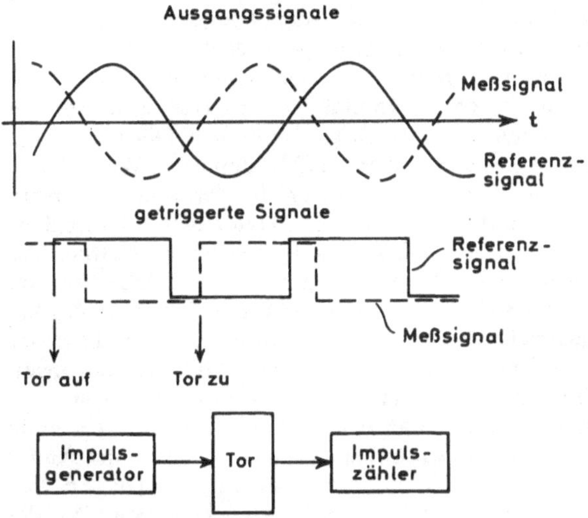


Abb. 2.16. Digitale Phasenmessung

Neuere Instrumente arbeiten vorwiegend mit *digitalen* Phasenmeßverfahren. Das auf der Niederfrequenz sinusförmig vorliegende Meßsignal und das Referenzsignal werden zunächst getriggert, d. h. in Rechtecksignale umgewandelt. Diese getriggerten Signale steuern das Tor zwischen einem Impulsgenerator, der Impulse in schneller Folge erzeugt, und einem Impulszähler. Die vordere Flanke des Referenzsignals öffnet das Tor, und die vordere Flanke des Meßsignals schließt es wieder. Die Zahl der zwischenzeitlich durch das Tor auf den Impulszähler gelangten Impulse ist ein Maß für den Phasenwinkel zwischen Referenz- und Meßsignal. Die Messung kann – beginnend an der nächsten Vorderflanke des Referenzsignals – beliebig oft wiederholt werden. Das Mittel aus vielen Messungen aber weist mit etwa $10^{-4}$ eine recht hohe Genauigkeit auf.

## 2.2 Instrumentelle Fehlerquellen; Kalibrierung

In der Regel gilt wie bei anderen Distanzmeßverfahren auch bei der elektromagnetischen Distanzmessung eine Gleichung von der Form $D = k_0 + kD^A$. Sie besagt, daß der abgelesene rohe Entfernungswert $D^A$ mit einer Maßstabskonstanten $k$ multipliziert und mit einer additiven Korrektur $k_0$ versehen werden muß, um die gewünschte schräge oder horizontale Distanz $D$ zu erhalten. Die Modulationsfrequenz $f_0$ eines elektro-optischen Distanzmessers ist gewöhnlich so gewählt, daß die in (2.4) definierte Wellenlänge bei einem gewissen Durchschnittswert $n_0$ für den Brechungsindex ein rundes Maß (z. B. 20 m) annimmt. Unter diesen Normalbedingungen wäre die Maßstabskonstante $k$ gleich 1. Weichen die aktuellen Werte für Lufttemperatur und Druck jedoch von den Normalwerten ab, so ist $k$ von 1 verschieden, und es muß der rohe Wert $D^A$ entsprechend korrigiert werden. Nun ist allerdings der Einfluß einer solchen Abweichung von den Normalbedingungen für elektrooptische Entfernungsmesser gering. Aus Kap. 2.3 (2.19) ist zu entnehmen, daß erst eine Temperaturabweichung von 10 K bzw. eine Druckabweichung von 34 mbar eine Änderung des Brechungsindexes und damit von $k$ um $1 \cdot 10^{-5}$ hervorrufen, was einem Streckenfehler von 1 cm/km entspricht. Wie die gemessenen Distanzen zu korrigieren sind, wenn die Gerätekonstante $n_0$ von dem tatsächlich vorhandenen Brechungsindex abweicht, beschreibt Kap. 2.4.

Eine Abweichung der Maßstabskonstante $k$ vom Wert 1 tritt auch dann auf, wenn die Modulationsfrequenz $f$ nicht mit ihrem Sollwert $f_0$ übereinstimmt. Die Stabilität der Frequenzen ist gewöhnlich recht groß, doch sollte in gewissen Abständen eine Überprüfung an einem Frequenzprüfer vorgenommen werden. Die *Frequenzkorrektion*, die Korrektion wegen Abweichung von der Sollfrequenz, beträgt

$$k_f = D^A \cdot \frac{f - f_0}{f_0}. \tag{2.12}$$

Neben der Maßstabskonstanten ist die *Nullpunktskorrektion* (2.9) zu überprüfen. Sie berücksichtigt instrumentenseitig den Unterschied zwischen dem elektrischen und dem mechanischen

Nullpunkt des Distanzmessers und reflektorseitig den Versatz der Reflexionsstelle gegenüber dem Zentrierpunkt sowie die Laufzeitverzögerungen im Glas. Während die reflektorseitigen Anteile für ein mit demselben Reflektor ausgerüstetes Instrument konstant bleiben, können bei den instrumentellen Anteilen Änderungen auftreten. Ursache hierfür sind vorwiegend Phaseninhomogenitäten der Strahlungssender und Fotodetektoren. Auch eine gegenseitige Beeinflussung der Signale aus dem Sende- und Empfangsteil, das sogenannte Übersprechen, ist hier zu nennen. Es führt, ebenso wie eventuelle Fehler des Phasenmessers, zu zyklischen Änderungen der Konstante $k_0$, die jedoch in den meisten Fällen hinreichend klein gehalten werden können.

Eine regelmäßige Überprüfung der Nullpunktskorrektion $k_0$ ist ratsam. In der Regel genügt dazu eine sehr einfache Anordnung:

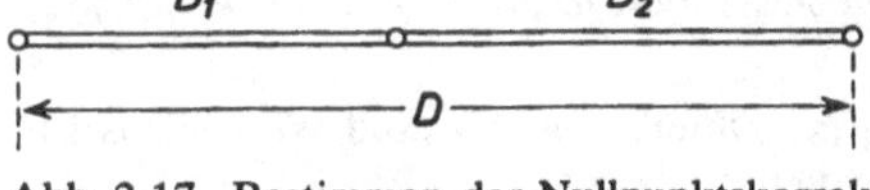


Abb. 2.17. Bestimmen der Nullpunktskorrektion

Wenn die Maßstabskonstante $k$ gleich 1 gesetzt werden kann, gelten die Gleichungen

$$D = k_0 + D^A \quad \text{und} \quad D = D_1 + D_2 = k_0 + D_1^A + k_0 + D_2^A$$

woraus folgt:

$$k_0 = D^A - (D_1^A + D_2^A). \qquad (2.13)$$

Eine *Neubestimmung der Nullpunktskorrektion* und ihres Genauigkeitsmaßes erfordert eine größere Anzahl von Kalibrierungsmessungen. Diese

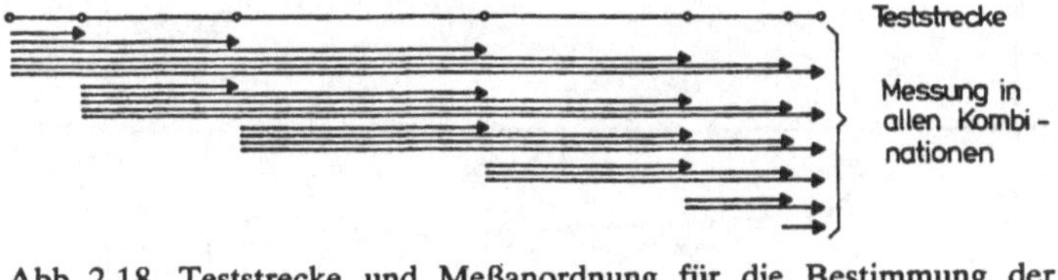


Abb. 2.18. Teststrecke und Meßanordnung für die Bestimmung der Nullpunktskorrektion eines Entfernungsmessers

lassen sich am einfachsten auf einer mehrfach unterteilten Teststrecke ausführen (Abb. 2.18). Die Teststrecke sollte folgenden Anforderungen genügen (*Kahmen* 1983):

- Die einzelnen Strecken sollten möglichst den gesamten in der Praxis vorkommenden Meßbereich gleichmäßig überdecken, um auch distanzabhängige Einflüsse einzubeziehen.
- Die Endmaße der Teilstrecken sollten über den Feinmaßstab des Gerätes gleichmäßig verteilt sein.
- Die Soll-Maße sind mit einem Entfernungsmesser höchster Genauigkeit zu bestimmen.

Normalerweise wird man allerdings wegen örtlicher Gegebenheiten und um den Einfluß eines fehlerhaft erfaßten Brechungsindexes gering zu halten, die Gesamtstrecke $< 1$ km wählen. In der Regel wird dabei die Kennlinie der Meßgeräte ausreichend genau erfaßt.

Zu einer größeren Anzahl von Vergleichsmessungen kommt man, wenn die Messungen in allen Kombinationen ausgeführt werden (Abb. 2.18). Die Auswertung der Meßergebnisse führt man geeignet in zwei Schritten durch:

(1) Graphische Darstellung der Differenzen $\Delta D$ (Soll-Wert minus Ist-Wert) in Abhängigkeit von der Distanz $D$.
(2) Bestimmung der Parameter der Kennlinie und der Genauigkeitsmaße durch ein Ausgleichungsverfahren.

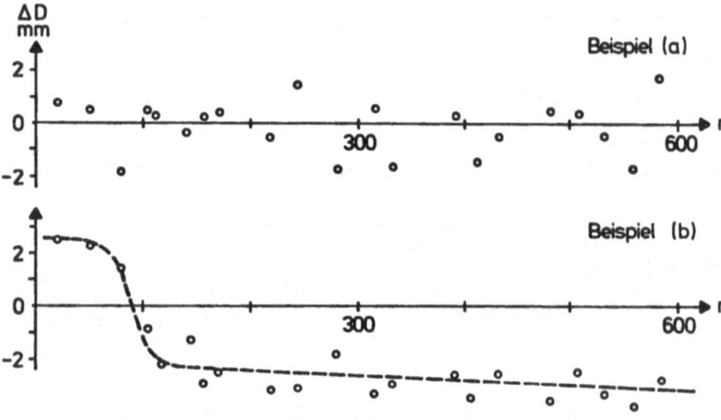


Abb. 2.19. Kennlinien unterschiedlicher Entfernungsmesser

Abb. 2.19 zeigt typische Untersuchungsergebnisse. In Beispiel (a) handelt es sich um einen sehr sorgfältig kalibrierten Entfernungsmesser. Seine Kennlinie verläuft horizontal und fällt mit der Nullinie zusammen. Im Fall (b) weist die Nullpunktskorrektion im Bereich von 100 m einen Sprung auf.

## 2.3 Einflüsse der Refraktion

Die Ausbreitungsgeschwindigkeit und die Bahn der Licht- und Mikrowellen sind abhängig vom Zustand der Atmosphäre, und zwar die Ausbreitungsgeschwindigkeit insbesondere von den Brechungsindizes $n_L$ und $n_M$ und die Bahnkrümmung von den Refraktionskoeffizienten $k_L$ und $k_M$.

Zur Berechnung des *Brechungsindex* für Mikrowellen hat man die Formel von Essen und Froome

$$N_M = (n_M - 1) \cdot 10^6 = \frac{77{,}62}{T}(p - e) + \frac{64{,}70}{T}\left(1 + \frac{5748}{T}\right)e. \quad (2.14)$$

Dabei bezeichnen: $p$ den Luftdruck (mbar), $e$ den Dampfdruck (mbar), $T$ die Temperatur (K). Für den Gruppenbrechungsindex $n_{Gr}$ des Lichtes in trockener Luft und Normalatmosphäre ($T = 273$ K, $P = 1023{,}25$ mbar, 0,03% $CO_2$ Gehalt) gilt die Formel von Barrel und Sears:

$$(n_{Gr} - 1)\, 10^6 = 287{,}604 + 3 \cdot \frac{1{,}6288}{\lambda^2} + 5 \cdot \frac{0{,}0136}{\lambda^4}, \quad (2.15)$$

wobei $\lambda$ in $\mu$m zu nehmen ist.

Dieser Wert ist noch umzurechnen auf den Luftzustand bei der Messung ($t^\circ$ C + 273 K = $T$ Temperatur, $p$ mbar Luftdruck, $e$ mbar Dampfdruck) nach

$$(n_L - 1) = \frac{n_{Gr} - 1}{\alpha T} \cdot \frac{p}{1013{,}25} - \frac{4{,}1 \cdot 10^{-8} e}{\alpha T}; \; \alpha = 0{,}003661. \quad (2.16)$$

mit

$$e = E' - D \cdot p(T - T'). \quad (2.17)$$

In (2.17) bezeichnen

$D$: eine Konstante (0,000662 bei Messungen über Wasser; 0,000583 bei Messungen über Eis),
$E'$: den Sättigungsdampfdruck bei der Temperatur des feuchten Thermometers und
$T'$: die Feuchttemperatur.

Für die Berechnung des Sättigungsdampfdruckes benutzt man normalerweise die Formel von Magnus-Tetens:

$$\log E' = \frac{\alpha(T' - \beta)}{T'} + \gamma. \tag{2.18}$$

Dabei sind: über Wasser $\alpha = 7{,}5$ und $\beta = 237{,}3$; über Eis ist $\alpha = 9{,}5$ und $\beta = 265{,}5$; $\gamma$ beträgt stets 0,7857.

Abweichungen der errechneten Brechungsindizes $n_M$ und $n_L$ von der Gerätekonstanten $n_0$ erfordern Korrektionen, die in Kap. 2.4 genauer beschrieben sind.

Setzt man (2.17) in (2.14) und (2.16) ein, so erhält man nach Differentiation von (2.14) und (2.16) folgende Fehlerformeln für die Maßstabsfehler in ppm:

$$dn_L \cdot 10^6 = -1{,}00\, dT + 0{,}28\, dp, \tag{2.19}$$
$$dn_M \cdot 10^6 = -4{,}35\, dT + 6{,}67\, dT' + 0{,}26\, dp, \tag{2.20}$$

wenn $T = 288$ K ($t = 15$ °C), $T - T' = 4$ K, $p = 1000$ mbar (Durchschnittswerte).

Bei der Berechnung von $n_L$ hat die Feuchttemperatur in der Regel nur untergeordnete Bedeutung. Bei Temperaturen $T = 303$ K ($t = 30$ °C) und einer relativen Feuchte 60% ist der Einfluß $1 \cdot 10^{-6}$. Die Trocken und Feuchttemperaturen müssen bei Messungen mit Mikrowellen äußerst sorgfältig – etwa mit dem Aßmannschen Aspirationspsychrometer – bestimmt werden. Ein Fehler von 0,23 K des trockenen oder von 0,15 K des feuchten Thermometers verursachen durch die Verfälschung von $e$ bereits einen Maßstabsfehler von 1 mm je km Strecke.

Der jeweilige *Refraktionskoeffizient* $k$ ist, wenn unter $R$ der Erdhalbmesser und unter $\alpha$ der Anstieg des Strahlenweges verstanden wird, definiert durch

$$k = \frac{R}{\varrho} = \frac{\text{Strahlkrümmung}}{\text{Erdkrümmung}} \text{ mit } 1/\varrho = -\frac{\operatorname{grad} n}{n} \cos\alpha \approx -\frac{dn}{dh},$$

$1/\varrho$ ist also genähert proportional dem mit zunehmender Höhe abnehmenden Wert des Refraktionskoeffizienten. $k$ sollte daher richtiger als relative Strahlkrümmung bezeichnet werden.

Als Durchschnittswerte für die ungestörte Atmosphäre gelten $k_L = 0{,}13$ und $k_M = 0{,}25$. Also ist der Krümmungshalbmesser der Lichtkurve $\approx 8R$ und der der Mikrowellenkurve $\approx 4R$. Über feuchtem Grasland ist im Mittel in dem Bereich von 40–100 m über dem Boden

| | | | |
|---|---|---|---|
| $k_M = 0{,}25$ | tagsüber während des ganzen Jahres und in bedeckten Winternächten, | $k_L = 0{,}20$ | tagsüber und in bedeckten Nächten während des ganzen Jahres, |
| 0,50 | nachts im Juni bis Oktober und in klaren Winternächten. | 0,30 | in klaren Nächten, |
| | | 0,13 | tagsüber bei wolkenlosem Himmel. |

## 2.4 Korrektionen wegen Ausbreitungsgeschwindigkeit

Es sei $D^A$ die am Gerät abgelesene Distanz und $n_0$ ein bestimmter Festwert des Brechungsindexes, der der am Instrument angezeigten Entfernung zugrunde liegt; ferner sei $n$ der für den ganzen Strahlenweg geltende Mittelwert. Für $n$ erhält man einen Näherungswert, indem man das Mittel aus den an den beiden Enden der Strecke gemessenen meteorologischen Daten in (2.14) oder (2.16) einführt. Mit der Differenz $(n_0 - n)$ berechnet man dann eine 1. Geschwindigkeitskorrektion $k_n$. Da sich der Abstand zwischen der Erde und der Signalbahn nicht linear ändert, ist noch die 2. Geschwindigkeitskorrektion $k_{\Delta n}$ anzubringen, die vor allem den Einfluß des Refraktionskoeffizienten erkennen läßt. Die Korrektionen betragen dann

$$k_n = D^A \frac{n_0 - n}{n} \approx D^A (n_0 - n), \tag{2.21}$$

$$k_{\Delta n} = -(k - k^2)\frac{(D^A)^3}{12R^2}\,*, \tag{2.22}$$

Die *gemessene korrigierte Distanz* beträgt dann mit (2.12), (2.13), (2.21) und (2.22):

$$\boxed{D = D^A + k_0 + k_f + k_n + k_{\Delta n}}\,. \tag{2.23}$$

Bei langen Strecken im Hochgebirge oder über See berücksichtige man die dort herrschenden Refraktionsverhältnisse [2.6].

## 2.5 Geometrische Reduktionen

Der mit (2.23) erhaltene Wert $D$ ist genau genug ein Kreisbogen mit dem Halbmesser $\varrho$ zwischen den Endpunkten mit den Meereshöhen $H_1$ und $H_2$. Der Bogen ist schrittweise zu reduzieren (Abb. 2.20), und zwar: wegen der Bahnkrümmung mit $r_K$ auf die – schräge – Sehne $S^R$; wegen der Neigung und Höhe über der Bezugsebene, mit $r_H$ auf die Sehne $S^0$ des im Bezugshorizont verlaufenden Bogens der Erdoberfläche; schließlich wegen der Erdkrümmung mit $r_E$ auf $S$. *Die endgültige Entfernung* ist dann, *wenn der Höhenunterschied* $H_2 - H_1 = \Delta$H der Endpunkte bekannt ist:

$$\boxed{S = D + r_K + r_H + r_E} \tag{2.24}$$

mit

$$r_K = -k^2\frac{D^3}{24R^2}, \tag{2.25}$$

$$r_H = \left(\sqrt{\frac{1-\left(\frac{\Delta H}{S^R}\right)^2}{\left(1+\frac{H_1}{R}\right)\left(1+\frac{H_2}{R}\right)}} - 1\right)S^R, \qquad \text{vgl. (2.29)}$$

* (2.22) wird erst ab Strecken > 10 km angebracht.

wobei $S^R = D + r_K \approx D$

$$r_E = \frac{D^3}{24R^2}. \qquad (2.26)$$

Die Korrektionen $k_{\Delta n}$, $r_K$ und $r_E$ können in der Regel bei Distanzen < 10 km vernachlässigt werden. Als Anhalt für die Größenordnung gibt Tab. 2.1 einen Überblick über die Summe

$$k_{\Delta n} + r_K + r_E = (1-k)^2 \frac{D^3}{24R^2}.$$

Tab. 2.1. Summe der $k_{\Delta n}$, $r_K$, $r_E$

| | Streckenlänge in km | | | | |
|---|---|---|---|---|---|
| *k* | 20 | 40 | 60 | 80 | 100 |
| 0 | 0,008 | | | | |
| 0,125 | 0,006 | 0,050 | 0,168 | 0,398 | 0,880 |
| 0,20 | 0,005 | 0,042 | 0,141 | 0,333 | 0,740 |
| 0,30 | 0,004 | 0,032 | 0,108 | 0,255 | 0,564 |
| 0,50 | 0,002 | 0,016 | 0,055 | 0,130 | 0,288 |
| 1,00 | 0,000 | | | | |

Wie Abb. 2.21 zeigt, ist $\Delta H$ insbesondere bei kurzen Strecken und größeren Höhenunterschieden mit hoher Genauigkeit zu bestimmen.

*Sind für die geometrische Reduktion Zenitwinkel z' gemessen,* so gilt bei hohen Genauigkeitsanforderungen (Abb. 2.22)

$$S^0 \approx S = S^R \sin z' \left[1 + \frac{1}{R}\left(-H_1 - S^R \cos z' \left(1 - \frac{k}{2}\right)\right)\right] \qquad \text{vgl. (2.33)}$$

oder bei weniger hohen Genauigkeitsanforderungen und kürzeren Distanzen, s. Kap. 2.5.2:

$$S^0 \approx S = S^R \sin z' \left(1 - \frac{H_1}{R}\right). \qquad \text{vgl. (2.34)}$$

Um den Einfluß der Refraktion klein zu halten, wird die Reduktion über Zenitwinkel normalerweise nur für Distanzen <3 km ausgeführt. Die Reduktionen (2.22), (2.25) und (2.26) entfallen dann. Weiter gilt

$$\boxed{S^R = D^A + k_0 + k_f + k_n} \quad . \tag{2.27}$$

Wie Abb. 2.23 zeigt, ist der Zenitwinkel bei zunehmendem Höhenunterschied mit größerer Genauigkeit zu messen. Abb. 2.24 gibt Aufschluß darüber, wann anstelle von (2.33) die vereinfachte Beziehung (2.34) eingesetzt werden kann.

### 2.5.1 Reduktionsformel bei bekanntem Höhenunterschied

Auf der Erde gemessene Distanzen sind Vertikalschnittbogen der Oberfläche des Bezugsellipsoids. Die gemessenen Distanzen sind normalerweise kleiner als 100 km. In diesem Entfernungsbereich kann man den Schnittbogen durch einen Kreisbogen annähern. In Abb. 2.20 bezeichnen

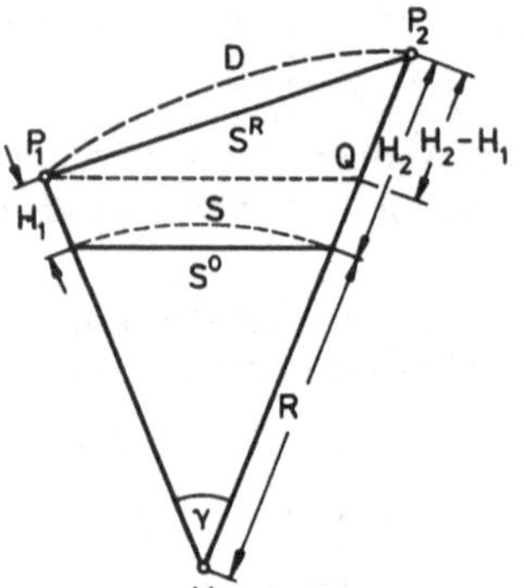


Abb. 2.20. Reduktion von Schrägstrecken mittels Höhenunterschied

$P_1$ und $P_2$ zwei Geländepunkte in der Höhe $H_1$ und $H_2$ über der Bezugskugel vom Radius $R$. In dem Dreieck $P_1$, $P_2$, $M$ gilt nach dem Kosinussatz

$$(S^R)^2 = (R + H_1)^2 + (R + H_2)^2 - 2(R + H_1)(R + H_2)\cos\gamma. \quad \text{(a)}$$

Da

$$\cos\gamma = 1 - 2\sin^2\frac{\gamma}{2}$$

und

$$\sin\frac{\gamma}{2} = \frac{S^0}{2R}$$

wird

$$\cos\gamma = 1 - \frac{(S^0)^2}{2R^2}\,. \tag{b}$$

Setzt man (b) in (a) ein, so erhält man nach Quadrieren und Multiplizieren

$$(S^R)^2 = (H_2 - H_1)^2 + (S^0)^2\left(1 + \frac{H_1 + H_2}{R} + \frac{H_1 H_2}{R^2}\right)$$

bzw.

$$(S^0)^2 = \frac{(S^R)^2 - (H_2 - H_1)^2}{1 + \frac{H_1 + H_2}{R} + \frac{H_1 H_2}{R^2}} = \frac{(S^R)^2 - \Delta H^2}{\left(1 + \frac{H_1}{R}\right)\left(1 + \frac{H_2}{R}\right)}$$

mit $\Delta H = H_2 - H_1$.

Schließlich beträgt $S^H$:

$$S^0 = \sqrt{\frac{(S^R)^2 - \Delta H^2}{\left(1 + \frac{H_1}{R}\right)\left(1 + \frac{H_2}{R}\right)}}\,. \tag{2.28}$$

Hieraus gewinnt man sehr einfach ein Korrekturglied für die Neigungs- und Höhenreduktion:

$$r_H = \left(\sqrt{\frac{1 - \left(\frac{\Delta H}{S^R}\right)^2}{\left(1 + \frac{H_1}{R}\right)\left(1 + \frac{H_2}{R}\right)}} - 1\right) S^R. \tag{2.29}$$

Für längere Strecken (> 10 km), bei denen das Ellipsoid als Bezugsfläche zu berücksichtigen ist, berechnet man den Krümmungsradius des Normalschnitts des Ellipsoides im Azimut $A$ mit der Formel von *Euler* (*Torge* 1975, 1980):

$$\frac{1}{R} = \frac{\cos^2 A}{M} + \frac{\sin^2 A}{N}. \tag{2.30}$$

Dabei bezeichnen: $M$: Meridiankrümmungsradius, $N$: Querkrümmungsradius, $A$: Azimut. $H$: sind die Höhen über dem Bezugsellipsoid, berechnet aus $H$ = Höhe über NN + Geoidhöhe.

Bei kürzeren Strecken kann für größere Bereiche ein Mittelwert für $R$ eingesetzt werden.

Für bestimmte Aufgaben – z. B. bei der Absteckung von Bauwerken – müssen die Strecken auf einen Horizont reduziert werden, der in der Höhe $H_r$ über der Bezugskugel liegt:

$$S^{Hr} = S^0 \frac{R + H_r}{R},$$

$$S^{Hr} = S^0 \left(1 + \frac{H_r}{R}\right),$$

$$S^{Hr} = \left(1 + \frac{H_r}{R}\right) \sqrt{\frac{(S^R)^2 - \Delta H^2}{\left(1 + \frac{H_1}{R}\right)\left(1 + \frac{H_2}{R}\right)}}, \tag{2.31}$$

Analysiert man (2.28) bzw. (2.31) mit Hilfe des Fehlerfortpflanzungsgesetzes, so gilt, wenn man die Erdkrümmung und Reduktion auf die Bezugskugel unberücksichtigt läßt.

$$\begin{aligned} (S^0)^2 &= (S^R)^2 - \Delta H^2, \\ 2 S^0 dS^0 &= -2 \Delta H \cdot d\Delta H \\ \lg S^0 &= \lg \Delta H + \lg d\Delta H - \lg dS^0. \end{aligned} \tag{2.32}$$

Mit (2.32) läßt sich ein Diagramm herstellen, das beschreibt, mit welcher Genauigkeit der Höhenunterschied zu bestimmen ist, wenn z. B. eine Reduktionsgenauigkeit von $dS^0 = 0{,}1$ mm verlangt ist (Abb. 2.21). Bei einer Reduktionsgenauigkeit von $dS^0 = 1$ mm werden die Zahlenangaben auf den Geraden um eine Zehnerpotenz größer. Bei steilen Sichten und kürzeren Distanzen muß $\Delta H$ mit hoher Genauigkeit bestimmt werden.

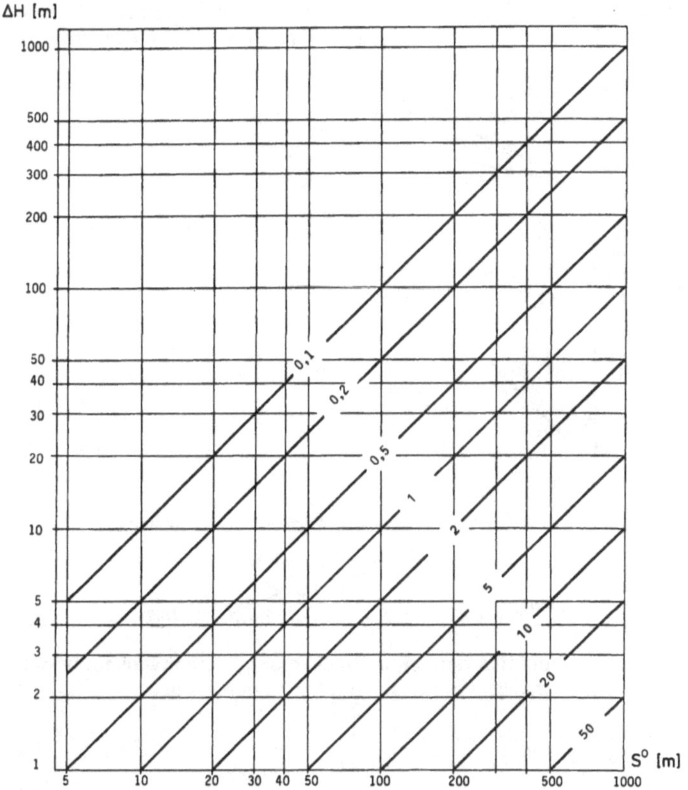


Abb. 2.21. Einzuhaltende Genauigkeit $d\Delta H$ (mm) des Höhenunterschiedes $\Delta H$ für eine Reduktionsgenauigkeit von $dS^0 = 0{,}1$ mm (*Schnädelbach* 1980). Beispiel: für $S^0 = 200$ m und $\Delta H = 10$ m ist der Höhenunterschied mit einer Genauigkeit von 2 mm zu bestimmen, wenn eine Reduktionsgenauigkeit $dS^0 = 0{,}1$ mm gefordert ist.

## 2.5.2 Reduktion der Schrägstrecke mittels Zenitwinkeln

Gegeben sind die Punkte $P_1$ und $P_2$ in der Höhe $H_1$ und $H_2$ über der Bezugskugel, die Distanz $D$ und der um den Refraktionswinkel verfälschte

Zenitwinkel $z'$. Gesucht ist die Strecke $S^{Hr}$ in einem beliebigen Horizont über der Bezugskugel und die Strecke $S$ im Horizont der Bezugskugel.

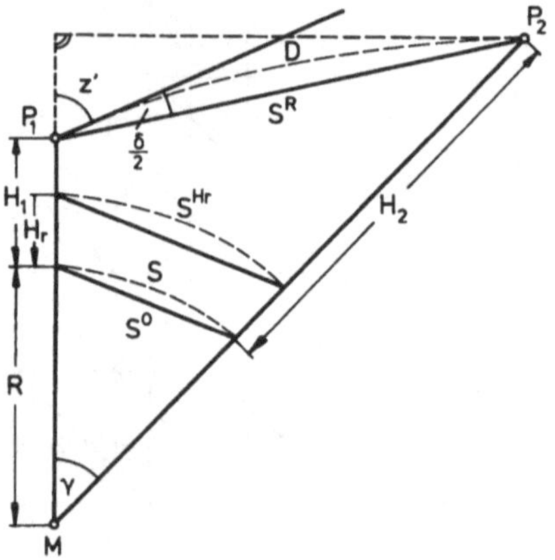


Abb. 2.22. Reduktion von Schrägstrecken mittels Zenitwinkel

$$\tan \gamma = \tan \frac{S^{Hr}}{R + H_r} = \frac{S^R \sin (z' + {}^{\delta}/_2)}{R + H_1 + S^R \cos (z' + {}^{\delta}/_2)} .$$

Da man die Reduktion der Schrägstrecken mittels Zenitwinkeln normalerweise auf Distanzen von maximal 3 km begrenzt, gilt

$$\frac{S^{Hr}}{R + H_r} = \frac{S^R \sin (z' + {}^{\delta}/_2)}{R + H_1 + S^R \cos (z' + {}^{\delta}/_2)} .$$

Mit Hilfe des Additionstheorems und durch Ausklammern findet man:

$$\frac{S^{Hr}}{R\left(1 + \frac{H_r}{R}\right)} = \frac{S^R (\sin z' \cos {}^{\delta}/_2 + \cos z' \sin {}^{\delta}/_2)}{R\left(1 + \frac{H_1}{R} + \frac{S^R}{R}\left(\cos z' \cos {}^{\delta}/_2 - \sin z' \sin {}^{\delta}/_2\right)\right)} .$$

Da $\cos {}^{\delta}/_2 \approx 1$, $\sin {}^{\delta}/_2 \approx {}^{\delta}/_2$ und $\sin z' \cdot \sin {}^{\delta}/_2$ vernachlässigbar klein ist, gilt:

$$S^{Hr} = \left(1 + \frac{H_r}{R}\right) S^R (\sin z' + {}^{\delta}/_2 \cos z') \left(1 - \frac{H_1}{R} - \frac{S^R}{R} \cos z'\right) .$$

Nach Band III, Kap. 16.4 gilt für den Refraktionswinkel

$$\frac{\delta}{2} = \frac{S^R}{2R} k \sin z',$$

($k$: Refraktionskoeffizient)

d. h.

$$S^{Hr} = \left(1 + \frac{H_r}{R}\right) S^R \sin z' \left(1 + \frac{1}{2}\frac{S^R}{R} k \cdot \cos z'\right)\left(1 - \frac{H_1}{R} - \frac{S^R}{R} \cos z'\right),$$

$$S^{Hr} = S^R \sin z' \left[1 + \frac{1}{R}\left(H_r - H_1 - S^R \cos z' \left(1 - \frac{k}{2}\right)\right)\right]. \tag{2.33}$$

Für die Strecke im Horizont der Bezugskugel gilt $H_r = 0$, d. h.

$$S = S^R \sin z' \left[1 + \frac{1}{R}\left(- H - S^R \cos z' \left(1 - \frac{k}{2}\right)\right)\right]. \tag{2.34}$$

Analysiert man (2.34) mit Hilfe des Fehlerfortpflanzungsgesetzes, so gilt, wenn man die Erdkrümmung, Refraktion und Reduktion auf die Bezugskugel unberücksichtigt läßt:

$$\begin{aligned} S &= S^R \sin z', \\ dS &= S^R \cos z' \, dz', \\ dS &= \Delta H \, dz', \quad (\Delta H = H_2 - H_1) \\ \lg dS &= \lg \Delta H + \lg dz'. \end{aligned} \tag{2.35}$$

Mit (2.35) läßt sich ein Diagramm herstellen, das beschreibt, mit welcher Genauigkeit der Zenitwinkel zu bestimmen ist, wenn die Reduktionsgenauigkeit $\Delta S$ verlangt ist (Abb. 2.23). Bei zunehmendem Höhenunterschied ist der Zeitwinkel mit höherer Genauigkeit zu messen (*Schnädelbach* 1983).

Man erhält aus (2.34) die vereinfachte Beziehung

$$S = S^R \sin z' \left(1 - \frac{H_1}{R}\right), \tag{2.36}$$

wenn der Einfluß der Erdkrümmung und Refraktion unberücksichtigt bleiben. Der Faktor $(1 - H_1/R)$ reduziert die im Horizont der Kippachse des Theodolits liegende horizontale Strecke in den Horizont der Bezugskugel. Setzt man den Refraktionskoeffizienten $k = 0$ und multipliziert man den Klammerausdruck in (2.34) aus, so erkennt man, daß der Ausdruck

$$|r_E| = \frac{(S^R)^2}{2R} \sin 2z'$$

den Einfluß der Erdkrümmung auf die Streckenreduktion berücksichtigt.

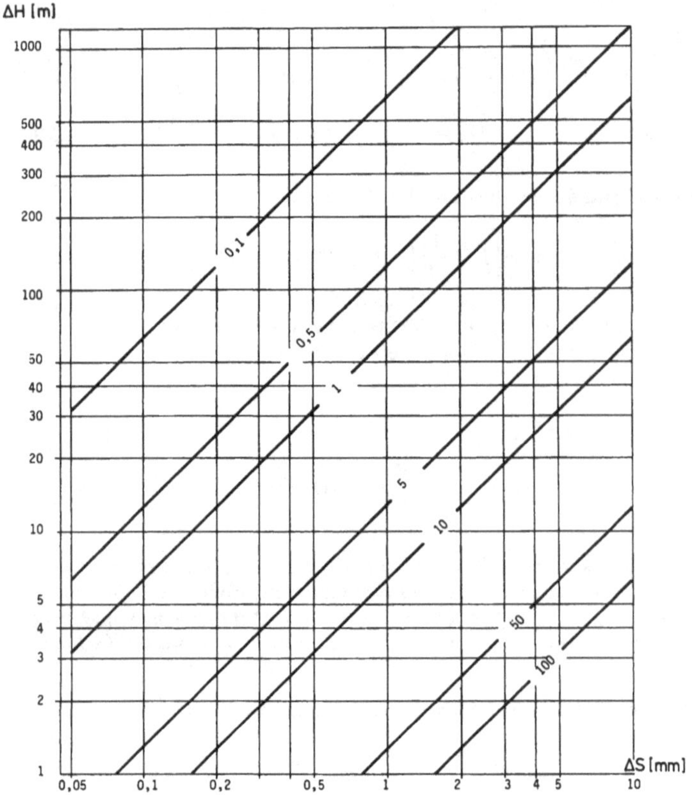


Abb. 2.23. Genauigkeit der Zenitwinkel in mgon für die Reduktion von Schrägstrecken; $\Delta S$ = Genauigkeit der Reduktion.
(Beispiel: Bei einem Höhenunterschied $\Delta H = 7$ m und einer Reduktionsgenauigkeit $\Delta S = 1$ mm ist der Zenitwinkel mit einer Genauigkeit von 10 mgon zu messen)

Der Reduktionsfehler nimmt mit dem Quadrat der Schrägstrecke zu und wächst zunehmend bei größer werdendem Zenitwinkel. Wie weit die vereinfachte Beziehung (2.36) anwendbar ist, kann man leicht der Abb. 2.24 entnehmen.

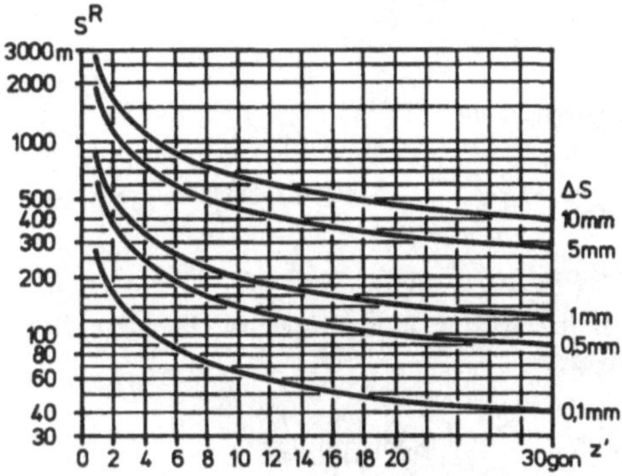


Abb. 2.24 Diagramm der Reduktionsfehler als Funktion von Strecke und Streckenneigung für die Näherungsformel (2.36)

Wie Abb. 2.24 erkennenn läßt, entsteht erst bei einer Zenitdistanz von 10 gon und einer Schrägstrecke $S^R$ von 200 m ein Reduktionsfehler von 1 mm.

## 2.6 Spezielle Refraktionsmodelle für Mikrowellen

a) In 2.4 wird der für den gesamten Strahlenweg einzusetzende Mittelwert $N$ der Brechzahl gewonnen als $N = \frac{N_1 + N_2}{2}$, wobei $N_1$ und $N_2$ an den Endpunkten ermittelt worden sind. Diese Berechnung setzt voraus:

$$\frac{\partial N}{\partial s} = \text{const}; \quad \frac{\partial N}{\partial h} = \text{const mit } k = -6{,}38\,\frac{\partial N}{\partial h}.$$

In diesem Modell, das im Flachland bei überall mindestens 40 m Höhe des Wellenweges über Gelände meistens zutrifft, ist der Strahlenweg ein Kreisbogen. Die Nachrichtentechnik rechnet mit

$$\frac{\partial N}{\partial h} = -\,41{,}5\ \text{km}^{-1}; \text{ dem enstpricht für unseren Fall a) } k = 0{,}26.$$

b) Bei sehr großem Höhenunterschied der Endpunkte, insbesondere im Hochgebirge, kann Gladstones vielfach bestätigte Exponentialfunktion für den Brechungsindex benutzt werden (*Bean* u.a. 1962). Dieses Modell wird beschrieben durch

$$\frac{\partial N}{\partial s} = 0; \; N = N_0 e^{-aH} \sim 325\,\mathrm{e}^{-0,136H}$$

und führt auf die Formel (*Bretterbauer* 1965)

$$\lg N = \lg N_1 - \frac{1}{16900}\left(\frac{H_2 - H_1}{2} - 0,00981\, D^2\right).$$

$H$ in Metern, $D$ in Kilometern.

Für die Krümmungskorrektion wird $k$ kurzerhand mit linearem Brechungsindexgradienten angesetzt

$$\frac{\partial N}{\partial h} = \frac{N_2 - N_1}{H_2 - H_1}; \qquad k = -\,6,38\,\frac{N_2 - N_1}{H_2 - \mathrm{H}_1}.$$

## 2.7 Elektrooptische Distanzmesser

### 2.7.1 Elektrooptische Distanzmesser des Nahbereichs und mittlerer Reichweite

Im Zusammenhang mit Aufgaben der Kataster-, Landes- und Ingenieurvermessung sind vorwiegend Distanzen kleiner als 10 bis 15 km zu messen. Am häufigsten sind Distanzen in dem Bereich von 0,01 km bis 1 km zu bestimmen. Für diese Entfernungsbereiche lassen sich die Meßsignale mit Halbleiterbauelementen erzeugen und demodulieren. Diese Bauelemente sind von geringem Volumen und leicht [2.1.6]. Auch ihre Spannungsversorgung ist unproblematisch und läßt sich mit kleinen und leichten Bauelementen verwirklichen. Für die oben beschriebenen Aufgaben entstand daher eine besondere Gruppe von Distanzmessern: die Nahbereichsdistanzmesser und Distanzmesser mittlerer Reichweite. Ihr Funktionsprinzip beschreibt Kapitel [2.1.4]. Diese Meßgeräte haben geringe Ausmaße und ein kleines Gewicht. Die Leistungsaufnahme ist niedrig. Bei neueren Geräten ist der *Meßvorgang* weitgehend *automatisiert*. Das Bedienen der Geräte besteht im wesentlichen aus Zielen und Auslösen der Messung. Das Ergebnis wird dann auf einer Anzeigeeinheit dargestellt. Über einen Wahlschalter oder eine Tastatur können bei einigen Distanzmessern unterschiedliche Parameter angezeigt werden: Horizontaldistanz, Höhenunterschied und Koordinatenunterschied zwischen Standpunkt und Zielpunkt. Den Höhen- und Koordinatenunterschied berechnet ein geräteinterner Mikroprozessor [1.4.2]. Die hierfür benötigten Zenitdistanzen mißt ein geräteinterner Zenitdistanz-Sensor oder der Beobachter gibt sie über eine Tastatur ein. Kurzfristige Strahlunterbrechungen haben bei vielen Instrumenten keinen Einfluß auf das Ergebnis. Bei diesen Geräten steuert der geräteinterne Mikroprozessor den Meßvorgang so, daß in aneinandergefügten Meßabschnitten die ursprünglich vorgesehene Anzahl von Einzelmessungen ausgeführt wird. In einigen Geräten wird automatisch die atmosphärische Korrektion [2.4] an den Meßwerten angebracht, nachdem der Beobachter entsprechende Parameter eingegeben hat.

Die *Reichweite* der Nahbereichsdistanzmesser beträgt in der Regel 2 bis 5 km, die der Entfernungsmesser mittlerer Reichweite bis zu etwa 15 km.

Bei der *Genauigkeit* kann man zwischen zwei Gerätegruppen unterscheiden. Eine große Gruppe von Meßgeräten hat eine Genauigkeit von $\pm\, 5 \ldots 10$ mm $\pm\, 1 \ldots 6 \cdot 10^{-6} \cdot D$, wobei $D$ die Distanz (in km) bezeichnet. Diese Geräte eignen sich besonders für die Alltagsaufgaben des Vermessungsingenieurs wie: Poligonierung, Polaraufnahme, Absteckung von Bauwerken. Eine kleinere Gruppe weist Genauigkeiten im Bereich von $\pm\, 0{,}2 \ldots 2$ mm $\pm\, 1 \cdot 10^{-6} \cdot D$ auf. Diese Geräte eignen sich besonders für Präzisionsmessungen z.B. für Aufgaben der Ingenieurvermessung.

Im Hinblick auf den *äußeren Aufbau* und die Möglichkeiten der Verwendung bei den Feldarbeiten lassen sich die Distanzmesser unterteilen in Meßgeräte,

- die nur zur Entfernungsmessung bestimmt sind und dazu in einem U-förmigen Träger um ihre Vertikalachse gedreht und um ihre horizontale Kippachse gekippt werden können (Abb. 2.27),

- die als Ganzes mittels eines Adapters auf dem drehbaren Oberteil eines Theodolits befestigt werden können (Abb. 2.28),
- bei denen Theodolit und Distanzmesser eine vom Beobachter nicht zu trennende Einheit bilden (Abb. 2.29). Diese Geräte bezeichnet man auch als elektrooptische Tachymeter.

Wichtige *Zusatzeinrichtungen* für die Absteckung und das Aufsuchen von Punkten sind: die automatische Berechnung und Anzeige von Höhe, Horizontaldistanz und Koordinatenunterschieden, das Nachlaufen der gemessenen oder berechneten Werte (Tracking-Funktion) und ein Telemetrie-System, das Informationen an den Prismenträger übermittelt. Das Telemetrie-System kann z.B. aus einem geräteinternen Mikrofon und einem Lautsprecher am Prismenhalter bestehen Abb. 2.25. Sehr vorteilhaft ist ein System, bei dem die Daten des im Meßgerät arbeitenden Mikroprozessors unmittelbar auf eine Ziffernanzeigeeinheit des Prismas übertragen werden (Abb. 2.26). Das System *Kern* RD 10 überträgt beispielsweise folgende Informationen in der Tracking- und nicht Tracking-Funktion: Schrägdistanz, Horizontaldistanz, Höhenunterschied sowie Korrekturwerte in Richtung und senkrecht zum Zielstrahl, wenn ein Punkt nur näherungsweise aufgesucht

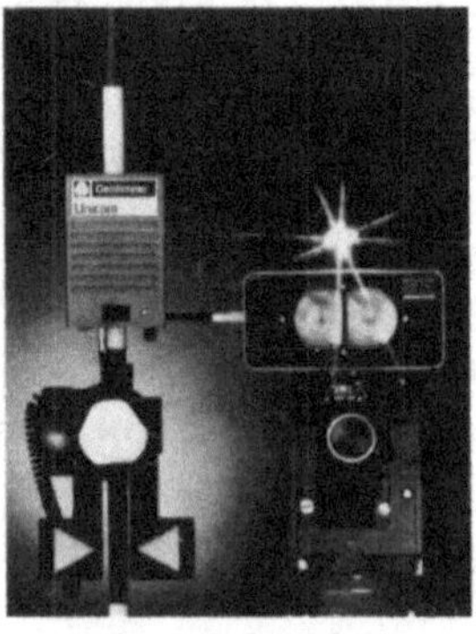

Abb. 2.25. Telemetrie-System aus Mikrofon und Lautsprecher des *AGA* Geodimeter 122

wurde. Hilfreich sind auch optische und akustische Signale, die anzeigen, ob sich der Reflektor in der optischen Achse des gesendeten Strahlenbüschels befindet. Bei umfangreichen Messungen

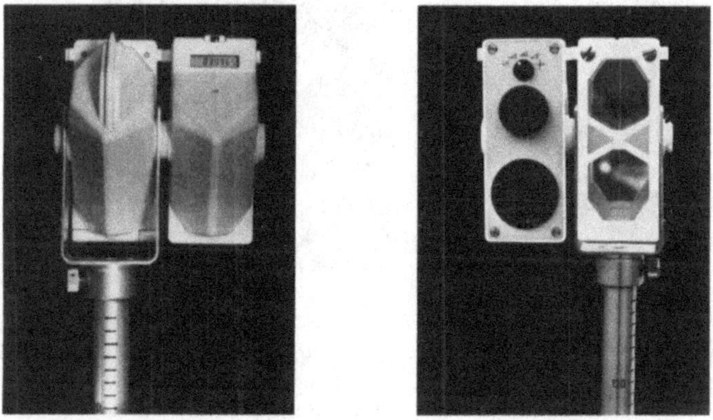

Abb. 2.26. Telemetrie-System mit Ziffernanzeigeeinheit *Kern* RD 10

Abb. 2.27. Distanzmesser für den Nahbereich als Soloinstrument (auch als Aufsatzgerät für Theodolite einsetzbar) *Zeiss* Eldi 2

Abb. 2.28. Theodolit *Wild* T 16 und Distanzmesser *Wild* Di 4 als Aufsatzgerät

Abb. 2.29. Theodolit mit integriertem Distanzmesser *Zeiss* SM 41

Abb. 2.30. Distanzmesser mit einem eingebauten Sensor für Zenitwinkel und automatischer Streckenreduktion *AGA* Geodimeter 122

Abb. 2.31. Distanzmesser hoher Präzision *Tellurometer* MA100

Abb. 2.32. Distanzmesser mittlerer Reichweite *Wild* DI 20

beschleunigt ein extern anschließbarer Datenspeicher den Arbeitsfortschritt.

Die Abb. 2.27 bis 2.32 zeigen unterschiedliche Typen elektrooptischer Distanzmesser des Nahbereichs und mittlerer Reichweite. In der Tab. 2.2 findet man eine Zusammenstellung der technischen Daten einiger Distanzmesser. Eine genauere Beschreibung der einzelnen Distanzmesser findet man u.a. in (*Kahmen* 1983, *Zetsche* 1979).

### 2.7.2 Elektrooptische Distanzmesser größerer Reichweite

Die Geschichte der elektromagnetischen Distanzmessung begann mit der Entwicklung elektrooptischer Distanzmesser größerer Reichweite. Die ersten Meßgeräte waren die Geodimeter (Geodetic Distance Meter), die von der schwedischen Firma *AGA* hergestellt wurden. Beeinflußt von Geräten für die Bestimmung der Lichtgeschwindigkeit hat im Jahre 1948 *E. Bergstrand*, Stockholm, das erste Prinzip angegeben.

Die Funktionsweise elektrooptischer Distanzmesser ist in [2.1.4] beschrieben. Das Streckensignal erzeugt ein Laser, der indirekt mit einem KDP-Modulator moduliert wird. Für die Demodulation des Streckensignals setzt man Sekundärelektronenvervielfacher ein. Die Spannungsversorgung dieser Bauelemente ist aufwendig, da hohe Arbeitsspannungen benötigt werden. Sender und Empfänger der Distanzmesser größerer Reichweite sind daher um ein Vielfaches größer und schwerer als die der Distanzmesser des Nahbereichs und mittlerer Reichweite. Auch für die Signalverarbeitung werden umfangreichere Schaltungen benötigt. Zusätzlich sind die optischen Bauteile größer und schwerer. Im Vergleich zu den in Kapitel [2.7.1] beschriebenen Geräten haben die Distanzmesser größerer Reichweite folglich ein größeres Gewicht und Volumen. Außerdem ist der Anschaffungspreis entschieden höher.

Mit diesen Geräten werden bei klarer Atmosphäre *Reichweiten* bis zu 60 km erzielt. Die Reichweite ist allgemein jedoch kaum größer als die Sichtweite. Organisatorisch bereitet daher der Einsatz dieser Geräte besondere Schwierigkeiten.

Tab. 2.2. Distanzmesser des Nahbereichs und mittlerer Reichweite (Auswahl)

| Hersteller, Land | Type | äußerer Aufbau*) | Reichweite Anzahl der Prismen | Standardabw. nach Firmenangaben | | Instrumenten-gewicht | Tracking | Vertikalw. elektron. Standardabw. | Besonderheiten |
|---|---|---|---|---|---|---|---|---|---|
| | | | [m] | [mm] | [*ppm*] | [kg] | [*s*] | [gon]<br>[mgon] | |
| *AGA*<br>Schweden | Geodimeter<br>110 | b. | 2100<br>3 | ± 5 | ± 3 | 2,8 | 2,0 | | |
| „ | Geodimeter<br>112 | b. | 3600<br>3 | ± 5 | ± 3 | 2,8 | 0,4 | | Datenausgang |
| „ | Geodimeter<br>116 | b. | 1400<br>3 | ± 5 | ± 5 | 2,8 | 0,4 | ± 20<br>± 10 | Tracklight<br>Telemetrie<br> |
| „ | Geodimeter<br>122 | b. | 3600<br>3 | ± 5 | ± 3 | 2,8 | 0,4 | ± 20<br>± 6 | Tracklight,<br>Datenausgang<br>Telemetrie<br> |
| „ | Geodimeter<br>14 A | b. | 8000<br>3 | ± 5 | ± 3 | 2,8 | | | |

9*

| | | | | | | | | | |
|---|---|---|---|---|---|---|---|---|---|
| *Hewlett Packard* USA | HP 3808 A | a. | 6000<br>3 | ± 5 | ± 1 | 7,8 | 2 | | Datenausgang |
| „ | HP 3810 B | a. | 5000<br>3 | ± 5 | ± 1 | 12 | 2 | ± 11 ± 33<br>± 6 ± 15 | Datenausgang<br>Horizontalwinkel<br>optisch ± 1 mgon<br>⊿ ⊿ ⊿ |
| *Jenoptik* DDR | EOT 2000 | c. | 700<br>3 | ± 10 | | 11 | | | Datenausgang<br>Horizontal- und<br>Vertikalwinkel<br>optisch ± 0,2 mgon<br>⊿ ⊿ ⊿ |
| *Kern* Schweiz | DM 102 | b. | 1700<br>3 | ± 5 | ± 5 | 1,7 | | | |
| „ | DM 502 | b. | 2000<br>3 | ± 3 | ± 5 | 1,6 | | | |
| *Keuffel & Esser* USA | Autoranger A | b. | 1600<br>3 | ± 1…2 | ± 3 | 2,4 | | | Datenanschluß<br>⊿ ⊿ ⊿<br>u. Koordinatendiff.<br>⊿ ⊿ ⊿ |
| „ | Autoranger III | b. | 4000<br>3 | ± 5 | ± 2 | 2,4 | | | u. Koordinatendiff. |

* a. nur für Entfernungsmessung, b. auf Theodolit aufsetzbar, c. Entfernungsmesser und Theodolit integrierte Einheit

Tab. 2.2. Distanzmesser des Nahbereichs und mittlerer Reichweite (Auswahl) (Fortsetzung)

| Hersteller, Land | Type | äußerer Aufbau*) | Reichweite Anzahl der Prismen | Standardabw. nach Firmenangaben | | Instrumenten-gewicht | Tracking | Vertikalw. elektron. Standardabw. | Besonderheiten |
|---|---|---|---|---|---|---|---|---|---|
| | | | ±m] | [mm] | [ppm] | [kg] | [s] | [gon]<br>[mgon] | |
| *Nikon*<br>Japan | ND 250 | a.<br>b. | 2500 | ± 5 | ± 5 | 2,4 | 1,2 |  | |
| *Sokkisha*<br>Japan | RED<br>Mini | a.<br>b. | 500<br>3 | ± 5 | ± 5 | 0,9 | 1,3 |  | |
| „ | RED 2 | a.<br>b. | 3000<br>3 | ± 5 | ± 5 | 2 | 0,3 |  | |
| *Tellurometer Inc.*<br>England | MA 100 | a. | 2000<br>7 | ± 1,5...2 | ± 2 | 17 | | | |
| *Wild*<br>Schweiz | DI 4 | b. | 1500<br>3 | ± 5 | ± 5 | 1,9 | 2,5 |  | |
| „ | DI 4L | b. | 3500<br>3 | ± 5 | ± 5 | 1,9 | 2,5 |  | |
| „ | DI 20 | b. | 7000<br>3 | ± 5 | ± 1 | 3,7 | 1 | | |

| | | | | | | | | | |
|---|---|---|---|---|---|---|---|---|---|
| *Wild u. Precision Internat.* USA | Citation | b. | 2300<br>3 | ± 5 | . ± 5 | | 1 |  | |
| *Zeiss* Bundesrep. Deutschland | Eldi 1 | a. | 4000<br>3 }II*) | ± 5…10 | ± 2}II | 8,0 | 1 | | |
| | | b. | 3000<br>3 }I*) | ± 10 | ± 2}I | | | | |
| „ | Eldi 2 | a. | 2000<br>3 }II | ± 5 | ± 2}II | 4,2 | 1 | | |
| | | | 1600<br>3 }I | ± 10 | ± 2}I | | | | |
| „ | SM 41 | c. | 1400<br>3 }II | ± 20 | ± 2}II | 6,5 | | | Horizontal- und Vertikalwinkel optisch ± 1 mgon |
| | | | 1000<br>3 }I | ± 10 | ± 2}I | | | | |
| *Com-Rad* England u. *Kern* Schweiz | Mekometer ME 3000 | a. | 2500<br>3 | ± 0,2 | ± 1 | 18,7 | | | Distanzmesser höchster Genauigkeit; indirekte Modulation |

* II: Meßbereich II, I: Meßbereich I

Für diese Instrumente wird in der Regel von den Firmen eine *Genauigkeit* von ± 5 mm ± $1 \cdot 10^{-6} \cdot D$ angegeben, wobei $D$ die Distanz (in km) bezeichnet. Bei größeren Distanzen wird die Genauigkeit im wesentlichen durch die fehlerhafte Erfassung meteorologischer Parameter begrenzt. Unter günstigen äußeren Verhältnissen (Bewölkung, gut von Wind durchmischte Atmosphäre) erzielt man eine Maßstabsgenauigkeit von 1 bis $2 \cdot 10^{-6}$ = 1 bis 2 ppm. Längs der Strecke ist dazu die Temperatur auf 1 bis 2° C und der Luftdruck auf 3 bis 6 mbar zu messen.

Die Geräte arbeiten mit *analogen* oder *digitalen Phasenmeßsystemen.* Bei Geräten mit analogen Phasenmeßsystemen ist der Meßvorgang nicht voll automatisiert. Das Meßergebnis erhält man durch stufenförmiges Aufschreiben und anschließende Auswertung [2.1.2]. Bei Geräten mit digitaler Phasenmessung ist der Meßvorgang weitgehend automatisiert. Der Meßvorgang besteht im wesentlichen aus: Zielen, Abstimmen der Signalintensitäten, Eingabe vom Maßstabsfaktor und Nullpunktskorrektur sowie Auslösen der Messung. Bei Signalunterbrechung sorgt eine automatische Steuerung dafür, daß in einzelnen aufeinanderfolgenden Meßgruppen schließlich die eigentlich vorgesehene Anzahl von

Abb. 2.33. Entfernungsmesser größerer Reichweite, Geodimeter AGA 600

Messungen erzielt wird. Dies ist besonders vorteilhaft, wenn z. B. bei böigen Winden das Trägersignal immer wieder aus dem Bereich des Reflektors herausgedrückt wird. Distanzmesser mit digitalem Phasenmesser ermöglichen außerdem eine automatische Datenregistrierung.

Distanzmesser mit analogen Phasenmeßsystemen werden von der Firma *AGA* (Schweden) hergestellt. Einen Distanzmesser dieses Typs mit einer Reichweite von 40 km zeigt Abb. 2.33.

Distanzmesser größerer Reichweite und mit digitalem Phasenmesser werden von der Firma *Keuffel & Esser* geliefert (Abb. 2.34). Der Meßvorgang dieser Geräte ist weitgehend automatisiert. Für Daten steht eine automatische Registriereinheit zur Verfügung. Weitere mit Lichtwellen arbeitende Distanzmesser werden in der UdSSR gebaut.

Abb. 2.34. Entfernungsmesser größerer Reichweite, *Keuffel & Esser*, Rangemaster III

Einen Überblick über die am häufigsten in der Praxis vertretenen Geräte gibt Tab. 2.3. Eine genauere Beschreibung der Geräte findet man u.a. in *Kahmen* 1983.

### 2.7.3 Reflektoren und sonstiges Zubehör

Die *Reflektoren* sind ein unentbehrlicher Bestandteil der Meßausrüstung. Sie haben die Aufgabe, das von der Sendestation eines elektrooptischen Distanzmessers ausgehende Licht am Streckenendpunkt zu reflektieren und in die Sendestation zurückzulenken. Ein einfacher Planspiegel ist dazu wenig geeignet, weil dieser sehr genau ausgerichtet werden müßte. Als Reflektoren werden daher vorwiegend sogenannte Tripelprismen verwendet, d.h. Glaskörper mit drei senkrecht aufeinander stehenden Flächen, die man sich als abgeschnittene Ecke eines Glaswürfels vorstellen kann. Ein auf ein Tripelprisma auftreffender Lichtstrahl aber wird von diesem streng parallel zu sich selbst zurückgeworfen, ohne daß die Achse des Prismas genauer in die Lichtrichtung gestellt zu werden braucht als auf 10–20 gon. Zur Messung kurzer Strecken (etwa 1 km) genügt bei den meisten Geräten ein einzelnes Pris-

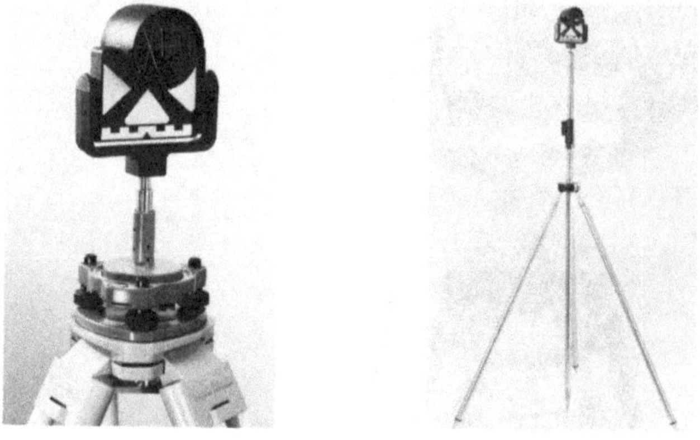

Abb. 2.35. Einerprisma auf einem Reflektorträger im Dreifuß und Einerprisma auf einem Lotstock (*Wild*)

Tab. 2.3. Elektrooptische Distanzmesser größerer Reichweite (Auswahl)

| Hersteller | Type | Reichweite | Strahlungsquelle Trägerwelle | Modulator | Feinmaßstab | Verfahren der Phasenmessung | Standardabweichung | | Instr. Gewicht | Besonderheiten |
|---|---|---|---|---|---|---|---|---|---|---|
| | | [km] | | | [m] | | [mm] | [ppm] | [kg] | |
| *AGA* Schweden | 8 | 60 | HeNe-Laser 1 mW 0,6328 μm | KDP Kristall | 5 | Nullabgleich von Hand | ±5 | ±1 | 23 | |
| „ | 6 BL | 20–25 | HeNe-Laser 1 mW 0,6328 μm | KDP Kristall | 5 | Nullabgleich von Hand | ±5 | ±1 | 16 | |
| „ | 600 | 40 | HeNe-Laser 1 mW 0,6328 μm | KDP Kristall | 5 | Nullabgleich von Hand | ±5 | ±1 | 15 | |
| *Spectra-Physics* USA | Geodolit 3 Gr | 65–80 | HeNe-Laser 10 mW 0,6328 μm | | 1 ft | digital automatisch | ±1 | ±1 | 45 | |
| UdSSR | Kvarts | 30–50 | HeNe-Laser 0,6328 μm | | 5 | Nullabgleich | ±10 | ±2 | 25 | |
| *Keuffel & Esser* | Ranger V-A | 25 | HeNe-Laser 0,6328 μm | KDP Kristall | 10 | digital automatisch | ±5 | ±2 | 16 | Datenspeicher (Thermodrucker) |
| „ | Rangemaster III | 60 | HeNe-Laser 0,6328 μm | KDP Kristall | 10 | digital automatisch | ±5 | ±1 | 20 | Datenspeicher (Thermodrucker) |

ma. Für längere Strecken werden Reflektoren mit 3 oder noch mehr Prismen benötigt.

Die Reflektoren werden gewöhnlich auf Stative mit Dreifüßen gesetzt. Für die Aufnahme von Detailpunkten genügen vielfach einfache Lotstöcke, die am oberen Ende den Reflektor tragen und von Hand mit Hilfe einer Dosenlibelle senkrecht gehalten werden. Die Abb. 2.35 und 2.36 zeigen unterschiedliche Prismenträger und Prismenanordnungen.

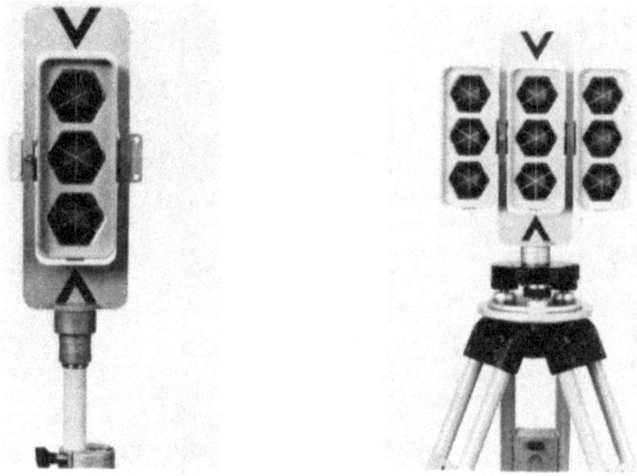

Abb. 2.36. Dreierprisma auf einem Lotstock und Neunerprisma auf einem Reflektorträger im Dreifuß (*Zeiss*)

## 2.8 Mikrowellendistanzmesser

### 2.8.1 Reichweite, Genauigkeit, Aufbau der Geräte

Als 1957 die ersten Mikrowellendistanzmesser Tellurometer MA 1/RA 1 fertiggestellt wurden, standen endlich für Aufgaben der Landesvermessung Instrumente zur Verfügung, die im Gegensatz zu elektrooptischen Distanzmessern auch große Distanzen nahezu unabhängig von der Witterung messen konnten. Geräte mit Reichweiten bis zu 200 km wurden entwickelt. Die Meßergebnisse sind allerdings im Vergleich zu denen der elektrooptischen Distanzmesser etwas ungenauer. Fehler bei der Ermittlung meteorologischer Daten, aus denen man den Brechungsindex berechnet, wirken sich empfindlicher aus [2.3]. Unter günstigen Voraussetzungen (bedeckter Himmel, gut durchmischte Atmosphäre durch Wind) läßt sich eine Maßstabsgenauigkeit von $3 \ldots 4 \cdot 10^{-6}$ erzielen.

Da die Mikrowellenträger weniger gebündelt sind, können auch Bodenreflexionen die Meßgenauigkeit beeinträchtigen. Die Träger der ersten Geräte hatten bei einer Frequenz von 3,5 GHz eine Wellenlänge von 10 cm. Um den ungünstigen Einfluß der Bodenreflexionen herabzusetzen ging man später zu höheren Trägerfrequenzen 10 GHz (3 cm) bzw. 35 GHz (8 mm) über. Bei einzelnen Geräten führt man die Feinmessung wiederholt mit leicht abgeänderten Trägerfrequenzen aus. Durch die Mittelung der Ergebnisse werden dann zusätzlich Einflüsse der Bodenreflexionen beseitigt. In gleicher Weise wirkt es sich aus, wenn statt der ursprünglich in den Geräten verwendeten Modulationsfrequenzen von 7,5 oder 15 MHz (20 m oder 10 m Feinmaßstab) für neuere Geräte auf solche von 75 bis 150 MHz (2 m oder 1 m Feinmaßstab) übergegangen wird. Auf eine Variation der Trägerfrequenzen kann man dann verzichten.

Auf die Bodenreflexionen kann man außerdem schon bei der Planung des Streckennetzes Einfluß nehmen. Die Streckenprofile sollten möglichst Gebiete starker Reflexionen (Wasser, Straße, Schnee, ...) vermeiden. In hügeligem und waldbedecktem Gelände treten normalerweise nur geringe Reflexionen auf.

Das Funktionsprinzip der Mikrowellendistanzmesser ist in [2.1.5] beschrieben. Während die ursprünglichen Geräte die Träger mit einem Klystron erzeugen, nutzen die neueren Modelle hierfür eine Gun-Diode. Das Klystron benötigt sehr hohe Versorgungsspannungen. Die Bauteile einschließlich der Spannungsversorgung sind von größerem Volumen und Gewicht. Bei den Gun-Dioden ist die Spannungsversorgung unproblematisch. Geräte mit diesen Generatoren können daher leichter und mit geringeren Abmessungen gebaut werden. Während bei älteren Instrumenten jeder einzelne Meßvorgang von Hand geschaltet werden mußte, läuft bei neueren Geräten der Meßvorgang, durch einen Mikroprozessor gesteuert, automatisch ab.

Bei neueren Geräten ist teilweise die Antenne vom Meßteil getrennt. Kabelverbindungen bis zu 30 m sind vorhanden. Die Antenne kann dann bei schlechten Sichtverbindungen mit einem ausfahrbaren Mast in größere Höhen gebracht werden. Aufwendiger Aufbau von Meßtürmen entfällt dann.

### 2.8.2 Ausgesuchte Mikrowellendistanzmeßgeräte

Das älteste der Mikrowelleninstrumente, das von T. L. Wadley im Südafrikanischen Forschungsinstitut of Electrical Engineers konstruierte *Tellurometer* MA 1/RA 1, benutzte als Träger eine Mikrowelle mit $\lambda = 10$ cm oder $f = 3$ GHz. Die Reichweite dieses Instruments überschritt 100 km, die unter günstigen Umständen auf wenige dm genau gemessen werden konnten.

Wegen der günstigeren Eigenschaften kürzerer Mikrowellen hat die *Telluromter Inc.* später die Typen MRA 3 mit 3-cm-Trägern (10 GHz), MRA 4 mit 8-mm-Trägern (35 GHz), MRA 5 mit 3-cm-Trägern (10 GHz) und MRA 6 mit 1,8-cm-Trägern (16 GHz) entwickelt. Bei dem Gerät MRA 5 kann die Antenne getrennt vom Meßteil mit einem 7 m oder 25 m langen Kabel auf einem Stativ oder Mast befestigt werden. Bei dem Modell 5 und 6 wird der Meßvorgang automatisch gesteuert.

Bei manchen Geräten der *Tellurometer Inc.* sind die Master- und Remotefunktionen in einem Instrument vereinigt. Jedes Instrument kann dann wahlweise auf Master oder auf Remote geschaltet werden.

Bei dem 1972 herausgebrachten preisgünstigen Modell CA 1000 ist dieser Gedanke aufgegeben. Haupt- und Nebenstation sind hier nicht identisch. Das Instrument selbst ist in Festkörpertechnik ausgeführt und hat daher recht kleine Abmessungen und geringes Gewicht. Die Reichweite ist etwas geringer als bei anderen Tellurometermodellen; jedoch können mit einer aufsteckbaren verlängerten Hornantenne bis zu 30 km gemessen werden. Verwendet man Parabolspiegel nach dem Cassegrain-Prinzip, so erzielt man Reichweiten bis zu 100 km. Die Modulationsfrequenz beträgt 10 GHz. Auf der Nebenstation wird die Trägerfrequenz automatisch abgestimmt. Die Stahldivergenz ist mit 20° sehr groß. Der Einfluß der Bodenreflexionen ist daher sorgfältig zu beobachten.

Das erste mit der 3-cm-Trägerwelle ausgestattete Mikrowellengerät war das *Electrotape DM 20* der *Cubic Corporation* in USA, das zwar nach gleichem Prinzip arbeitet, aber in der technischen Ausführung Unterschiede aufweist. Mit vergrößerten Parabolantennen konnte bei sehr günstigen meteorologischen Umständen die Reichweite auf 250 km ausgedehnt werden. Ihm folgten ähnliche Geräte verschiedener Hersteller, die in Deutschland aber kaum zur Anwendung gekommen sind.

Eine wichtige Fortentwicklung stellt der automatische Mikrowellen-Distanzmesser SIAL MD 60 dar, der von der Firma *Siemens-Albis* in Zürich hergestellt wird. Bei diesem ist die Modulationsfrequenz der Feinmessung 10fach vergrößert (150 MHz). Das verringert den Einfluß der Bodenreflexionen, so daß hier die sonst zur Verminderung dieses Einflusses erforderliche Variation der Trägerfrequenz nicht nötig ist. Nach Ausrichtung der Geräte läuft die Messung in ca. 30 sek. vollautomatisch ab. Die Reichweite wird mit 150 km, die Genauigkeit mit $\pm$ 1 cm $\pm$ 3 $\cdot$ $10^{-6}$ $D$ angegeben.

Abb. 2.37. Distanzmesser Sial MD 60

Tab. 2.4. Mikrowellendistanzmesser (Auswahl)

| Hersteller | Type | Reichweite | Trägerwelle | Anzeige | Antenne Durch-messer | Antenne Halbw.-breite | Standard-abweichung | | Instr. Gewicht | Besonderheiten |
|---|---|---|---|---|---|---|---|---|---|---|
| | | [km] | | | [cm] | | [cm] | [ppm] | [kg] | |
| *Tellurometer Ltd.* England | MRA 101 | 0,1–50 | ~3 cm | digital | 33 cm | 6° | ±1,5 | ±3 | 16 | |
| | MRA 3 | 0,1–50 | ~3 cm | digital | 33 cm | 9° | ±1,5 | ±3 | 17 | |
| | CA 1000 | 0,1–30 | ~3 cm | digital | Hornantenne | | ±1,5 | ±3 | 3,6* | * mit Batterie |
| | MRA 5 | 0,1–50 | ~3 cm | digital | | 6° | ±1,0 | ±5 | 12 | |
| | MRA 6 | 0,1–50 | ~1,8 cm | digital | | | ±1,0 | ±3 | 7 | |
| „ | MRB 201 | 0,1–30 | ~10 cm | digital | 36 cm | 6° | ±1,5 m | | 30 | für Hydrographie |
| *Cubic Corp.* USA | Electrotape DM 20 | 0,05–50 | ~3 cm | digital | 33 cm | 6° | ±1,0 | ±3 | 11,5 | |
| *Siemens Albis* u. *Wild* Schweiz | Sial MD 60 | 0,02–150 | ~3 cm | digital | 35 cm | 6° | ±1,0 | ±3 | 13,5 | |
| UdSSR | Luč | 0,02–40 | ~3 cm | digital | 38 cm | 5° | ±3,0 | ±3 | 14 | |
| „ | Volna | 15 | | | | | ±0,3 | ±3 | 9 | |

Das Sial MD 60 wird in zwei Varianten geliefert. Bei dem Kompaktgerät Sial MD 60C ist der Reflektor fest eingebaut. Der Sial MD 60S ist ein zweiteiliges Gerät, bei dem Meßteil und Antenne durch ein Kabel bis zu 50 m Länge miteinander verbunden werden können.

In der UdSSR arbeitet man heute vielfach mit den Mikrowellendistanzmessern *Volna* und *Luč*.

Eine Zusammenstellung der technischen Daten für eine Auswahl von Mikrowellendistanzmessern findet man in Tab. 2.4.

## 2.9 Indirekte Streckenmessung mit Basislatte

### 2.9.1 Grundlagen

Bei der indirekten optischen Streckenmessung wird eine lange Strecke aus einer kurzen durch Messung eines parallaktischen Winkels abgeleitet. Zur Bestimmung der Strecke $SP$ seien in einem gleichschenkligen Dreieck, in dem $SP$ die Höhe ist, die Basis $b$ und der ihr gegenüberliegende parallaktische Winkel $\gamma$ gemessen. Dann ist

$$SP = s = \frac{b}{2} \cot \frac{\gamma}{2} . \qquad (2.37)$$

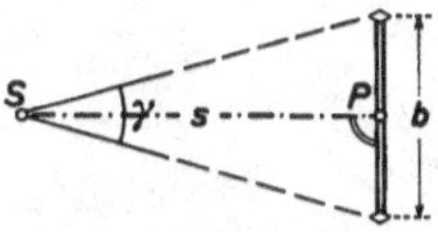


Abb. 2.38. Parallaktisches Dreieck

Zur fehlertheoretischen Untersuchung differenziere man (2.37) nach $b$ und $\gamma$ und dividiere auf beiden Seiten durch $s$. Man findet, wenn man unbedeutende Vernachlässigungen zuläßt und, um den ungünstigsten Fall zu berücksichtigen, die Fehleranteile addiert,

$$\frac{ds}{s} = \frac{db}{b} + \frac{d\gamma}{\gamma} , \qquad (2.38)$$

in Worten: Der relative Fehler von $s$ ist gleich der Summe der relativen Fehler von $b$ und $\gamma$.

Um zu absoluten Zahlen zu kommen, werde angenommen, daß eine Strecke von 10 m aus einer Basis $b = 2$ m mit einem relativen Fehler von höchstens 1:5000, d.h. absolut auf höchstens 2 mm abzuleiten sei. Es liegt nahe, dann für jeden der beiden Ausdrücke in (2.38) die Genauigkeit 1:10000 vorzuschreiben. Bei $s = 10$ m ist $\gamma = 12{,}69$ gon. Also muß $db \leqq 0{,}2$ mm und $d\gamma \leqq 1{,}3$ mgon sein. Um den dafür erforderlichen Meßaufwand möglichst niedrig zu halten, sind instrumentelle Einrichtungen entwickelt worden, die entweder eine konstante Basis oder einen konstanten parallaktischen Winkel besitzen. Dann braucht im ersten Falle nur der Winkel, im zweiten nur die Basis gemessen zu werden.

### 2.9.2 Einrichtung und Aufstellung der Basislatte

Als konstante Basis wird vorwiegend eine 2 m lange Basislatte benutzt. Diese besteht aus einem leichten Metallrohr, das mittels eines Dreifußes auf einem Theodolitstativ in horizontaler Lage befestigt wird. An den Enden trägt die Latte zwei sorgfältig ausgebildete Zielmarken, deren Ab-

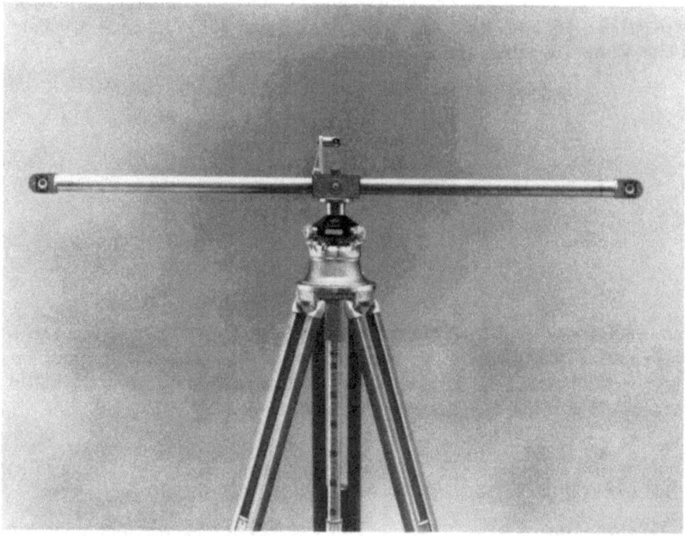

Abb. 2.39. 2 m-Basislatte von Kern.

stand mit Hilfe eines Invarbandes, eines Invarstabes oder einer sonstigen Einrichtung zur Temperaturkompensation auf möglichst genau 2 m gehalten wird. Eine Lattenlibelle dient zum Horizontieren der Latte; mit einem auf das Instrument einzurichtenden Lattendiopter wird die Latte normal zur Ziellinie gestellt. Für den Transport kann die Latte zusammengeklappt oder in zwei 1 m-Stücke zerlegt werden.

Um die Genauigkeit 1:10000, d.h. 0,2 mm für den Abstand der beiden Zielmarken, konstruktiv zu erreichen, müssen die Einrichtungen zum Zusammenklappen oder -schieben der Latte so gut funktionieren, daß weder ein Abstandsfehler noch ein Knick entsteht. Beim Aufstellen der Latte muß sodann, um die Genauigkeitsgrenze 1:10000 nicht zu gefährden, dafür gesorgt werden, daß die Latte nicht mehr als 0,3 gon aus der Horizontalen abweicht und höchstens 0,3 gon gegen die Zielrichtung verschwenkt ist.

### 2.9.3 Parallaktische Winkelmessung mit dem Theodolit

Die Winkel nach den Zielmarken können mit einem Feinmeßtheodolit oder mit einem Ingenieurtheodolit gemessen werden. Um dabei die Genauigkeitsforderung 1:10000 einzuhalten, muß für

| | | | |
|---|---|---|---|
| $s =$ | 10 | 25 | 50 m |
| $d\gamma =$ | 1,3 | 0,52 | 0,26 mgon |

sein. Ein Theodolit hoher Genauigkeit läßt für einen in beiden Fernrohrlagen beobachteten Winkel eine Unsicherheit von ± 0,3 mgon erwarten. Da hier wegen der kurzen Zielweiten hohe Anforderungen an die Zielsicherheit gestellt werden, muß man den Winkel in der Regel mehrfach beobachten.

### 2.9.4 Die Anordnung der Messung

#### *2.9.4.1 Basis am Ende*

Wählt man die Anordnung Abb. 2.38, so erhält man die Strecke aus

$$s = \frac{b}{2} \cot \frac{\gamma_1}{2}, \tag{2.39}$$

wenn $\gamma_1$ den parallaktischen Winkel bezeichnet.

Der aus der Winkelmessung folgende Fehleranteil ist wegen (2.38) für $\sigma(s)$ in cm, $s$ in hm, $\sigma(\gamma)$ in mgon, $b = 2$ m und $\varrho = 63662$

$$\sigma(s) = \frac{s^2}{b} \cdot \frac{\sigma(\gamma)}{\varrho} \approx 0{,}08\,\sigma(\gamma) \cdot s^2. \tag{2.40}$$

Bei sehr sorgfältig ausgeführten Messungen lassen sich für Strecken von 3 bis 8 m relative Fehler von $4 \cdot 10^{-5}$, d.h. Genauigkeiten von 0,1 bis 0,2 mm erreichen und für Strecken bis 30 m ein solcher von $10^{-4}$ d.h. eine Genauigkeit von 1 bis 2 mm.

### *2.9.4.2 Basis in der Mitte*

Bei dieser Anordnung wird die Basislatte rechtwinklig zur Strecke in deren Mitte aufgestellt und von den beiden Endpunkten angezielt. In diesem Falle ist

$$s = \frac{b}{2}\left(\cot\frac{\gamma_2}{2} + \cot\frac{\gamma_3}{2}\right). \tag{2.41}$$

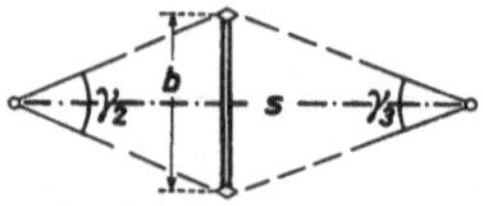


Abb. 2.40.

Die Fehlerrechnung ergibt unter der Annahme, daß $\gamma_2$ und $\gamma_3$ mit gleicher Genauigkeit gemessen werden, die Standardabweichung der Strecke

$$\sigma(s) = \frac{s^2}{2{,}8\,b} \cdot \frac{\sigma(\gamma)}{\varrho} \approx 0{,}028\,\sigma(\gamma) \cdot s^2. \tag{2.42}$$

Also geht $\sigma(s)$, wie ein Vergleich mit (2.40) zeigt, beim Anordnen der Basis in der Mitte der Strecke auf nahezu $^1/_3$ des ursprünglichen Betrages zurück.

Bei dieser Anordnung ist es günstig, wenn die Zielmarken von beiden Seiten aus sichtbar sind. Es entfällt dann der Nullpunktsfehler der Latte. Dieser Fehler entsteht, wenn die Verbindungslinie der Zielmarken nicht durch die Stehachse der Basislatte verläuft (*Leitz* 1983).

# 3. Elektronische Tachymeter

Elektronische Tachymeter sind Meßgeräte, die elektronisch Horizontalwinkel, Vertikalwinkel und Distanzen messen. In der Regel werden die Daten automatisch in Halbleitern gespeichert. Mit den elektronischen Tachymetern entstand erstmalig ein Meßgerät, mit dem sich ein automatischer Datenfluß von der Erzeugung der Meßdaten im Felde bis zur Herstellung von Karten und Registern herstellen läßt.

Die Entwicklung begann mit dem Bau von Code-Theodoliten. Die Firma *Fennel* baute zunächst ein Tachymeter nach dem Prinzip der 2 m-Basislatte, die Firma *Kern* ein weiteres nach dem Prinzip des Doppelbildtachymeters. Die Ablesung der Teilkreise ersetzte man durch eine fotografische Aufnahme. Für die Grobabtastung trugen die Teilkreise Codespuren. Für die Restauflösung bis herunter zu 0,0001 gon wurde zusätzlich als analoge Größe der Abstand diametraler Teilstriche fotografiert. Ein Filmumsetzgerät tastete die Bilder lichtelektrisch ab; das Ergebnis speicherte man auf Lochstreifen.

Die nächste Generation der elektronischen Tachymeter basierte dann schon auf dem Prinzip der elektronischen Winkel- und Distanzmessung [1.4], [2.1]. Die ersten Geräte dieser Art waren das Geodimeter 700 von *AGA* und das Reg Elta 14 von *Zeiss*.

## 3.1 Unterscheidungsmerkmale der elektronischen Tachymeter

Die elektronischen Tachymeter unterscheiden sich untereinander durch ihren Aufbau, die Art der Datenregistrierung, den Umfang des geräteinternen Anwenderprogramms, die Reichweite der Entfernungsmesser und die Genauigkeit der Strecken- und Winkelmessung.

Vom *Aufbau* her kann man im wesentlichen zwischen zwei Gerätetypen unterscheiden. Es gibt Geräte,

a) bei denen ein elektronischer Theodolit als Basisinstrument dient, der nach dem Baukastenprinzip durch einen elektronischen Entfernungsmesser und eine Registriereinheit zu einem elektronischen Tachymeter erweitert werden kann. Je nach Hersteller lassen sich zusätzlich ein Telemetrie-System und ein Rechner anschließen (Abb. 3.1 und 3.2),

b) bei denen das Entfernungs- und die Winkelmeßsysteme sowie die Registriereinheit und ein Rechner in einem Instrument integriert sind. Je nach Hersteller kann zusätzlich ein Telemetrie-System eingebaut sein (Abb. 3.3 und 3.4).

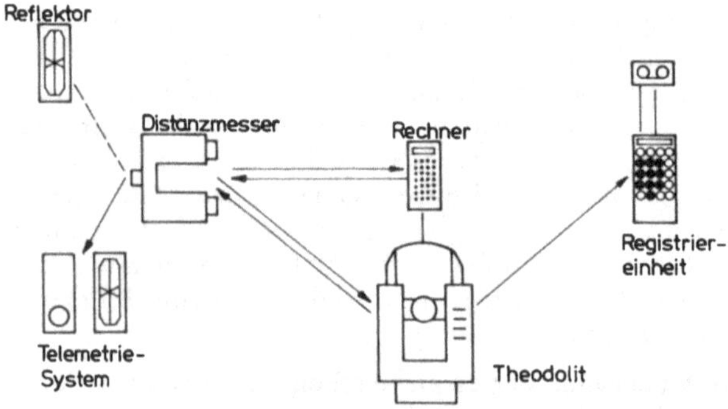


Abb. 3.1. Struktur eines nach dem Baukastenprinzip konzipierten Tachymeters (Beispiel: *Kern* DM 502/E 1)

Abb. 3.2. Nach dem Baukastenprinzip konzipiertes Tachymeter *Kern* DM 502/E 1

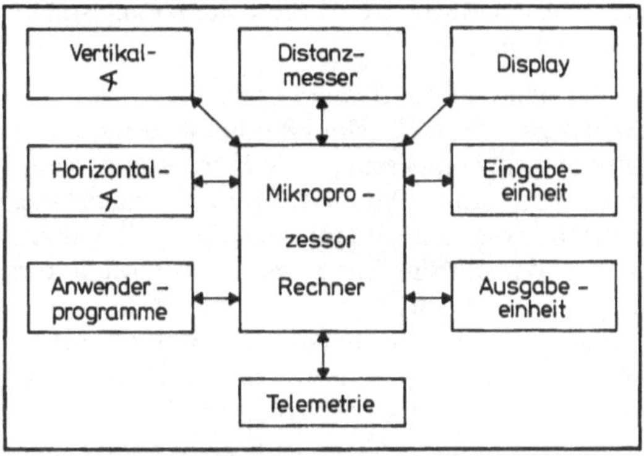


Abb. 3.3. Struktur eines elektronischen Tachymeters, das als integriertes System aufgebaut ist

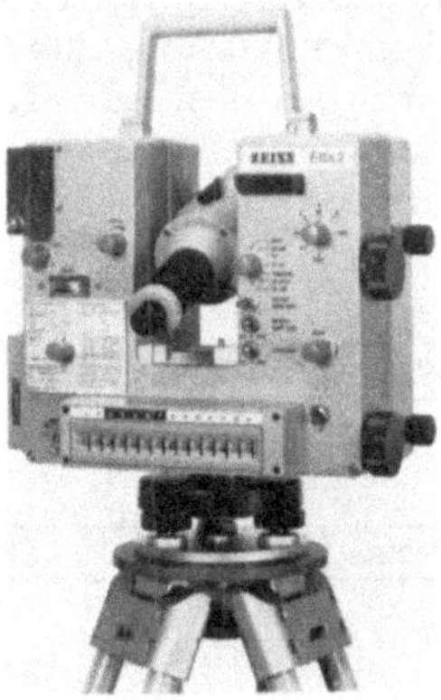

Abb. 3.4. Elektronisches Tachymeter als integriertes System *Zeiss* Elta 2

Meßsysteme des Typs (a) haben den Vorteil, daß die einzelnen Module je für sich oder in unterschiedlichen Kombinationen sehr flexibel eingesetzt werden können. Auch in Geräten des Typs (b) können bestimmte Module austauschbar vorhanden sein. Sicherlich ist es vorteilhaft, wenn z. B. der Speicher für geräteinterne

Anwenderprogramme austauschbar ist, da diese dann umgestaltet und erweitert werden können.

Mikroprozessoren übernehmen die *Steuerung und Kontrolle der elektronischen Tachymeter* [1.4.2]. Die Automatisierung der Meßabläufe umfaßt die Streckenmessung, Winkelmessung, Registrierung, Berechnung bestimmter Parameter (Horizontaldistanz, Koordinatendifferenzen zwischen Standpunkt und Zielpunkt, ...) sowie die einmalige oder fortlaufende Anzeige von Meß- und Rechenwerten. Der eigentliche Meßvorgang besteht dann nur noch aus: Orientieren der Kreise (nur bei inkrementalen Winkelmeßverfahren), optisch anzielen, Auslösen der Distanzmessung, Auslösen der Winkelmessung (bei Codeverfahren).

Eine *Registriereinheit* übernimmt die Daten in Form von Blöcken. Ein Block besteht aus Worten bestimmter Länge. Die Worte können Meßwerte und Zusatzinformationen für die Weiterverarbeitung enthalten. Zusatzinformationen sind zum Beispiel das Datum, Stationsnummern, Angaben über Punktarten, Punktnummer ... Die Zusatzinformationen gibt man über eine Tastatur ein; einige kann die Registriereinheit automatisch erzeugen. Abb. 3.5 zeigt typische Blockstrukturen.

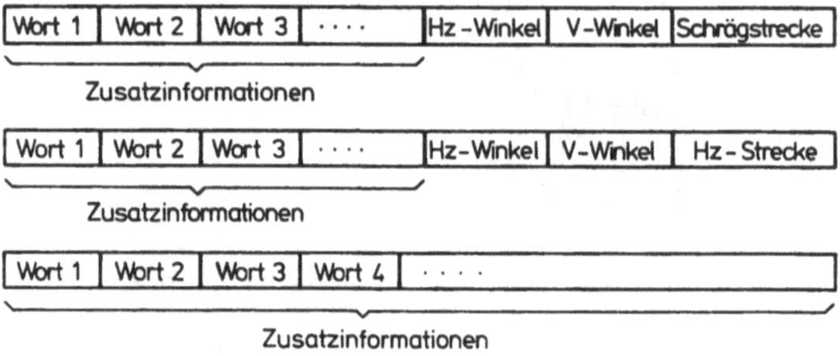


Abb. 3.5. Strukturen von Datenblöcken

Ein Block wird stets mit einem Registrierbefehl abgespeichert. Die einzelnen Hersteller definieren die Blöcke unterschiedlich; es entstehen daher Anpassungsschwierigkeiten, wenn nicht systemkonforme Software eingesetzt wird.

Die von einem Mikroprozessor gesteuerten Registriereinheiten können in der Regel bereits eine beschränkte Datenverarbeitung und Datenverwaltung vornehmen. Eine beschränkte Datenverwaltung kann folgende Vorgänge umfassen:

- Übernahme der Meßwerte vom Theodolit und Distanzmesser,
- Kontrolle der Datenübernahme,
- Beiordnung von Zusatzinformationen zum Meßwert,
- Sichtbarmachen der gespeicherten Daten,
- Speicherung eines Koordinatenverzeichnisses für die geräteinterne Berechnung von Absteckungselementen.

Die Registriereinheiten lassen sich über ein Interface an einen Computer anschließen. Die Datenübertragung auf den Rechner kann aber auch durch telefonische Übertragung mit einem Modem und Akustikkoppler erfolgen (Abb. 3.6).

Die *geräteinternen Anwenderprogramme* beziehen sich in der Regel auf zwei Aufgabenbereiche:

a) Berücksichtigung von Gerätekonstanten (Ziellinienverbesserung-Indexverbesserung, Maßstabsfaktor, Nullpunktskorrektur),
b) Berechnung von Parametern für die Absteckung und Aufnahme von Punkten (Koordinaten und Höhe des Gerätestandpunktes bei freier Stationierung, Orientieren von Richtungen, Polarkoordinaten für Absteckungen, Koordinatenunterschiede zwischen Standpunkt und Zielpunkt).

Das *Prinzip der Distanzmesser* ist in [2.1.2] und [2.1.4] beschrieben. Die Distanzmessung erfolgt wahlweise in Fuß oder Meter. Durchschnittlich werden *Reichweiten* von 2 . . . 5 km angegeben. Die *Genauigkeit* beträgt je nach Gerät ± 5 . . . 10 mm ± 1 . . . 6 · $10^{-6}$ $D$ ($D$ = Distanz in km).

Die *Winkelmessung* erfolgt nach dem Codeverfahren oder Inkrementalverfahren [1.4.3]. Das Ergebnis wird wahlweise in den Einheiten Gon oder °Grad angezeigt. Instrumente mit Codekreisen und einem zugeschalteten Interpolator erzielen eine *Rich-*

*tungsauflösung* von 0,0001 ... 0,0006 gon (0,3″ ... 2″). Mit inkrementalen Systemen und zugeschalteten Interpolatoren erreicht man *Richtungsauflösungen* von 0,0001 ... 0,002 gon (0,5″ ... 6″). Eine ausführliche Beschreibung der Winkel- und Distanzmeßverfahren findet man u.a. in (*Kahmen* 1983).

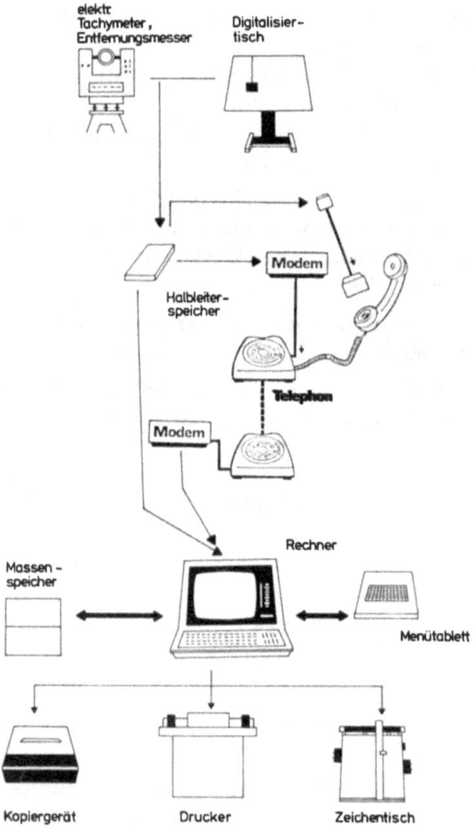


Abb. 3.6. Komponenten eines interaktiven Vermessungs- und Kartiersystems

Bei der Aufnahme und Absteckung von Punkten kann ein geräteinternes Telemetrie-System sehr hilfreich sein. Systeme dieser Art sind bereits in [2.7.1] beschrieben. Eine Zusammenstellung der technischen Daten für eine Auswahl von elektronischen Tachymetern findet man in Tab. 3.1.

## 3.2 Elektronische Tachymeter und interaktive Vermessungs- und Kartiersysteme

Zentrale Einheit eines interaktiven Vermessungs- und Kartiersystems ist ein Rechner der mittleren Datentechnik (Abb. 3.6). Der Rechner muß einen umfangreichen Arbeitsspeicher und eine hohe Arbeitsgeschwindigkeit aufweisen, damit auch größere Ausgleichungsaufgaben gelöst werden können. Ein Softwarepaket ermöglicht Datenverwaltungsarbeiten, Berechnungen, graphische Arbeiten und einen interaktiven Dialog zwischen dem Operateur und dem Rechner über den Bildschirm. Der Operateur kann dann nach bestimmten Programmabschnitten in den Arbeitsablauf eingreifen. Der Massenspeicher des Rechners enthält außerdem Datenbanken: z.B. eine geodätische und eine kartographische Datenbank. Ein Menütablett kann den interaktiven Betrieb sehr unterstützen. Dieses besteht aus verschiedenen Eingabefeldern, denen ganz bestimmte Funktionen, wie z.B. Einzelbefehle oder Befehlsfolgen, zugeordnet werden können.

Automatischer Datenfluß ist gegeben, wenn die in dem Halbleiterspeicher gespeicherten Daten unmittelbar oder über zwei Telefone dem Rechner zugeführt werden.

Tab. 3.1. Elektronische Tachymeter (Auswahl)

| Hersteller | Type | äußerer Aufbau* | Reichweite Anzahl der Prismen | Standard-abweichung Distanz | | Verfahren der Winkel-messung | Standard-abweichung Mess. i. 2 Lagen | Fernrohr: Vergrößerung Obj. Öffnung | Tracking | Gewicht | Besonder-heiten |
|---|---|---|---|---|---|---|---|---|---|---|---|
| | | | [m] | [mm] | [ppm] | | [mgon] | [mm] | [s] | [kg] | |
| *AGA*<br>Schweden | Geodimeter<br>140 | b. | 3600<br>3 | ±5 | ±3 | | H: ±0,6<br>V: ±0,6 | | 0,4 | | Telemetrie-system |
| *Hewlett Packard*<br>USA | HP 3820 A | b. | 3000<br>3 | ±5 | ±5 | Code-Verfahren | H: ±0,6<br>V: ±1,2 | 30×<br>66 | 1,5…2,5 | 9,6 | |
| *Jenoptik*<br>DDR | RECOTA | b. | 1500<br>3 | ±10 | | Code-Verfahren | H: ±0,5<br>V: ±0,5 | | | 12 | |
| *Kern*<br>Schweiz | DM 502<br>E 1 | a. | 1700<br>3 | ±5 | ±5 | Inkrement.-Verfahren | H: ±0,6<br>V: ±0,6 | 32×<br>45 | | 1,6<br>8,7 | Telemetrie-System |
| *Keuffel & Esser* | Autoranger-Vectron | a. | 4000<br>3 | ±5 | ±2 | Inkrement.-Verfahren | H: ±0,6<br>V: ±0,6 | 30×<br>70 | | 13 | |
| *Wild*<br>Schweiz | Tachymat<br>TC 1 | b. | 1000…1600<br>3 | ±5 | | Inkrement.-Verfahren | H: ±0,6<br>V: ±0,6 | 25×<br>34 | 4 | 9,8 | |

| | | | | | | | | | | |
|---|---|---|---|---|---|---|---|---|---|---|
| *Wild* Schweiz | DI 4<br>DI 4 L<br>Di 20<br>T 2000 | a. | siehe Tab. 2.2 | siehe Tab. 2.2 | | Inkrement.-Verfahren | H: ±0,15<br>V: ±0,15 | 32×<br>42 | siehe Tab. 2.2<br>0,3 | siehe Tab. 2.2<br>8,9 | |
| *Zeiss* Bundesrepublik Deutschland | Elta 2 | b. | 2500<br>3 } II** | ±10 | ÷2} II | Code-Verfahren | H: ±0,2<br>V: ±0,2 | 30×<br>60 | 1 | 13,5 | |
| | | | 2000<br>3 } I** | ±5 | ±2} I | | | | | | |
| „ | Elta 20 | b. | 2000<br>3 } II | ±10 | ±2} II | Code-Verfahren | H: ±0,3<br>V: ±0,3 | 30×<br>60 | 1 | 13,5 | Im Vergleich zum Elta 2 gekürztes Anwenderprogramm |
| | | | 1600<br>3 } I | ±5 | ±2} I | | | | | | |
| „ | Elta 3 | b. | 1600<br>3 } II | ±10 | ±2} II | Code-Verfahren | H: ±0,6<br>V: ±0,6 | 30×<br>60 | 1 | 13,5 | |
| | | | 1200<br>3 } I | ±5 | ±2} I | | | | | | |
| | Elta 4 | b. | 1600<br>3 } II | ±10 | ±2} II | Inkrement.-Verfahren | H: ±1<br>V: ±1 | 25×<br>40 | 1 | 6,5 | |
| | | | 1200<br>3 } I | ±5 | ±2} I | | | | | | |

* a. Baukastensystem, b. integriertes System; ** II: Meßbereich II, I: Meßbereich I

# 4. Grundaufgaben der ebenen Koordinatenrechnung, Koordinatensysteme

Zu den Aufgaben einer Landesvermessung gehört es, *geographische* und *ebene geradlinige rechtwinklige (kartesische) Koordinaten* für ausgewählte Punkte der Erdoberfläche zu bestimmen [7]. In der Praxis arbeitet man wegen der einfacheren Handhabung vorwiegend mit ebenen Koordinaten. Die ebenen Koordinatensysteme entstehen aus ellipsoidischen durch eine mathematische Abbildung (geodätische Abbildung); hierfür gibt es unterschiedliche Lösungswege [4.3].

## 4.1 Rechtwinklige Koordinaten, Polarkoordinaten

Ein *ebenes geodätisches Koordinatensystem* ist ein kartesisches $xy$-System, in dem die positive $x$-Achse (die Abszissenachse) nach Norden und die positive $y$-Achse (die Ordinatenachse) nach Osten gerichtet ist. Die Lage eines Punktes ist durch seine rechtwinkligen Koordinaten – die Abszisse $x$ und die Ordinate $y$ – oder die Polarkoordinaten – den Winkel $t$ und die Strecke $s$ bestimmt (Abb. 4.1).

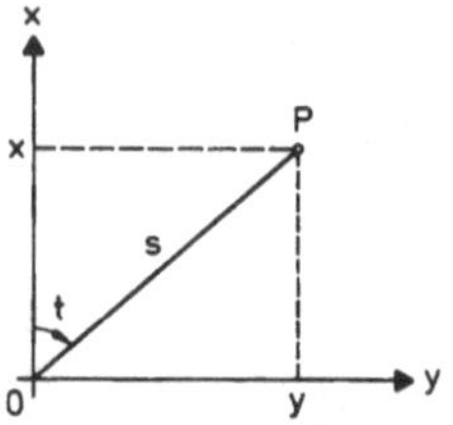


Abb. 4.1. Rechtwinkliges und polares Koordinatensystem

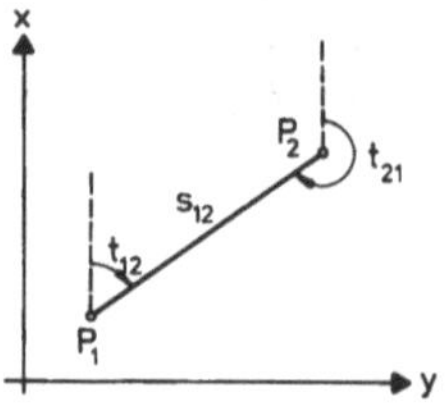


Abb. 4.2. Richtungswinkel

Die Lage des Nullpunktes 0 ergibt sich aus der Festlegung, die bei der jeweiligen geodätischen Abbildung getroffen wird.

Der Winkel, den eine Strecke $AB$ mit einer Parallelen zur Abszissenachse bildet, heißt der (geodätische) Richtungswinkel der Strecke (Abb. 4.2); er wird von dem nach Norden weisenden Ast der Parallelen an im Uhrzeigersinne gezählt und mit $t_{AB}$ bezeichnet. Entsprechend ist $t_{BA}$ der Richtungswinkel der Strecke $BA$ im Punkte $B$. In der Ebene ist

$$t_{BA} = t_{AB} \pm 200 \text{ gon}. \qquad (4.1)$$

Ein Richtungswinkel kann alle Werte von 0 bis 400 gon annehmen. Die Regeln zur Ermittlung der trigonometrischen Funktionen von Winkeln, die größer als 100 gon sind, merkt man sich am einfachsten an einem Kreis mit dem Halbmesser 1:

a) Der Sinus eines Richtungswinkels $t$ ist die Projektion seines freien Schenkels auf die Ordinatenachse, der Cosinus die Projektion auf die Abszissenachse. Die Vorzeichen der Funktionen ergeben sich aus den Richtungen der betroffenen Achsenabschnitte.

b) Ist $\alpha$ der die vollen Rechten übersteigende Teil des Winkels $t$, so ist der Absolutwert von $\sin t$ und $\cos t$ im I. und III. Quadranten gleich dem der entsprechenden Funktion von $\alpha$, im II. und IV. Quadranten gleich dem der Cofunktion. Also ist

| $t =$ | $\alpha$ | $100 \text{ gon} + \alpha$ | $200 \text{ gon} + \alpha$ | $300 \text{ gon} + \alpha$ |
|---|---|---|---|---|
| $\sin t =$<br>$\cos t =$ | $+\sin\alpha$<br>$+\cos\alpha$ | $+\cos\alpha$<br>$-\sin\alpha$ | $-\sin\alpha$<br>$-\cos\alpha$ | $-\cos\alpha$<br>$+\sin\alpha$ |

c) Die Vorzeichen und Funktionswerte von Tangens und Cotangens folgen aus $\tan = \sin : \cos$, $\cot = \cos : \sin$.

Für praktische Arbeiten wählt man häufig *örtliche Koordinatensysteme* (Abb. 4.3). In den örtlichen Systemen werden nachfolgend die rechtwinkligen Koordinaten mit $x'$, $y'$ oder $\xi$, $\eta$; und die Polarkoordinationen mit $t'$, $s'$ bzw. $\theta$, $\sigma$ bezeichnet.

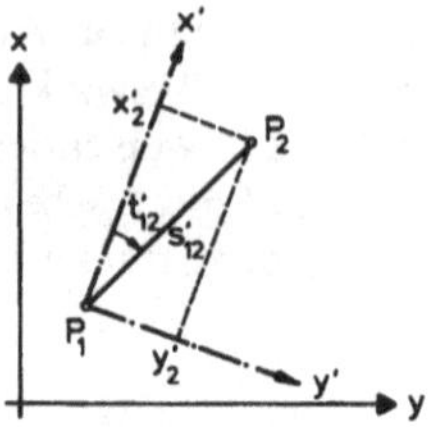


Abb. 4.3. Rechtwinklige- und Polarkoordinaten in örtlichen Systemen.

### 4.1.1 Berechnung rechtwinkliger Koordinaten aus Polarkoordinaten (Erste Grundaufgabe)

Gegeben $x_1$, $y_1$, $s$, $t_{12}$; gesucht $x_2$, $y_2$. Aus

$$\sin t_{12} = \frac{y_2 - y_1}{s} = \frac{\Delta y}{s}$$

$$\cos t_{12} = \frac{x_2 - x_1}{s} = \frac{\Delta x}{s} \text{ folgt}$$

$$x_2 = x_1 + s \cos t_{12} \tag{4.2}$$

$$y_2 = y_1 + s \sin t_{12} \tag{4.3}$$

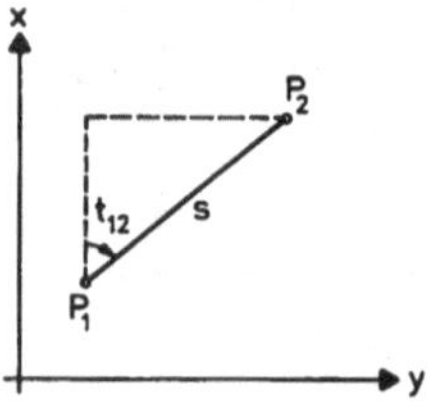


Abb. 4.4 Koordinatenübertragung

Diese Aufgabe heißt auch „*Übertragung der Koordinaten des Punktes* $P_1$ nach $P_2$“ oder „*Polares Anhängen des Punktes* $P_2$ an $P_1$“.

*Zahlenbeispiel:*

*Gegeben:* $y_1$, $x_1$, $s = 135{,}25$ m und $t_{1,2} = 32{,}9645$ gon

| | |
|---|---|
| $\sin t_{1,2} = +\ 0{,}49497$ | $\cos t_{1,2} = +\ 0{,}86891$ |
| $\Delta y = s \sin t_{1,2} = +\ \ 66{,}95$ m | $\Delta x = s \cos t_{1,2} = +\ 117{,}52$ m |
| $y_1 = \ 713{,}64$ m | $x_1 = \ 496{,}72$ m |
| $y_2 = \ 780{,}59$ m | $x_2 = \ 614{,}24$ m |

### 4.1.2 Berechnung von Polarkoordinaten aus rechtwinkligen Koordinaten (Zweite Grundaufgabe)

Gegeben $x_1$, $y_1$, $x_2$, $y_2$; gesucht $t_{12}$, $s$.

$$s = \sqrt{(x_2 - x_1)^2 + (y_2 - y_1)^2} = \sqrt{\Delta x^2 + \Delta y^2} \tag{4.4}$$

$$\cos t_{12} = \frac{x_2 - x_1}{s} = \frac{\Delta x}{s} \text{ oder} \tag{4.5a}$$

$$\sin t_{12} = \frac{y_2 - y_1}{s} = \frac{\Delta y}{s} \tag{4.5b}$$

Den genaueren Wert für $t_{12}$ erhält man im Falle $\Delta x > \Delta y$ aus (4.5a) und im Falle $\Delta y > \Delta x$ aus (4.5b).

Zu beachten ist: für $\Delta y < 0$ liegt der Richtungswinkel im 3. oder 4. Quadranten.

*Zahlenbeispiel:*

| Gegeben: | | |
|---|---|---|
| | $y_2 = \ 795{,}17$ | $x_2 = \ 525{,}10$ |
| | $y_1 = \ 528{,}15$ | $x_1 = \ 407{,}65$ |
| | $\Delta y = +267{,}02$ | $\Delta x = +117{,}45$ |

$$s = +\sqrt{267{,}02^2 + 117{,}45^2} = 291{,}71 \text{ m}$$

$$t_{12} = \text{arc cos}\ \frac{117{,}45}{291{,}71} = 73{,}6194 \text{ gon.}$$

Die Koordinatenübertragungen (rechtwinklig/polar und polar/rechtwinklig) lassen sich mit vielen neueren Taschenrechnern unmittelbar ausführen.

## 4.2 Koordinatentransformation

Häufig ist die Aufgabe gestellt, Punkte, die in dem einen System gegeben sind, in das Nachbarsystem zu überführen. Folgende Anwendungen stehen im Vordergrund:

- Transformation der Koordinaten eines lokalen Netzes in die eines übergeordneten Netzes, wobei die örtlichen Koordinaten aus neuen Messungen (Orthogonalaufnahme, Polaraufnahme) hervorgegangen sind,
- Transformation der Koordinaten eines übergeordneten Netzes in die eines lokalen Netzes, wobei diese als Absteckungselemente dienen sollen,
- Transformation übergeordneter Koordinaten in andere übergeordnete Koordinaten. Dieser Fall tritt beispielsweise an den Rändern zweier sich überlappender Koordinatensysteme auf.

Im allgemeinen sind die Voraussetzungen für eine *Ähnlichkeitstransformation* gegeben. Beide Koordinatensysteme können in dem Fall unterschiedliche Maßstabseinheiten haben; in den einzelnen Systemen muß dieser jedoch in beiden Koordinatenachsen übereinstimmen. Bei unterschiedlichen Maßstäben in den Koordinatenachsen und bei unterschiedlichen Winkeln zwischen den Koordinatenachsen verwendet man die *Affin-Transformation.*

### 4.2.1 Ähnlichkeitstransformation

Bei der Ähnlichkeitstransformation ist das zu transformierende Punktfeld (Abb. 4.5)

(1) in beiden Koordinatenrichtungen um $x_0$ und $y_0$ zu verschieben,
(2) um den Winkel $\varphi$ zu drehen und

(3) durch Multiplikation der Maßstabseinheit mit dem Faktor $q$ im Maßstab so zu ändern, daß dieser in beiden Systemen übereinstimmt.

Zur Unterscheidung seien die Koordinaten des ersten Systems mit $\xi$, $\eta$ und die des zweiten mit $x$, $y$ bezeichnet.

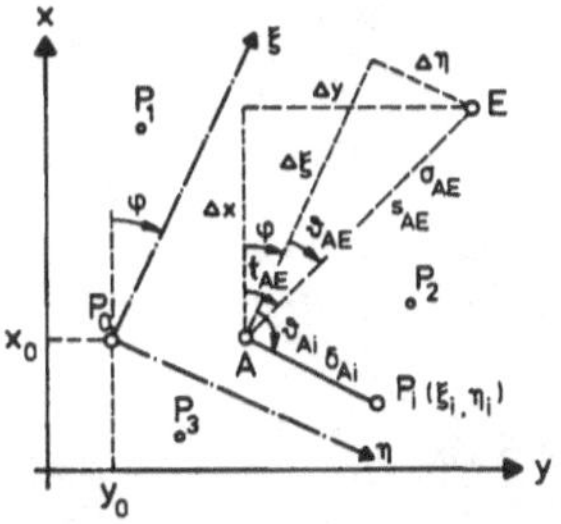


Abb. 4.5. Koordinatentransformation

## (1) Eindeutige Lösung der Koordinatentransformation

Die Lösung ist eindeutig, wenn zwei Ausgangspunkte in beiden Systemen bekannt sind. Die Aufgabe lautet dann: Gegeben sind zwei identische Punkte $A$ und $E$ sowohl im $\xi\eta$-System wie im $xy$-System und die Punkte $P_1, P_2 \ldots P_i$ nur im $\xi\eta$-System. Gesucht sind die Punkte $P_1, P_2 \ldots P_i$ im $xy$-System.

Man überprüft zunächst die Identität der Punkte $A$ und $E$, indem man in dem einen System die Strecke $s_{AE}$, in dem anderen die Strecke $\sigma_{AE}$ rechnet und anschließend beide vergleicht. Danach berechnet man die Transformationsparameter. Den Maßstabsfaktor erhält man aus:

$$q = \frac{s}{\sigma} = \frac{\sqrt{\Delta x^2 + \Delta y^2}}{\sqrt{\Delta\xi^2 + \Delta\eta^2}} \tag{4.6}$$

mit

$$\xi_E - \xi_A = \Delta\xi; \quad \eta_E - \eta_A = \Delta\eta$$
$$x_E - x_A = \Delta x; \quad y_E - y_A = \Delta y$$

Der Drehwinkel $\varphi$ ergibt sich aus der Differenz der Richtungswinkel $t_{AE}$ und $\theta_{AE}$ der Strecke $AE$ im $xy$- und $\xi\eta$-System:

$$\varphi = t_{AE} - \theta_{AE} = \operatorname{arc} \cos \frac{\Delta x}{s_{AE}} - \operatorname{arc} \cos \frac{\Delta \xi}{\sigma_{AE}}. \tag{4.7}$$

Dann ist nach Abb. 4.5

$$\begin{aligned} \Delta x &= q \sigma_{AE} \cos (\theta_{AE} + \varphi) \\ \Delta y &= q \sigma_{AE} \sin (\theta_{AE} + \varphi) \end{aligned} \tag{4.8}$$

Mit den Additionstheoremen findet man

$$\begin{aligned} \Delta x &= \sigma_{AE} \cos \theta_{AE} q \cos \varphi - \sigma_{AE} \sin \theta_{AE} q \sin \varphi \\ \Delta y &= \sigma_{AE} \cos \theta_{AE} q \sin \varphi + \sigma_{AE} \sin \theta_{AE} q \cos \varphi \end{aligned} \tag{4.9}$$

und mit

$$\sigma_{AE} \cos \theta_{AE} = \Delta \xi; \quad \sigma_{AE} \sin \theta_{AE} = \Delta \eta$$
$$q \sin \varphi = o; \qquad q \cos \varphi = a$$

$$\begin{aligned} \Delta x &= a \Delta \xi - o \Delta \eta \\ \Delta y &= o \Delta \xi + a \Delta \eta \end{aligned} \tag{4.10}$$

Die Punkte $P_1$, $P_2$ . . . $P_i$ aus dem $\xi\eta$-System lassen sich nun mit (4.6), (4.7), (4.8) und (4.10) ausgehend von dem Drehpunkt $A$ folgendermaßen in das $xy$-System übertragen:

a) wenn Polarkoordinaten ($\sigma_{Ai}$, $\theta_{Ai}$) gegeben sind:

$$\begin{aligned} x_i &= x_A + q \sigma_{Ai} \cos (\theta_{Ai} + \varphi) \\ y_i &= y_A + q \sigma_{Ai} \sin (\theta_{Ai} + \varphi) \end{aligned} \tag{4.11}$$

b) wenn rechtwinklige Koordinaten ($\xi_i$, $\eta_i$) gegeben sind:

$$\begin{aligned} x_i &= x_A + a (\xi_i - \xi_A) - o(\eta_i - \eta_A) \\ y_i &= y_A + o(\xi_i - \xi_A) + a(\eta_i - \eta_A). \end{aligned} \tag{4.12}$$

legt man den Drehpunkt in den Anfangspunkt $P_0$ des örtlichen Koordinatensystems, so erhält man anstelle von (4.11) mit Abb. 4.6:

$$\begin{aligned} x_i &= x_0 + q \sigma_i \cos (\theta_i + \varphi) \\ y_i &= y_0 + q \sigma_i \sin (\theta_i + \varphi) \end{aligned} \tag{4.13a}$$

mit den Koordinaten des Drehpunktes

$$\begin{aligned} x_0 &= x_A - q \sigma_A \cos (\theta_A + \varphi) \\ y_0 &= y_A - q \sigma_A \sin (\theta_A + \varphi) \end{aligned} \tag{4.13b}$$

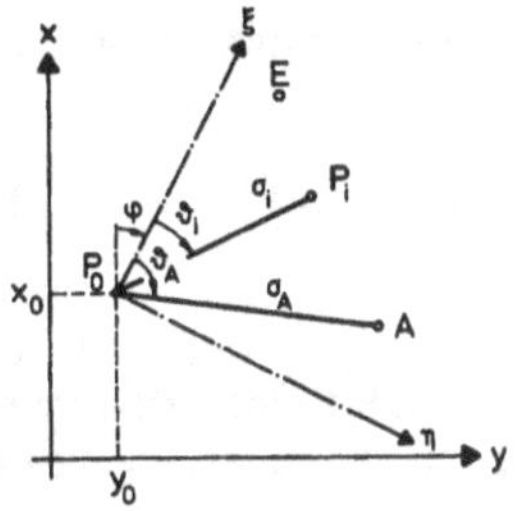


Abb. 4.6. Koordinatentransformation: Drehpunkt ist Ausgangspunkt des $\xi\eta$ Systems

und anstelle von (4.12)

$$x_i = x_0 + a\xi_i - o\eta_i \qquad (4.14\,a)$$
$$y_i = y_0 + o\xi_i + a\eta_i$$

mit den Koordinaten des Drehpunktes

$$x_0 = x_A - a\xi_A + o\eta_A \qquad (4.14\,b)$$
$$y_0 = y_A - o\xi_A - a\eta_A$$

*Zahlenbeispiel:* Das Beispiel behandelt die Transformation zwischen zwei Gauß-Krüger-Systemen [4.3]. Gegeben sind die Koordinaten von $A$ und $E$ im $xy$- und $\xi\eta$-System. Die in dem $\xi\eta$-System gegebenen Punkte $P_1$ und $P_2$ sind in das $xy$-System zu überführen. Man wählt zunächst im $\xi\eta$-System einen Drehpunkt – z. B. den Punkt $A$ – und bestimmt nach (4.6) und (4.7) $q$ und $\varphi$ bzw. $o$ und $a$. Die Transformation selbst wird dann nach (4.12) vorgenommen.

| Pkt. | $\xi\eta$-System | | $xy$-System | | |
|---|---|---|---|---|---|
| Nr. | $\eta_i$ | $\xi_i$ | $y_i$ | $x_i$ | |
| $A$ | 97319,35 | 08802,06 | 96935,27 | 08922,55 | $A$ |
| $E$ | 98858,81 | 09717,54 | 98511,77 | 09772,69 | $E$ |
| $\Delta\eta, \Delta\xi$ | +1539,46 | +915,48 | +1576,50 | +850,14 | $\Delta y, \Delta x$ |
| $\theta, \sigma$ | 65,8456 | 1791,100 | 68,5154 | 1791,114 | $t, s$ |
| $o, a$ | +0,041925 | +0,999129 | 2,6698 | 1,0000078 | $\varphi, q$ |
| $P_1$ | 98338,99 | 08586,69 | 97944,99 | 08664,62 | $P_1$ |
| $P_2$ | 97918,31 | 09538,01 | 97564,56 | 09632,75 | $P_2$ |

Weitere Zahlenbeispiele für die Transformation von Punkten sind bereits in [Band I, 3.2.3] behandelt.

(2) Koordinatentransformation bei mehreren identischen Punkten (Helmerttransformation)

Die Helmerttransformation wendet man an, wenn für die Anzahl $r$ der identischen Punkte gilt: $r > 2$. Die identischen Punkte sollen an den Rändern der umzuformenden Gebiete liegen und diese möglichst umschließen.

Die Aufgabe lautet dann: Gegeben sind die Punkte $P_1, P_2, \ldots P_r$ im $\xi\eta$-System wie im $xy$-System und die Punkte $P_{r+1}, \ldots P_n$ nur im $\xi\eta$-System. Gesucht sind die Punkte $P_{r+1} \ldots, P_n$ im $xy$-System.

Um numerisch günstige Gleichungen zu erhalten, ist es zweckmäßig, bei der Berechnung der Transformationsparameter die Koordinaten jeweils vom Schwerpunkt der identischen Punkte aus zu zählen, wobei

$$x_s = \frac{[x]}{n}, \quad y_s = \frac{[y]}{n}, \quad \xi_s = \frac{[\xi]}{n}, \quad \eta_s = \frac{[\eta]}{n}$$

ist. Die Transformationsparameter berechnen sich jetzt nach (*Wolf* 1975):

$$\begin{aligned} q \cos \varphi &= ([\Delta\xi\Delta x] + [\Delta\eta\Delta y])/[\Delta\xi^2 + \Delta\eta^2] = a \\ q \sin \varphi &= ([\Delta\xi\Delta y] - [\Delta\eta\Delta x])/[\Delta\xi^2 + \Delta\eta^2] = o \end{aligned} \tag{4.15}$$

mit $\Delta x_i = x_i - x_s$, $\Delta y_i = y_i - y_s$, $\Delta\xi_i = \xi_i - \xi_s$, $\Delta\eta_i = \eta_i - \eta_s$ $(i = 1 \ldots r)$ und den Proben: $[\Delta x] = [\Delta y] = [\Delta\xi] = [\Delta\eta] = 0$.

Den Drehwinkel $\varphi$ und Maßstabsfaktor $q$ erhält man mit (4.15) aus

$$q = \sqrt{o^2 + a^2} \tag{4.16}$$

$$\varphi = \arctan \frac{o}{a} = \arccos \frac{a}{q} \tag{4.17}$$

Die Punkte $P_{r+1}, \ldots, P_n$ transformiert man mit den Gleichungen (*Wolf* 1975):

$$\begin{aligned} x_i &= x_0 + a\xi_i - o\eta_i \qquad (i = r + 1 \ldots n) \\ y_i &= y_0 + o\xi_i + a\eta_i . \end{aligned} \tag{4.18a}$$

mit den Koordinaten des Drehpunktes (Anfangspunkt des $\xi\eta$-Systems)

$$x_0 = x_s - a\xi_s + o\eta_s \qquad (4.18\text{b})$$
$$y_0 = y_s - o\xi_s - a\eta_s$$

Eventuell vorhandene Netzspannungen lassen sich mit den linearen Restabweichungen der identischen Punkte beurteilen:

$$dx_i = (x_s + a\Delta\xi_i - o\Delta\eta_i) - x_i \qquad (i = 1 \ldots r) \qquad (4.19)$$
$$dy_i = (y_s + o\Delta\xi_i + a\Delta\eta_i) - y_i.$$

Zur Kontrolle rechne man:

$$[dy_i] = [dx_i] = 0$$
$$[(dy_i)^2] + [(dx_i)^2] = [\Delta\xi_i^2 + \Delta\eta_i^2]\,(a^2 + o^2) + [\Delta y_i^2 + \Delta x_i^2].$$

### 4.2.2 5-Parameter-Transformation

Im Gegensatz zur Ähnlichkeitstransformation, die nur eine Maßstabsunbekannte aufweist, läßt die 5-Parameter-Transformation unterschiedliche Maßstäbe in $x$- und $y$-Richtung zu. Diese Transformation wendet man z. B. an, wenn Soldnersche Koordinaten [4.3.1] in Gauß-Krüger-Koordinaten [4.3.2] zu transformieren sind. Eine gewisse Bedeutung hat sie auch für die rechnerische Grenzfeststellung (*Helble* 1981).

## 4.3 Systeme rechtwinkliger Koordinaten

Systeme rechtwinkliger Koordinaten können nach verschiedenen Grundsätzen angeordnet werden. Die rechtwinkligen Koordinaten sollen nämlich nicht nur den Punkten des Lagefestpunktfeldes [7] einen festen Platz auf dem Ellipsoid anweisen, sondern sie sollen gleichzeitig die Grundlage für eine ebene Abbildung im Maßstab 1 : 1 sein, die dem ellipsoidischen Urbild so ähnlich wie möglich ist. Mathematische Ähnlichkeit oder gar Kongruenz ist nicht erreichbar, weil das Ellipsoid in der Ebene nicht ohne Verzerrungen abgebildet werden kann. Man muß daher zu Verfahren greifen, die die genannten Forderungen wenigstens genähert erfüllen. Als geeignet haben sich dabei vor allem zwei Systeme rechtwinkliger Koordinaten erwiesen: das System des bayerischen Astronomen *Soldner* und das des Göttinger Mathematikers *C. F. Gauß* (*Großmann* 1976; *Torge* 1975, 1980). Heute verwendet man, von Ausnahmen abgesehen, das Verfahren von *C. F. Gauß*.

### 4.3.1 Die Soldnerschen Koordinaten

Das Soldnersche System ist folgendermaßen definiert: Ein in der Mitte des Vermessungsgebiets liegender Hauptmeridian ist Abszissenachse, und ein ausgezeichneter Punkt auf der Abszissenachse ist Koordinatenanfangspunkt. Die Ordinate eines Punktes $P$ ist das ellipsoidische Lot von $P$ auf die Abszissenachse, und die Abszisse von $P$ ist der Meridianbogen vom Koordinatenanfangspunkt bis zum Ordinatenfußpunkt. Für die Abszissen gilt als positive Richtung die Nordrichtung, für die Ordinaten die Richtung nach Osten.

Wie Abb. 4.7 verdeutlichen soll, konvergieren die Ordinaten mit zunehmender Entfernung vom Hauptmeridian. In der Nachbarschaft des Hauptmeridians ist die Konvergenz jedoch absolut betrachtet so gering, daß zwei Ordinatenlinien, die am Hauptmeridian 1 km voneinander entfernt sind, sich einander in 64 km Abstand vom Hauptmeridian erst um 5 cm genähert haben.

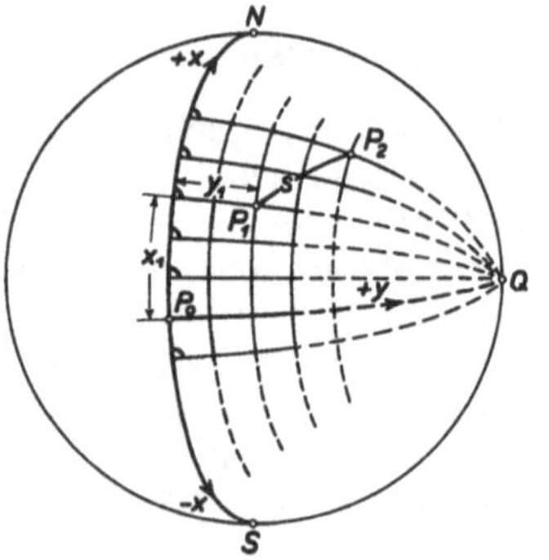


Abb. 4.7. Soldnersches Koordinatensystem auf einer Kugel

Darauf gründet sich folgendes Abbildungsverfahren: Man bildet den ellipsoidischen Hauptmeridian unter Wahrung seiner Länge auf der Abszissenachse eines ebenen kartesischen Systems ab und trägt die ellipsoidischen Ordinaten in ihrer wahren Länge auf den ebenen Ordinaten ab. Dabei nimmt man in Kauf, daß die ellipsoidischen Abszissenunterschiede mit zunehmender Entfernung vom Hauptmeridian immer stärker gedehnt werden. Damit aber die Dehnung den Betrag von 5 cm je 1 km keinesfalls überschreitet, beschränkt man die Soldnerschen Systeme auf 64 km beiderseits des Hauptmeridians und ordnet bei größerer Ausdehnung des Vermessungsgebiets mehrere Systeme nebeneinander an.

Das Soldnersche Verfahren ist bei vielen der größtenteils noch aus dem 19. Jahrhundert stammenden deutschen Katastervermessungen zur Anwendung gelangt. Es hat den Vorteil großer Einfachheit. Nachteilig ist jedoch, daß als Folge der Dehnung an den Rändern der Systeme die Richtungen von 1 km langen Dreiecksseiten Verschwenkungen bis zu 5″ oder 1,5 mgon erleiden können. Da dieser Betrag größer ist als die Beobachtungsungenauigkeit, muß er bei der Triangulierung I. bis III. O. berücksichtigt werden. Störend ist ferner, daß infolge der geringen seitlichen Ausdehnung der Systeme an deren Rändern häufig Koordinatentransformationen [4.2] erforderlich werden.

## 4.3.2 Die Gaußschen Koordinaten

Um den soeben beschriebenen Verschwenkungen oder Verzerrungen in den Richtungen entgegenzuwirken, hat *C. F. Gauß* für die von ihm geleitete Hannoversche Landesvermessung

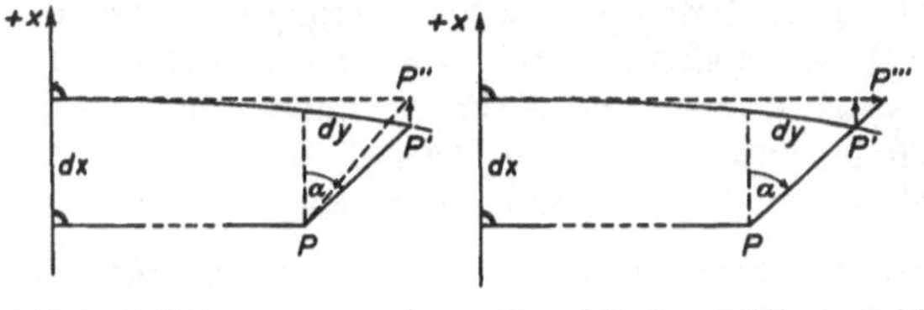


Abb. 4.8 Verzerrungen eines ellipsoidischen Differentialdreiecks bei der Soldnerschen und bei der Gaußschen Abbildung

(1822–1847) das nach ihm benannte Verfahren der konformen Abbildung entwickelt, bei dem nach seinen Worten das ebene Abbild dem ellipsoidischen Urbild „in den kleinsten Teilen" – d. h. im Differentiellen – ähnlich ist. Da die Entwicklung der Abbildungsgleichungen zu weit führen würde (*Großmann* 1976), sei der Unterschied der Gaußschen gegenüber der Soldnerschen Abbildung an den beiden differentiellen Figuren der Abb. 4.8 erläutert.

Wie bei *Soldner* wird auch bei *Gauß* der Hauptmeridian, der gleichzeitig die ellipsoidische Abszissenachse ist, auf der Abszissenachse des ebenen kartesischen Systems in wahrer Länge abgebildet. Es ist also, wenn die Indizes *E, S* und *G* der Reihe nach ellipsoidische, Soldnersche und Gaußsche Größen bezeichnen,

$$x_E = x_S = x_G. \tag{4.20}$$

Die Abszissen stimmen demnach in beiden Abbildungen überein. Darüber hinaus werden auch bei *Gauß* die auf dem Ellipsoid konvergierenden Ordinaten unter Vernachlässigung der Konvergenz auf den Ordinatenlinien $x$ = const. des ebenen kartesischen Systems abgebildet. Die Ordinaten erhalten aber infolge unterschiedlicher Abbildung des in den beiden Figuren der Abb. 4.8 auftretenden ellipsoidischen Differentialdreiecks mit dem Richtungswinkel $\alpha$ bei *Soldner* und *Gauß* verschiedene Werte:

Beim *Soldnerschen* Verfahren (Abb. 4.8 links) erhält der Punkt $P'$ in der Abbildung die Lage $P''$; der dem ellipsoidischen Bogenelement $PP'$ entsprechende ellipsoidische Ordinatenunterschied $dy$ bleibt also seiner Größe nach erhalten. Der Abszissenunterschied – d.h. die dem Winkel $\alpha$ anliegende Kathete – aber wird, weil die Konvergenz der ellipsoidischen Ordinaten vernachlässigt wurde, gedehnt, so daß der ellipsoidische Richtungswinkel $\alpha$ verzerrt wird. Der Abszissendehnungsfaktor ist $(1 + y^2/2R^2)$, worin $y$ die ellipsoidische Ordinate und $R$ der Krümmungshalbmesser derjenigen Schmiegungskugel ist, die sich der Oberfläche des Bezugsellipsoids an der betreffenden Stelle anpaßt.

Beim *Gaußschen Verfahren* (Abb. 4.8 rechts) wird, um der Verzerrung des Richtungswinkels entgegenzuwirken, außer dem ellipsoidischen Abszissenunterschied auch der Ordinatenunterschied mit dem obigen Faktor gedehnt. Damit bekommt der Punkt $P'$ in der Gaußschen Ebene die Lage $P'''$, so daß der Richtungswinkel $\alpha$ des Bogenelements $PP'$ erhalten bleibt. Da ferner die Katheten des ellipsoidischen Differentialdreiecks ebenso wie die seines Gaußschen Bildes rechte Winkel miteinander bilden, ist in beiden Differentialdreiecken ein zweiter Winkel identisch. Das Abbild ist also bei *Gauß* dem Urbild ähnlich.

Die Dehnung des Ordinatenunterschieds, durch die die Ähnlichkeit erreicht wurde, wiederholt sich nun in jedem der aufeinanderfolgenden Differentialdreiecke, die man sich längs der Ordinate zu denken hat. Zur Berechnung einer endlichen Gaußschen Ordinate $y_G$ aus der ellipsoidischen bzw. der ihr längengleichen Soldnerschen Ordinate $y_S$ muß daher über das Produkt $(1 + y^2/2R^2)\,dy$ integriert werden. Die Integration ergibt bei Verzicht auf Glieder von der Größenordnung $1/R^4$ als Abbildungsgleichung für die Gaußschen Ordinaten

$$y_G = y_S + \frac{y_S^3}{6R^2}\,. \tag{4.21}$$

Die auf die Gleichungen (4.20) und (4.21) gegründete Abbildung ist zwar dem Urbild im Differentiellen ähnlich und damit winkeltreu. Diese Eigenschaft konnte aber nur dadurch erreicht werden, daß das ebene Abbild gegenüber dem ellipsoidischen Urbild gedehnt wurde. Daraus folgen Verzerrungen, denen wir uns im folgenden Abschnitt zuwenden.

### 4.3.3 Reduktion gemessener Größen auf ihren Wert in der Gaußschen Abbildung

Das Verhältnis eines Bogenelements im Abbild zu seinem ellipsoidischen Urbild wird allgemein als *Vergrößerungsverhältnis* bezeichnet. Bei der Gaußschen Abbildung ist dieses, weil dabei die Bogenelemente der ellipsoidischen Abszissenunterschiede wie die der Ordinatenunterschiede mit dem gleichen Faktor $(1 + y^2/2R^2)$ gedehnt werden, vom Richtungswinkel unabhängig; das Vergrößerungsverhältnis hat demnach in allen Richtungen den gleichen Wert. Also werden auch die Bogenelemente beliebig gerichteter Strecken mit $(1 + y^2/2R^2)$ gedehnt.

Nun ist ein Bogenelement zwar theoretisch ein differentielles Bogenstück. In der geodätischen Praxis darf darunter jedoch auch eine mäßig ausgedehnte Strecke, z.B. eine kurze Dreiecksseite, eine längere Polygonseite oder auch die Länge eines Polygonzuges verstanden werden. Wenn also $S$ eine solche Strecke im ellipsoidischen Urbild oder eine *gemessene* Strecke ist, und $s$ die entsprechende Strecke im ebenen Abbild, so erhält man für ein $S$ mit der Mittelordinate $y_m$ den Wert $s$ in der Gaußschen Abbildung mit Hilfe des Ansatzes

$$s = \left(1 + \frac{y_m^2}{2R_m^2}\right) S \quad \text{oder} \quad s - S = \frac{y_m^2}{2R_m^2} S. \tag{4.22}$$

Dabei darf in dem Ausdruck auf der rechten Seite der zweiten Gleichung die ellipsoidische Strecke $S$ ohne Genauigkeitsverlust durch die ebene Strecke $s$ ersetzt werden; $R_m$ ist der Halbmesser der Gaußschen Schmiegungskugel im Ordinatenfußpunkt von $y_m$. Die Bedeutung der Formeln (4.21) und (4.22) für die Zahlenrechnung läßt Tab. 4.1 erkennen.

Tab. 4.1.

| Soldner-Ordinate | Ordinatenzuschlag | $(s - S)$ auf 1 km |
|---|---|---|
| km | m | mm |
| 10 | 0,00 | 1 |
| 20 | 0,03 | 5 |
| 30 | 0,11 | 11 |
| 40 | 0,26 | 20 |
| 50 | 0,51 | 31 |
| 60 | 0,88 | 44 |
| 70 | 1,40 | 60 |
| 80 | 2,10 | 79 |
| 90 | 2,98 | 99 |
| 100 | 4,09 | 123 |
| 150 | 13,81 | 276 |
| 200 | 32,75 | 491 |

Tab. 4.1 gibt in der 1. Spalte runde Soldnerordinaten und in der 2. Spalte die dem zweiten Glied auf der rechten Seite der Gleichung (4.21) entsprechenden *Ordinatenzuschläge,* durch die die Soldnerschen Ordinaten in Gaußsche überführt werden. Die 3. Spalte enthält die Beträge, um die entsprechend der zweiten Gleichung (4.22) eine 1 km lange ellipsoidische Strecke bei der Gaußschen Abbildung gedehnt wird, wenn ihre Mittelordinate die in der 1. Spalte angegebene Größe hat.

Nach der Tabelle wird eine Strecke in der Gaußschen Ebene um so mehr gedehnt, je weiter die betrachtete Stelle von der Abszissenachse entfernt ist. Infolgedessen werden in einer nach dem Gaußschen Verfahren abgebildeten Figur mit größerer Ost-West-Erstreckung die der Abszissenachse ferneren Figurenteile stärker gedehnt als die ihr näher liegenden Teile. Bei der Abbildung einer großen Fläche bleibt daher die bei der Gaußschen Abbildung einer *differentiellen* Figur erzielte Ähnlichkeit nicht voll erhalten; oder anders ausgedrückt: bei der Abbildung größerer Flächen werden außer den Strecken auch die Richtungen und damit die Winkel etwas verzerrt. Die beobachteten Strecken und Richtungen müssen daher, bevor sie in die Rechnung eingeführt werden, auf ihren Wert in der Gaußschen Abbildung reduziert werden.

Die *Richtungsverzerrung* ist bei der Gaußschen Abbildung im Gegensatz zur Soldnerschen so geringfügig, daß die Richtung einer 1 km langen Strecke selbst im Abstand von 200 km vom Hauptmeridian oder seinem Bilde, der Abszissenachse, bei *Gauß* nur um knapp 0,2 mgon verzerrt wird. Dieser Betrag kann in der Praxis fast immer vernachlässigt werden. Erst bei längeren Strecken nimmt die Richtungsverzerrung etwas zu. Wie dann zu verfahren ist, möge der Leser erforderlichenfalls in der Spezialliteratur nachlesen (*Großmann* 1976; *Torge* 1975, 1980).

Die *Streckenverzerrung* dagegen – also die Dehnung, die jede Strecke des Urbildes bei der Gaußschen Abbildung erfährt – wächst nach (4.22) mit dem *Quadrat* des Abstandes von der Abszissenachse; ihre Auswirkungen dürfen daher sogar bei manchen Aufgaben der einfachen Praxis nicht vernachlässigt werden. Der Betrag, um den die gemessenen Strecken vor Beginn der Rechnung auf ihren Wert in der Gaußschen Abbildung reduziert werden müssen, heißt die *Streckenreduktion*. Sie ist für 1 km lange Strecken nahezu identisch mit dem Dehnungsbetrag in Spalte 3 unserer obigen Tabelle. Das gilt streng jedoch nur für Strecken im Meereshorizont. Bei Messungen in höheren Lagen kommt noch eine weitere Reduktion hinzu.

*Die Höhenreduktion.* Wie in Band I, 1.2 erläutert ist, werden alle Lagemessungen auf die Oberfläche des Bezugsellipsoids projiziert. Die Oberfläche des Bezugsellipsoids aber fällt mit einer für Lagemessungen (nicht für Nivellements) ausreichenden Annäherung mit dem Landeshorizont zusammen. Also ist die auf den Landeshorizont projizierte Strecke das Urbild für die Gaußsche Abbildung. Mithin muß an den Ergebnissen von Streckenmessungen und Flächenbestimmungen, die auf der physischen Erdoberfläche in einer bestimmten Höhe $H_r$ über dem durch den Meeresspiegel gegebenen Landeshorizont „Normal Null" vorgenommen werden, eine Reduktion angebracht werden, durch die das Messungsergebnis auf den Landeshorizont reduziert wird.

Zur Berechnung der Höhenreduktion betrachtet man eine in der Höhe $H_r$ über dem Meere gemessene Strecke $S^{H_r}$ und ihre Projektion $S$ auf den Landeshorizont; dann ist nach Abb. 4.9

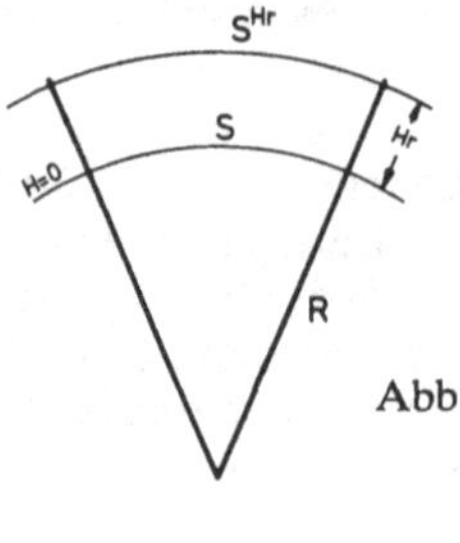


Abb. 4.9. Höhenreduktion

$$S = S^{H_r} \frac{R}{R + H_r} \approx S^{H_r} \left(1 - \frac{H_r}{R}\right) + \ldots$$

oder

$$S = S^{H_r} - \frac{H_r}{R} S^{H_r}. \qquad (4.23)$$

Die Reduktion auf den Landeshorizont hat also eine Verkleinerung der gemessenen Strecke zur Folge; sie wirkt mithin der Dehnung durch die Gaußsche Abbildung entgegen. Zweckmäßig faßt man die Streckenreduktion und die Höhenreduktion zusammen und erhält dann für eine Strecke $S_i$ in km als Gesamtreduktionsbetrag in mm

$$\Delta_i = S_i \left( - \frac{H_r}{R_m} + \frac{y_m^2}{2 R_m^2} \right) 10^{-6}, \tag{4.24}$$

worin $H_r$ die mittlere Meereshöhe und $y_m$ die Mittelordinate der Strecke ist, und $S_i$ ohne Genauigkeitsverlust durch $s$ ersetzt werden kann. Aufgrund von (4.24) ist im Anhang von (*Jordan/Eggert/Kneißl* 1958/59) für $S = 1$ km eine Übersichtstafel berechnet, von der wir auf S. 174 einen Auszug bringen. Selbstverständlich ist in einem Gauß-Krüger-System unter $y_m$ nicht etwa der Rechtswert [4.3.4] eines Punktes zu verstehen, sondern sein von der Kennziffer und der Konstanten 500000 befreiter Rechtswert; d.h. $y_m$ ist der Abstand des betrachteten Punktes vom Hauptmeridian bzw. von seinem Bilde, der Abszissenachse.

Die Höhen- und Streckenreduktion ist insbesondere in folgenden Fällen anzubringen:

a) Zur Berechnung von Gaußschen Koordinaten aufgrund von Streckenmessungen; insbesondere ist beim einfachen und mehrfachen Bogenschnitt und bei Punktbestimmungen aus kombinierten Richtungs- und Streckenmessungen jede gemessene Strecke vor dem Eintritt in die Rechnung auf ihren Wert in der Gaußschen Abbildung zu reduzieren.

b) Auch beim Polygonzug empfiehlt es sich, die gemessenen Seiten zu reduzieren. Zwar werden durch das Verteilen des aus den Messungsungenauigkeiten *und* der Projektionsverzerrung herrührenden Koordinatenabschlußfehlers [5.8.2] die Streckenreduktion und die Höhenreduktion automatisch berücksichtigt; die Summe der Messungsungenauigkeiten und die Projektionsverzerrungen sind jedoch oftmals von der gleichen Größenordnung. Ohne Kenntnis des Betrages der Strecken- und Höhenreduktion läßt sich also nicht beurteilen, inwieweit die amtlichen Fehlergrenzen [5.8.4.2] innegehalten oder überschritten sind.

Tab. 4.2.

Reduktion einer in 50° Breite, in der mittl. Meereshöhe $H_r$ und mit der Mittelordinate $y_m$ gemessenen 1 km-Strecke auf ihren Wert in der Gaußschen Abbildung.

*Reduktionsbetrag $\Delta$ in mm für 1 km*

| $H_r$ in $m$ | $y_m$ in km 0 | 10 | 20 | 30 | 40 | 50 | 60 | 70 | 80 | 90 | 100 |
|---|---|---|---|---|---|---|---|---|---|---|---|
| 0 | 0 | + 1 | + 5 | +11 | +20 | +31 | +44 | +60 | +79 | +100 | +123 |
| 50 | − 8 | − 7 | − 3 | + 3 | +12 | +23 | +36 | +52 | +71 | +92 | +115 |
| 100 | −16 | −14 | −11 | − 5 | + 4 | +15 | +28 | +44 | +63 | +83 | +107 |
| 200 | −31 | −30 | −26 | −20 | −12 | − 1 | +13 | +29 | +47 | +68 | +92 |
| 300 | −47 | −46 | −42 | −36 | −27 | −16 | − 3 | +13 | +32 | +52 | +76 |
| 400 | −63 | −61 | −58 | −52 | −43 | −32 | −18 | − 2 | +16 | +37 | +60 |
| 500 | −78 | −77 | −73 | −67 | −59 | −48 | −34 | −18 | 0 | +21 | +44 |
| 600 | −94 | −93 | −89 | −83 | −74 | −63 | −50 | −34 | −15 | + 5 | +29 |
| 700 | −110 | −108 | −105 | −99 | −90 | −79 | −65 | −50 | −31 | −10 | +13 |
| 800 | −125 | −124 | −120 | −114 | −106 | −95 | −81 | −66 | −47 | −26 | − 3 |
| 900 | −141 | −140 | −136 | −130 | −121 | −110 | −97 | −81 | −62 | −42 | −18 |
| 1000 | −157 | −156 | −152 | −146 | −137 | −126 | −112 | −97 | −78 | −57 | −34 |

Zusätze: 1. Für größere Werte gilt in Meereshöhe ($H = 0$) bei

| | | |
|---|---|---|
| $y_m$ = 150 km | 200 km | 300 km |
| $\Delta$ = 276 mm | 491 mm | 1105 mm |

2. Nach der obigen Tabelle kann eine 10 km lange ostwestlich verlaufende Strecke mit $y_m$ = 100 km auf rund 1 cm genau reduziert werden. Den genauen Reduktionsbetrag für eine Strecke $P_1 P_2 = S$ liefert die Formel (*Großmann* 1976; *Torge* 1975, 1980)

$$s - S = \frac{S}{12 R_m^2} (y_1^2 + 4 y_m^2 + y_2^2), \tag{4.25}$$

c) Beim Berechnen der Länge einer örtlichen Strecke aus den Gaußschen Koordinaten ihrer Endpunkte wird die Reduktion mit umgekehrten Vorzeichen angebracht. Das ist besonders bei Feinabsteckungen und sonstigen Ingenieurarbeiten vor allem dann zu beachten, wenn die Absteckungen in größerer Entfernung vom Hauptmeridian vorgenommen werden.

d) Das gleiche gilt für die Flächenberechnung aus Gaußschen Koordinaten. Ist $F$ die Feldfläche, $f$ die aus Gaußschen Koordinaten errechnete Bildfläche, so errechnet die Flächenreduktion sich genau genug aus

$$f - F = \frac{y_m^2}{R^2} f \qquad (4.26)$$

und die Feldfläche aus

$$F = f - (f - F). \qquad (4.27)$$

Die Formel reicht für die Reduktion der Fläche *einer* Flur in jedem Falle aus.

*Gauß* selbst hat über sein Abbildungsverfahren keine zusammenhängende Darstellung hinterlassen. Das hat zu Beginn dieses Jahrhunderts Prof. Dr. *L. Krüger,* Abteilungsvorsteher im Geodätischen Institut in Potsdam, nachgeholt (*Krüger* 1912). Ihm zu Ehren werden die Gaußschen Koordinaten in Deutschland als Gauß-Krüger-Koordinaten bezeichnet. Im Ausland heißen sie meistens Transversale Merkator-Koordinaten.

### 4.3.4 Die Gauß-Krügerschen Meridianstreifensysteme

Um von der Vielzahl der Soldnerschen Systeme loszukommen, werden die deutschen Landesvermessungen seit dem Jahre 1927 allmählich auf Gauß-Krüger umgestellt. Es wurden Systeme mit den Hauptmeridianen 6°, 9°, 12° und 15° östlich von Greenwich als Abszissenachsen eingerichtet. Jedes System hat nach einem Beschluß der Arbeitsgemeinschaft der Vermessungsverwaltungen (AdV) vom Jahre 1966 nach beiden Seiten eine Ausdehnung von 1° 40′ in Länge (rd. 100 km), so daß zwei benachbarte Systeme sich mit einem 20 Längenminuten, d.h. im Mittel rund 23 km

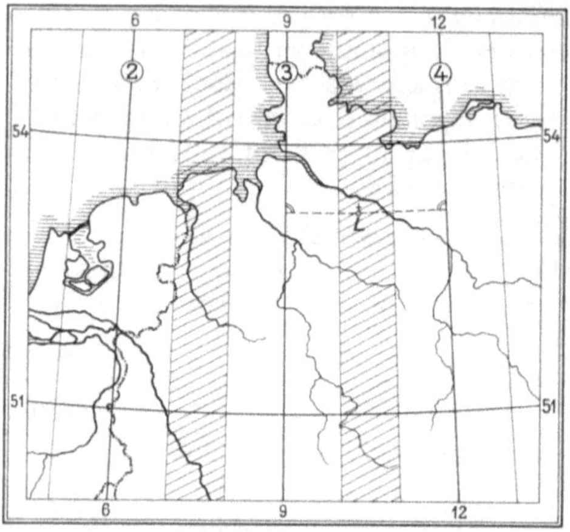


Abb. 4.10. Gauß-Krügersche Meridianstreifensysteme

breiten Streifen überdecken, in dem die Dreieckspunkte in beiden Systemen berechnet werden. Die Meridianstreifensysteme sind folgendermaßen eingerichtet: Die Gaußschen Ordinaten erhalten, damit negative Werte vermieden werden, einen Zuschlag von 500000 m, vor den als Kennziffer die durch 3 geteilte Längengradzahl des Hauptmeridians gesetzt wird. Diese vergrößerten Ordinaten heißen Rechtswerte. Die Abszissen werden auf dem Hauptmeridian vom Äquator an gezählt und als Hochwerte bezeichnet.

Mit diesen Bezeichnungen hat die Michaelis-Kirche in Lüneburg folgende Gauß-Krüger-Koordinaten:

Im System des 9. Längengrades

Hoch = 5902863,21 Rechts = 3593571,20.

Im System des 12. Längengrades

Hoch = 5903137,40 Rechts = 4393360,64.

Also ist im ersten System der Ordinatenfußpunkt 5902863,21 m vom Äquator entfernt; die Kirche selbst liegt ostwärts des 9. Längengrades, und ihre Gaußsche Ordinate ist + 93571,20 m lang. Im System des 12.

Längengrades liegt der Ordinatenfußpunkt 5903137,40 m nördlich des Äquators, und die Kirche selbst liegt westlich des 12. Längengrades mit der Gaußschen Ordinate – 106639,36 m. Bei täglichem Gebrauch werden, solange Verwechslungen nicht zu befürchten sind, die beiden ersten Ziffern der Hoch- und Rechtswerte weggelassen.

Durch die Begrenzung der Meridianstreifensysteme auf praktisch rund 100 km beiderseits des Hauptmeridians wird die in [4.3.3] angegebene Streckenvergrößerung so gering gehalten (maximal 12 cm auf 1 km), daß sie in vielen praktischen Fällen nicht beachtet zu werden braucht. Bei Feinmessungen und Feinabsteckungen muß sie jedoch jedes Mal in Rechnung gestellt werden, wobei zu beachten ist, daß die aus Gaußschen Koordinaten errechnete Strecke immer länger ist als die auf dem Ellipsoid.

### 4.3.5 Das Universal Transverse Mercator Grid System (UTM-System)

Das Universal Transverse Mercator Grid System oder UTM-System der USA verwendet ebenfalls das Gaußsche Abbildungsverfahren. Es benutzt als Bezugsfläche das Internationale Erdellipsoid von 1924 und umspannt die Erde mit 60 je 6 Längengrade umfassenden Meridianstreifen, deren Mittelmeridiane ausgehend von dem 180. Längengrad Greenwicher Zählung und beginnend mit dem Streifen 180° bis 174° West – ostwärts fortschreitend – die Kennziffern 1, 2, 3 . . . 60 erhalten. Ferner werden, um dem Anwachsen des Vergrößerungsverhältnisses an den Rändern der Streifen entgegenzuwirken, die aus der Netzausgleichung hervorgegangenen Strecken vor dem Eingang in die Koordinatenberechnung durch Multiplikation mit dem Maßstabsverjüngungsfaktor 0,9996 verkleinert. Schließlich ist das UTM-System der Breite nach durch die Parallelkreise 80° *Nord* und 80° *Süd* begrenzt. Auf dieses System sind auch die Karten der Nato gegründet.

Die UdSSR hat ein ähnlich gegliedertes erdumspannendes System Gaußscher Koordinaten auf dem Ellipsoid von Krassowski eingerichtet.

# 5. Bestimmung von Lagepunkten

Ist die Lage einer Anzahl von Punkten durch ihre Koordinaten in einem rechtwinkligen Koordinatensystem gegeben, so kann man von ihnen ausgehend die Koordinaten weiterer Punkte bestimmen. Die gegebenen, bereits festliegenden Punkte bezeichnet man dabei als *Festpunkte,* die neu zu bestimmenden Punkte heißen *Neupunkte.*

Die meßtechnische Bestimmung von Neupunkten kann auf zwei Arten geschehen:

- durch *Messen von Richtungen, Winkeln, Strecken und Streckendifferenzen* zwischen Punkten auf der Erdoberfläche oder zwischen Punkten auf und außerhalb der Erdoberfläche (Satelliten, . . .)
- durch *Messungen in Luftbildern.* Diesen Bereich behandelt die Photogrammetrie (vgl. u.a. bei *Schwidefsky/Ackermann* 1976).

Nachfolgend wird nur der erste Weg der Punktbestimmung behandelt.

## 5.1 Arten der Punktbestimmung

### 5.1.1 Arten der numerischen Punktbestimmung

Die numerische Bestimmung von Neupunkten geschieht in der Regel auf drei Arten: punktweise, linienweise und netzweise:

- bei der *punktweisen Bestimmung* wird jeder Punkt für sich,
- bei der *linienweisen Bestimmung* werden mehrere Punkte gemeinsam mit Hilfe eines gebrochenen Linienzuges und
- bei der *netzweisen Bestimmung* werden mehr als zwei Punkte gemeinsam mit Hilfe von Netzen aus Dreiecken und Vielekken festgelegt.

Mißt man zur Bestimmung von Neupunkten nur so viele Größen, wie zu ihrer in geometrischem Sinn eindeutigen Festlegung erforderlich sind, so liegt eine *eindeutige Punktbestimmung* vor. Werden mehr Größen gemessen, so hat man eine *überbestimmte Punktbestimmung.* Die so vorhandenen „überschüssigen Messungen" rufen infolge der unvermeidlichen Messungsfehler „Widersprüche" hervor, die einer „Ausgleichung" bedürfen. Im folgenden wird in der Hauptsache von einfachen Punktbestimmungen die Rede sein. Da sich kleinere Aufgaben mit überbestimmten Beobachtungen inzwischen einfach mit etwas anspruchsvolleren Taschenrechnern lösen lassen, sind auch hierfür einzelne Lösungsbeispiele angefügt. Die Theorie dieser Lösungswege ist u.a. nachzulesen bei (*Gotthardt* 1978, *Höpcke* 1980, *Pelzer* 1980, *Wolf* 1975).

### 5.1.2 Arten der technischen Hilfsmittel

Als technisches Hilfsmittel für die netzweise Bestimmung von Punkten stehen drei Verfahren zur Verfügung: Die Triangulation (vom lat. angulus = Winkel), die Trilateration (vom lat. Latus = Seite) und kombinierte Verfahren.

Bei der *Triangulation,* die seit dem 17. Jahrhundert in größerem Umfang zum Einsatz kam, beobachtete man zur Bestimmung eines Dreiecksnetzes möglichst alle im Netzbild auftretenden Dreieckswinkel; es wird ferner – um den Maßstab der Figur festzulegen – mindestens eine Seite gemessen (Abb. 5.1). In der Vergangenheit bestimmte man diese über ein Basisvergrößerungsnetz [7.1] und heute durch elektronische Streckenmessung. Die Triangulation ist insbesondere bei größeren Punktabständen sehr aufwendig und wird daher für großräumige Neuvermessungen nur noch in Ausnahmefällen eingesetzt.

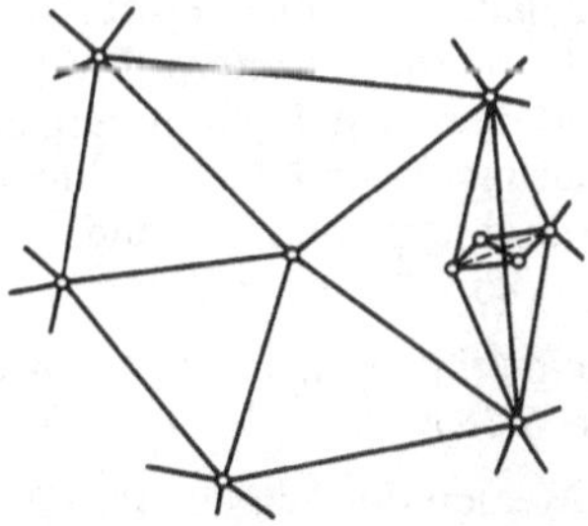

Abb. 5.1. Triangulationsnetz mit Basisvergrößerungsnetz

Die *Trilateration* ist erst seit 1956 durch das Aufkommen der elektronischen Entfernungsmesser wirtschaftlich geworden. Zusätzlich zu den Dreiecksseiten mißt man die Länge mehrerer Diagonalen, um überschüssige Beobachtungen zu bekommen (Abb. 5.2).

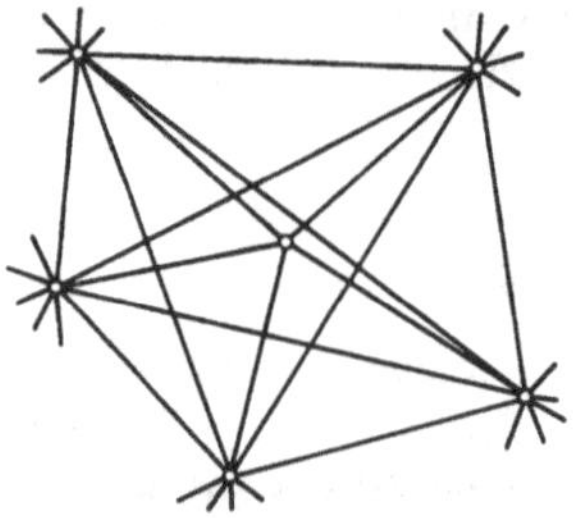

Abb. 5.2. Trilaterationsnetz

Bei den *kombinierten Verfahren* kommen die Strecken-, Richtungs-und Winkelmessung gemeinsam zum Einsatz. Geometrische Grundfiguren sind Dreiecke und Vielecke mit Diagonalen.

Beim Aufbau eines Landesnetzes schafft man sich zunächst durch geschlossene Messungen und Berechnungen ein übergeordnetes *Grundnetz*. In diesem Grundnetz können die Punkte einen Abstand von 10 . . . 20 km haben. Für sehr ausgedehnte Flächen wählt man größere Punktabstände. Das Grundnetz kann flächenfüllend sein (Abb. 7.1), oder die Form langgestreckter miteinander verknüpfter Ketten oder Linienzüge haben (Abb. 7.4). In dieses übergeordnete Grundnetz werden weitere Festpunkte durch punktweise, linienweise und netzweise Bestimmung eingepaßt. Aus fehlertheoretischen Gründen sind Neupunkte möglichst netzweise in das Grundnetz einzupassen. Besonders wirtschaftlich erweist sich das Messen von *Polygonnetzen*.

Die bekanntesten Verfahren der punkt-, linien- und netzweisen Bestimmung sind (Abb. 5.3, 5.4, 5.38):

a) *Vorwärtseinschneiden* durch Messen der Winkel $W_1$ und $W_2$,
b) *Rückwärtseinschneiden* durch Messen der Winkel $W_1$ und $W_2$,

c) *Bogenschnitt* durch Messen der Distanzen $D_1$ und $D_2$,
d) *Polares Anhängen* durch Messen des Winkels $W$ und der Distanz $D$,
e) *Kombiniertes Messen* von einem Winkel $W$ und zwei Distanzen $D_1$ und $D_2$,
f) *Polygonzug* durch Messen der Distanzen $D_i$ und der Winkel $W_i$,
g) Messen von *Polygonnetzen.*

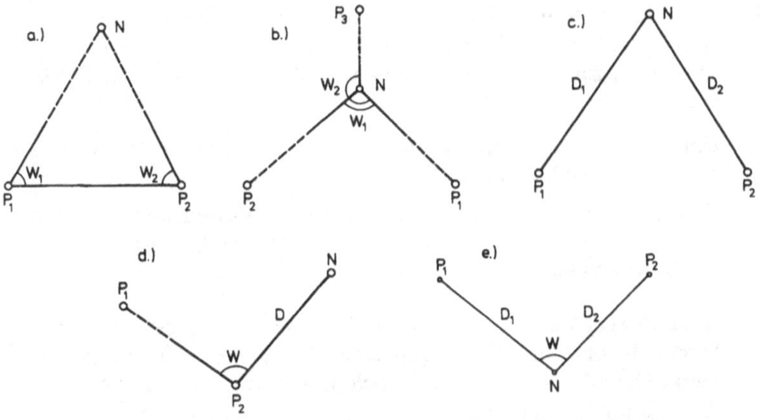


Abb. 5.3. Schematisierte Darstellung der Verfahren für das Bestimmen von Einzelpunkten
($P_i$: Festpunkte, $N_i$: Neupunkte)

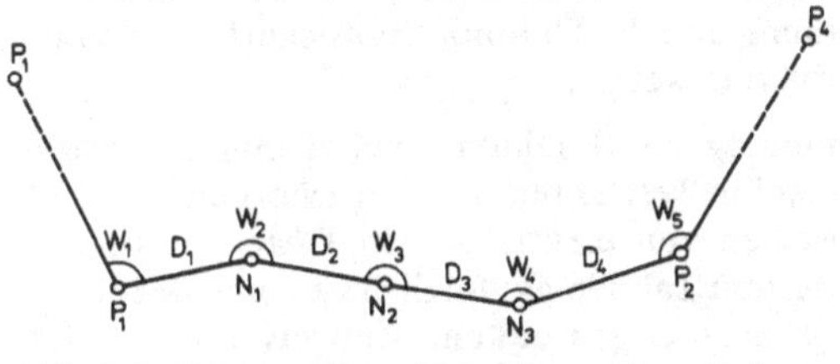


Abb. 5.4. Schematisierte Darstellung eines Polygonzuges

## 5.2 Unsicherheiten bei der Bestimmung und Definition von Lagepunkten

Die Unsicherheit eines Punktes läßt sich nach Helmert durch den mittleren Punktfehler

$$m_p = \pm \sqrt{\sigma_a^2 + \sigma_b^2} \tag{5.1}$$

beschreiben. Dabei sind $\sigma_a$ und $\sigma_b$ die Standardabweichungen des Punktes in zwei senkrecht aufeinanderstehenden Richtungen. Die Richtungen können z.B. mit denen des Koordinatensystems zusammenfallen; anstelle von $\sigma_a$ und $\sigma_b$ hat man dann die Standardabweichungen $\sigma(x)$ und $\sigma(y)$ der $x$- und $y$-Koordinate des Punktes.

Ein Lagepunkt läßt sich nur mit einer begrenzten Genauigkeit definieren. Ursachen hierfür sind:

- kleine unvermeidbare Bewegungen der Vermarkung,
- unterschiedliche Auffassungen über das Punktzentrum und
- Zentrierfehler.

In der Regel kann man für die örtliche Definitionsunsicherheit in beiden Koordinatenrichtungen einen Betrag von 10 mm annehmen. Der Punkt ist dann örtlich mit einer Unsicherheit von ± 15 mm definiert.

Lagepunkte lassen sich in Bezug auf Nachbarpunkte bei einer günstigen Netzkonfiguration etwa mit der Genauigkeit bestimmen, die auch für das Meßverfahren angegeben wird. Im allgemeinen wählt man die Meßverfahren so aus, daß die Unsicherheiten bei der Bestimmung und die Definitionsunsicherheit in einem ausgewogenen Verhältnis stehen.

Für die Lagebestimmung von Punkten benutzt man Strecken-, Richtungs- und Winkelmeßverfahren. Die Unsicherheit der Meßverfahren ist, abgesehen von elektronischen Distanzmessungen im Nahbereich, entfernungsabhängig; folglich ist auch die relative Punktgenauigkeit, je nach angewandtem Meßverfahren, entfernungsunabhängig oder entfernungsabhängig (Abb. 5.5).

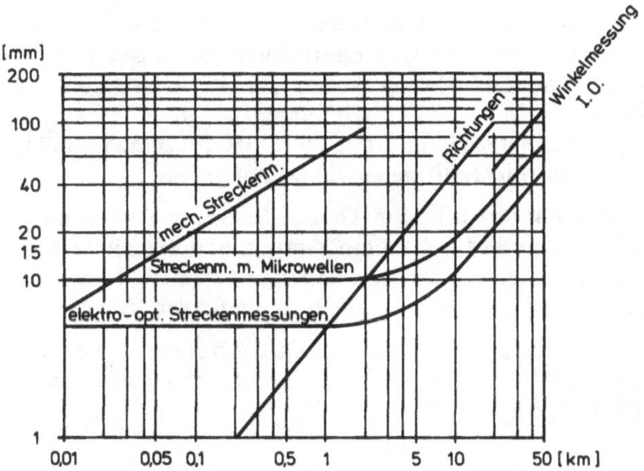


Abb. 5.5. Meßgenauigkeit und relative Punktgenauigkeit als Funktion der Entfernung (*Pelzer* 1981)

Bei der einfachen mechanischen Streckenmessung mit Meßbändern übersteigt die Meßunsicherheit schon bei Punktabständen von 50 m die Definitionsunsicherheit. Verfahren, bei denen die Richtungsmessung mit der elektronischen Entfernungsmessung kombiniert wird, eignen sich besonders für Entfernungsbereiche bis zu 3 km. Die Unsicherheiten der elektrooptischen Streckenmessung überschreiten erst bei Punktabständen größer als 15 km die Definitionsunsicherheit.

## 5.3 Vorbereitende Berechnungen

Bevor die eigentlichen Berechnungen beginnen, ist zu überprüfen, ob an die Meßwerte noch Korrektionen und Reduktionen anzubringen sind. Bei der Streckenmessung sind dies: die Nullpunktskorrektur, die Maßstabskorrektur und die geometrischen Reduktionen [2.2 bis 2.6].

Führt man die Winkel- oder Richtungsmessungen nur in einer Lage aus, so ist zu überprüfen, ob sich Zielachsen- oder Kippachsenfehler auf das Ergebnis auswirken; gegebenenfalls sind diese rechnerisch zu beseitigen [1.6]. Weitere Richtungs- oder Winkelkorrekturen können z.B. bei großräumigen Vermessungen und bei Berechnungen in speziellen Abbildungssystemen notwendig sein [4.3.3] (*Großmann* 1976; *Torge* 1975, 1980); diese entfallen jedoch bei den nachfolgend behandelten Aufgaben.

Oftmals ist es nicht möglich, den Theodoliten oder Entfernungsmesser im Zentrum der Beobachtungsstation und die Zielzeichen im Zentrum der Zielpunkte aufzustellen. In dem Fall hat man vorbereitende Zentrierungsrechnungen auszuführen [5.3.1].

Für bestimmte Aufgaben ist es notwendig, die mit einem Theodoliten gemessenen beliebig orientierten Richtungen vorbereitend zu orientieren [5.3.2].

### 5.3.1 Zentrieren beobachteter Richtungen und Strecken*

Folgende Fälle sind zu unterscheiden:

(1) Das Zentrum der Station ist zugänglich, aber die Sicht nach dem Zielpunkt ist nur von einem exzentrischen Standpunkt aus zu erhalten, von dem aus die Zentrierungselemente – d.h. die Entfernung und die Richtung zum Zentrum – direkt gemessen werden können.

(2) Das Zentrum der Station ist unzugänglich (Turmspitze, Fahnenstange und dgl.); die Zentrierungselemente müssen daher durch eine Hilfskonstruktion indirekt ermittelt werden.

(3) Das Signal am Zielpunkt steht exzentrisch.

(4) Die Zentrierungen lassen sich mit Hilfe gebrochener Strahlen umgehen.

#### (1) Standpunktzentrierung

Es sei in Abb. 5.6 $Z$ das Zentrum einer Station und $B$ ein exzentrischer Beobachtungs- oder Standpunkt. Auf $B$ seien die Rich-

---

* In Abweichung vom Symbolverzeichnis werden in Kap. 5.3.1 wegen der einfacheren Schreibweise die Strecken im Messungshorizont mit $S$ bezeichnet.

tungen $r_1', r_2' \ldots r_n'$ sowie die Richtung $r_z'$ nach $Z$ beobachtet; außerdem sei die Strecke $\overline{BZ} = e$ gemessen. Gesucht sind die auf $Z$ reduzierten Richtungen $r_1, r_2 \ldots r_n$.

Zur Lösung denke man sich das auf $B$ beobachtete Büschel $r_1', r_2' \ldots r_z' \ldots r_n'$ parallel nach $Z$ verschoben, so daß der Strahl nach $P_1$ in die in Abb. 5.6 fein punktierte Lage kommt. Da der dadurch entstehende Winkel $\delta_1$ auch bei $P_1$ auftritt, läßt $r_1$ sich folgendermaßen berechnen:

$$\varepsilon_1 = r_1' - r_z' \quad (5.2); \qquad \sin\delta_1 = \frac{e}{S_1}\sin\varepsilon_1 \quad (5.3); \qquad r_1 = r_1' + \delta_1. \quad (5.4)$$

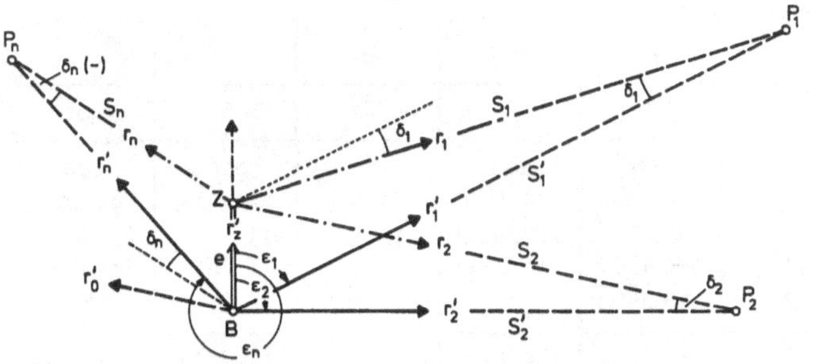


Abb. 5.6. Standpunktzentrierung

Entsprechend werden die Richtungen $r_2'$ bis $r_n'$ zentriert. Bei $\varepsilon_i > 200$ gon wird $\delta_i$ negativ.

Sind auf $B$ gemessene und bereits horizontierte Strecken $S_i'$ gegeben, so berechnen sich die zentrierten Strecken $S_i$ nach:

$$S_i = \sqrt{(S_i')^2 + e^2 - 2S_i' e \cos\varepsilon_i}\,. \qquad (5.5)$$

Werden keine Distanzen gemessen, so können in (5.3) näherungsweise – wie die nachfolgende Abschätzung zeigt – aus Koordinaten berechnete Strecken $s_i$ eingeführt werden.

Zur *Abschätzung der Genauigkeit,* mit der $e$ und $S$ beobachtet werden müssen, findet man aufgrund einer Differentiation von (5.3) für den ungünstigsten Fall

$$\frac{d\delta}{\delta} = \frac{de}{e} + \frac{dS}{S}; \tag{5.6}$$

$e$ und $S$ werden also zweckmäßig mit der gleichen relativen Genauigkeit ermittelt. Dazu hat man $e$ auf mm und $S$ bei kürzeren Entfernungen auf dm, bei längeren Entfernungen auf m zu bestimmen.

*Zahlenbeispiel:* Zentrierung von $n = 3$ Richtungen

| | $r'_i$ / $r'_z$ | $\varepsilon_i = r'_i - r'_z$ | $S_i$ / $e$ | $\delta_i$ | $r_i = r'_i + \delta_i$ |
|---|---|---|---|---|---|
| 1 | 2 | 3 | 4 | 5 | 6 |
| | gon | gon | m | gon | gon |
| $P_1$ | 94,1090 | 58,8570 | 2353,2 | +0,2918 | 94,4008 |
| $P_2$ | 155,1759 | 119,9239 | 1346,8 | +0,6077 | 155,7836 |
| $P_3$ | 281,4529 | 246,2009 | 1592,9 | −0,3584 | 281,0945 |
| $Z$ | 35,2520 | | 13,512 | | |
| | 565,9898 | 424,9818 | | +0,5411 | 531,2789 |
| | $4r'_z$ | 141,0080 | | | −0,5411 |
| | | 565,9898 | | | 35,2520 |
| | | | | | 565,9898 |

Probe: $[r'_i] + r'_z = [\varepsilon_i] + (n+1)\,r'_z = [r_i] - [\delta_i] + r'_z$

Die Summenprobe sichert nur die 3. und 6. Spalte, während die 5. Spalte nicht geprüft ist. Die $\delta_i$ kann man durch zweimaliges Rechnen proben.

## (2) Indirekte Bestimmung der Zentrierungselemente

Wenn die Zentrierungselemente nicht unmittelbar beobachtet werden können – z.B. weil $Z$ eine Kirchturmspitze ist, $B$ aber sich im Schalloch befindet –, so müssen $e$ und $r'_z$ indirekt bestimmt werden. Oft gelingt das wie in Abb. 5.7 mittels einer Hilfs-

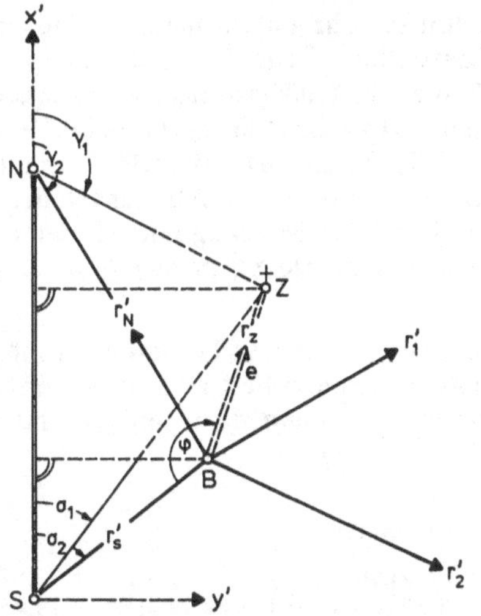


Abb. 5.7. Bestimmung der Zentrierungselemente

basis *SN* am Fuß des Turmes. Da die Visuren oftmals sehr steil sind, stelle man die Stehachse des Theodolits streng lotrecht. Man beobachte in *B*: die Richtungen $r'_1, r'_2 \ldots, r'_S, r'_N$; in *S* die Winkel $\sigma_1, \sigma_2$; in *N*: die Winkel $\nu_1, \nu_2$. Die Winkel im Dreieck *S N B* stelle man zusammen und verteile den Widerspruch; die Hilfsbasis messe man auf mm.

Der übersichtlichste Rechenweg zur Ermittlung von *e* und $r'_z$ ergibt sich, wenn man die Basis *SN* als Abszissenachse eines örtlichen Koordinatensystems betrachtet und folgendes rechnet:

a) Rechtwinklige Koordinaten von *B* und *Z* in Beziehung auf *SN* als Abszissenachse durch trigonometrische Auflösung der Dreiecke oder durch Vorwärtseinschneiden [5.4.1];

b) daraus $\overline{BZ} = e$ und den Richtungswinkel $t'_{BZ}$ nach [4.1.2];

c) $\varphi = t'_{BZ} - t'_{BS} = t'_{BZ} - \sigma_2 \pm 200$ gon;

d) $r'_z = r'_s + \varphi$.

Da die örtlichen Verhältnisse sehr unterschiedlich sind, lassen sich feste Regeln nicht aufstellen. Wenn z. B. der Standpunkt $B$ zu ebener Erde liegt, läßt man die Hilfsbasis nach Möglichkeit unmittelbar von $B$ ausgehen und verfährt dann wie beim Herablegen [5.8.5.1]. In jedem Falle fertige man eine die Verhältnisse richtig wiedergebende Lageskizze an und wähle danach den günstigsten Weg. Zur Verprobung von Messung und Rechnung bestimme man die Zentrierungselemente ein zweites Mal von einer anderen Hilfsbasis aus.

Soll ein Exzentrum koordiniert werden, so bestimmt man im Anschluß an einen von $B$ aus angezielten Festpunkt den Richtungswinkel $t_{ZB}$ im Landessystem und kann dann mit $t_{ZB}$ und $e$ die Koordinaten von $Z$ auf $B$ übertragen.

*Zahlenbeispiel:* Es wurden beobachtet:

$r'_1 = 0{,}0000$ gon; $r'_S = 161{,}3819$ gon; $\nu_1 = 157{,}586$ gon; $\sigma_1 = 71{,}828$ gon
$SN = 94{,}376$ m; $r'_N = 244{,}7059$ gon; $\nu_2 = 158{,}768$ gon; $\sigma_2 = 75{,}442$ gon

Die Rechnung ergab:

$x'_B = 22{,}181$ m; $x'_Z = 25{,}616$ m; $t'_{BZ} = 389{,}6577$ gon
$y'_B = 54{,}619$ m; $y'_Z = 54{,}056$ m; $r'_z = 275{,}5971$ gon; $e = 3{,}481$ m.

### (3) Zielpunktzentrierung

Es sei auf dem Beobachtungspunkt $B$ an Stelle der Sollrichtung $r$ nach dem Ziel $P$ die Richtung $r_t$ nach der bei $P$ exzentrisch aufgestellten Signaltafel $T$ beobachtet. Zur Reduktion auf das Zentrum von $P$ seien in $T$ der Winkel $\varepsilon$ und die Tafelexzentrizität $e$ bestimmt. Dann ist nach Abb. 5.8

$$\sin \delta = \frac{e}{s} \sin \varepsilon \quad \text{und} \quad r = r_t + \delta . \tag{5.7}$$

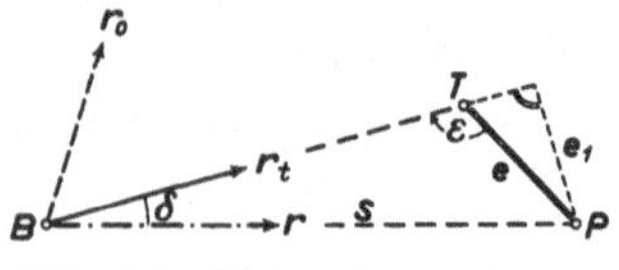


Abb. 5.8. Zielpunktzentrierung

Sehr häufig entsteht eine kleine Exzentrizität dadurch, daß die Spitze eines ursprünglich zentrisch errichteten Signals auswandert. In solchen Fällen befestigt man ein mit einer Kreisteilung versehenes Zeichenblatt 20 × 20 cm (Orientierungsspinne) auf einem dünnen Brett und legt es zentrisch auf die Punktmarke (Abb. 5.9). Lotet man dann die Signalspitze mit Hilfe des Theo-

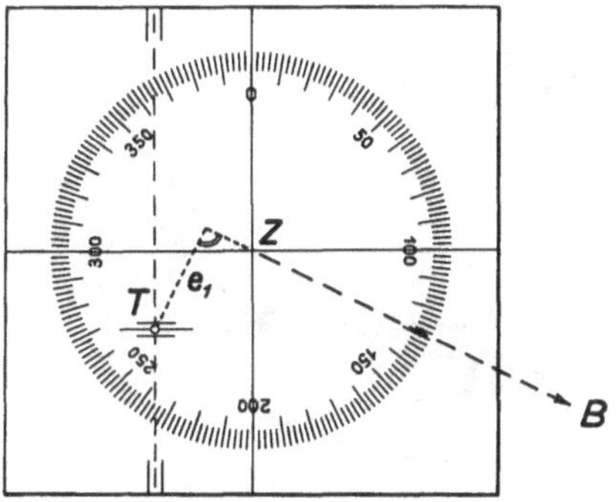


Abb. 5.9. Ablotungsspinne

dolits in zwei rechtwinklig zueinander verlaufenden Richtungen auf die Spinne herunter, so kann $e$ auf der Spinne in wahrer Größe abgegriffen werden. Schließlich reißt man auf der Spinne die Richtung nach dem Beobachtungspunkt $B$ an; dann läßt sich $e_1 = e \sin \varepsilon$ unmittelbar abgreifen und $\delta = \frac{e_1}{s} \cdot \frac{200}{\pi}$ mit einem Taschenrechner berechnen. Diese Zentrierungsart heißt „Abloten“.

Häufig sind Zentrierungen sowohl im Zielpunkt wie im Standpunkt vorzunehmen. Man berechnet dann zunächst die Zielpunktzentrierungen, streicht im Winkelbuch die beobachteten Richtungen durch, schreibt die reduzierten Richtungen rot darüber und hat damit die Standpunktzentrierungen durchgeführt. Eine Formel, die sowohl die Zielpunkt- wie die Standpunktzentrierung erfaßt, ist für die Praxis überflüssig.

## (4) Gebrochene Strahlen

Wenn wie in Abb. 5.10 die Sicht $P_1 P_2$ versperrt ist, so beobachte man auf $P_1$ und $P_2$ die Richtung nach einem möglichst nahe der Sicht $P_1 P_2$ liegenden Hilfspunkt $A$, der von den Sollrichtungen um die Winkel $\delta_1$ und $\delta_2$ abweicht. Man messe ferner den Winkel $P_1\, A\, P_2$ und hat dann nach Abb. 5.10 auch $\delta = \delta_1 + \delta_2$. Sind dann noch $S_1$ und $S_2$ bekannt, so lassen $\delta_1$ und $\delta_2$ sich nach dem Tangenssatz – sechsstellig – errechnen aus:

$$\tan \frac{1}{2} (\delta_2 - \delta_1) = \frac{S_1 - S_2}{S_1 + S_2} \tan \frac{1}{2} \delta . \qquad (5.8)$$

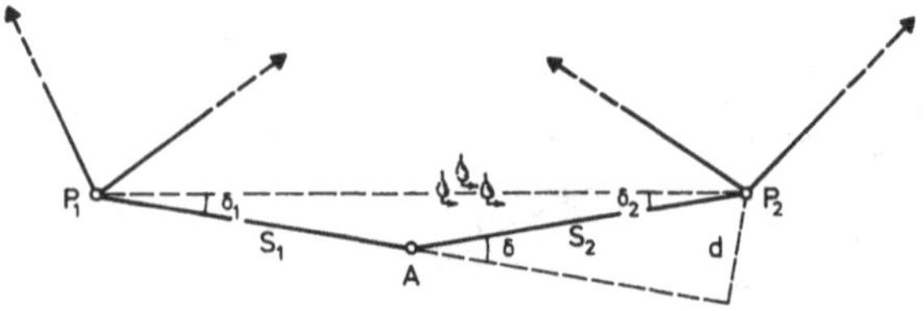


Abb. 5.10. Einfach gebrochener Strahl

Um hiernach $\delta_1$ und $\delta_2$ auf 0,5 mgon zu erhalten, muß $\delta \leqq 2{,}2$ gon und $s(\delta) \leqq 0{,}7$ mgon sein; $S_1$ und $S_2$ müssen der Bedingung $3/2 \geqq S_1/S_2 \geqq 2/3$ genügen, und ihre relativen Fehler dürfen $\pm\, 2{,}5 \cdot 10^{-4}$, d. h. 10 cm auf 400 m, nicht übersteigen.

Bei $\delta < 2$ cgon folgt mit genähertem $S_1$ und $S_2$ aus Abb. 5.10

$$\delta_1 (S_1 + S_2) \approx (\delta_1 + \delta_2) S_2 = d$$

$$\delta_1 = \delta \frac{S_1}{S_1 + S_2} ; \qquad \delta_2 = \delta \frac{S_1}{S_1 + S_2} . \qquad (5.9)$$

$A$ kann auch in der ungefähren Verlängerung von $P_1 P_2$ liegen (rückwärts gebrochener Strahl). Dann ist nach Abb. 5.11 $\delta = \delta_2 - \delta_1$ zu messen. Damit werden $\delta_1$ und $\delta_2$ unter den bei (5.9) verwendeten Voraussetzungen erhalten aus:

$$\tan \frac{1}{2} (\delta_1 + \delta_2) = \frac{S_1 + S_2}{S_1 - S_2} \tan \frac{1}{2} \delta . \qquad (5.10)$$

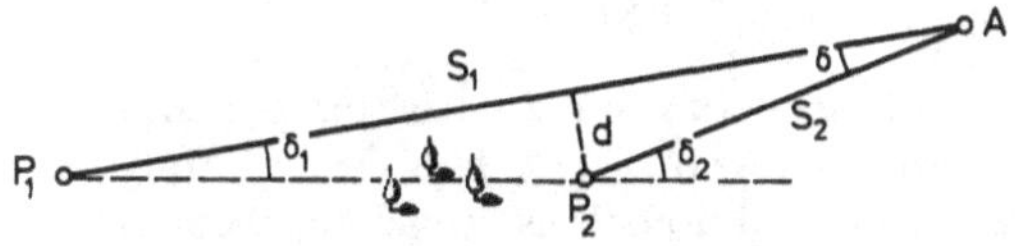


Abb. 5.11. Rückwärts gebrochener Strahl

Bei $\delta < 2$ cgon ist nach Abb. 5.11:

$$\delta_1(S_1 - S_2) \approx \delta S_2 = d$$

$$\delta_1 = \delta \frac{S_2}{S_1 - S_2}; \qquad \delta_2 = \delta \frac{S_1}{S_1 - S_2}. \qquad (5.11)$$

Ist der Strahl mehrfach gebrochen (Abb. 5.12), so berechnet man ihn als freien Polygonzug [5.8.2.3] mit der Seite $P_1A$ als $x'$-Achse und findet daraus nach [4.1.2]

$$\delta_1 = t'_{12}; \ \delta_2 = t'_{21} - t'_{2C}. \qquad (5.12)$$

In jedem Falle müssen Theodolit und Signale äußerst scharf – möglichst mit Zwang [1.5.4] – zentriert werden.

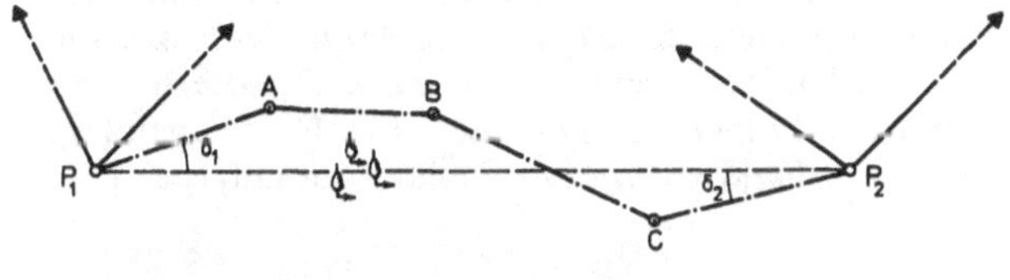


Abb. 5.12. Mehrfach gebrochener Strahl

Der gebrochene Strahl ist ein ausgezeichnetes Hilfsmittel zum Umgehen von Hindernissen, das meistens schneller zum Ziele führt als größere Exzentrizitäten.

### 5.3.2 Orientieren beobachteter Richtungen

Die mit einem Theodoliten beobachteten Richtungen sind zunächst willkürlich orientiert (Abb. 5.13). Die Orientierung der Richtungen $r_i$ eines Richtungsbüschels ist gegeben, wenn seine Nullrichtung in die Abszissenrichtung des für die Berechnungen verwendeten Koordinatensystems gedreht wird. Nullrichtung kann die Anfangsrichtung reduzierter Richtungen [1.7.3] oder die des Teilkreises sein. Für beide Fälle stimmen die Lösungswege überein.

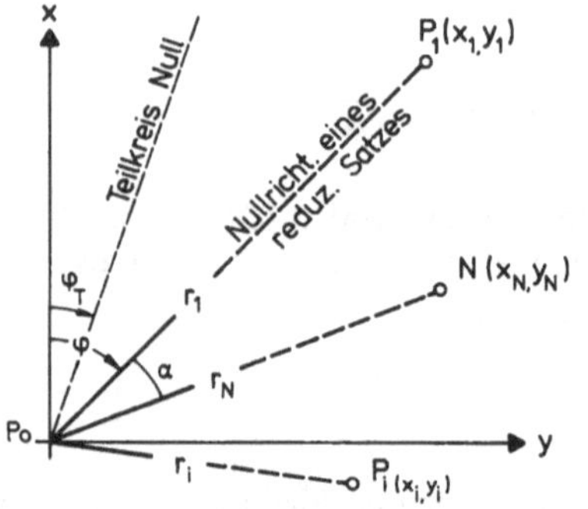


Abb. 5.13. Orientieren von Richtungen

Führt man nachfolgend die Berechnungen mit reduzierten Richtungen $r_i$ aus, so erhält man die *Orientierungsunbekannte* (bzw. den Drehwinkel) $\varphi$ *eines reduzierten Richtungsbüschels;* orientiert man die unmittelbar gemessenen Richtungen $R_i$, so erhält man die *Orientierungsunbekannte* $\varphi^T$ *des Teilkreises*. Nachfolgend wird der Lösungsweg anhand reduzierter Richtungen aufgezeigt.

(1) Orientieren mit Hilfe eines Anschlußpunktes

Gegeben sind die Festpunkte $P_0$ und $P_1$ und die Richtungen $r_1$, $r_N$ von $P_0$ zu den Festpunkten $P_1$ und $N$ (Abb. 5.13). Gesucht ist die zum Neupunkt $N$ weisende orientierte Richtung $r_N^0$.

$$r_N^0 = t_1 + \alpha_1 . \tag{5.13}$$

$t_1$ berechnet man nach [4.1.2] und $\alpha_1 = r_N - r_1$. $r_N^0$ ergibt sich auch aus:

$$r_N^0 = r_N + \varphi \tag{5.14}$$

mit

$$\varphi = t_1 - r_1 . \tag{5.15}$$

(2) Orientieren mit mehreren Anschlußpunkten

Gegeben sind die Koordinaten der Festpunkte $P_0, P_1, \ldots P_n$, und die auf dem Punkt $P_0$ beobachteten Richtungen $r_i$. Gesucht ist die zum Neupunkt $N$ weisende orientierte Richtung $r_N^0$ (Abb. 5.13). Sind $n$ Festpunkte beobachtet, so kann man die Orientierungsunbekannt $n$-mal rechnen. Aufgrund von Netzspannungen und Beobachtungsfehlern werden die Einzelwerte voneinander abweichen. Ein geeigneter endgültiger Wert ist das arithmetische Mittel [Band I,1.4]:

$$\varphi_i = t_i - r_i ,$$

$$\varphi = \frac{[t - r]}{n} . \tag{5.16}$$

Schließlich erhält man die orientierte Richtung zum Neupunkt aus:

$$r_N^0 = r_N + \varphi . \tag{5.17}$$

Probe und Fehlerrechnung:

Zwischen den orientierten Richtungen $r_i^0$ und Richtungswinkeln $t_i$ bestehen die Widersprüche:

$$v_i = t_i - r_i^0 .$$

Zur Probe rechne man:

$$[v] = 0 .$$

Die Unsicherheit der Messungen und die vorhandenen Netzspannungen lassen sich durch die Standardabweichung einer orientierten Richtung

$$\sigma(r^0) = \sqrt{\frac{[vv]}{n(n-1)}} , \tag{5.18}$$

und die seitlichen Querabweichungen der Richtungen beschreiben:

$$Q = v \cdot s. \tag{5.19}$$

Dabei bezeichnet $s$ die Zielweiten.

*Zahlenbeispiel:* Orientierung von Richtungen

| | Richtungs-winkel $t_i$ | Gemessene Richtungen $R_i$ | $t_i - R_i$ $\varphi^T$ | Orient. R. $R_i + \varphi^T$ $R_i^0$ | $t_i - R_i^0$ $v_i$ |
|---|---|---|---|---|---|
| | gon | gon | gon | gon | mgon |
| 1 | 46,4917 | 12,1346 | 34,3571 | 46,4920 | −0,3 |
| 2 | 192,1544 | 157,7978 | ,3566 | 192,1552 | −0,8 |
| $N$ | (256,2553) | 221,8973 | | 256,2547 | (−0,6) |
| 3 | 324,6356 | 290,2772 | ,3584 | 324,6346 | +1,0 |
| Σ | – | 282,1069 | ,0731 | 19,5365 | |
| | $n \cdot \varphi^T =$ | 137,4296 | $34,3574 = \varphi^T$ | | |
| | | 19,5365 | | | |

$$s(R^0) = \sqrt{[vv]:(n \cdot (n-1))} = \sqrt{1,73:(3 \cdot 2)} = 0,54 \text{ mgon}$$

(3) Unterschiedliche Zielpunktabstände

Bei stärker abweichenden Zielweiten ist zu berücksichtigen, daß auf Netzspannungen beruhende Koordinatenfehler und beim Aufstellen der Geräte und Zielmarken auftretende Zentrierfehler entfernungsabhängig wirken. Im Einzelfall ist zu prüfen, ob diese Einflüsse durch einen Gewichtsansatz – z. B. $p = \text{const.} \cdot s$ – zu berücksichtigen sind. Anstelle von (5.16) verwende man dann das gewogene Mittel [Band I, 1.4.6.2].

## 5.4 Punktbestimmung durch Richtungsmessungen

Grundsätzlich unterscheidet man zwei Verfahren: das *Vorwärtseinschneiden*, wenn Richtungen auf Festpunkten gemessen werden (Abb. 5.14) und das *Rückwärtseinschneiden*, wenn Richtungen auf einem Neupunkt bestimmt werden (Abb. 5.19).

Die Verfahren des Punkteinschneidens werden heute vorwiegend dann angewendet, wenn die Zielpunkte nicht oder nur unter Schwierigkeiten zugänglich sind. In der Vergangenheit setzte man sie fast ausschließlich für die Netzverdichtung ein.

Die Anwendungsmöglichkeiten dieser Verfahren sind beschränkt. Die Genauigkeit der Punktbestimmung ist abhängig von der Geometrie der Bestimmungsfigur; für manche Anordnungen versagen die Verfahren.

### 5.4.1 Vorwärtseinschneiden

Um einen Neupunkt $N$ zu bestimmen, mißt man auf zwei oder mehr Festpunkten $P_i$ Richtungen nach Festpunkten $P'$ und dem Neupunkt (Abb. 5.14). Die Lösung ist eindeutig, wenn auf zwei Festpunkten je ein Winkel zwischen einem Festpunkt und $N$ bestimmt ist (Abb. 5.15).

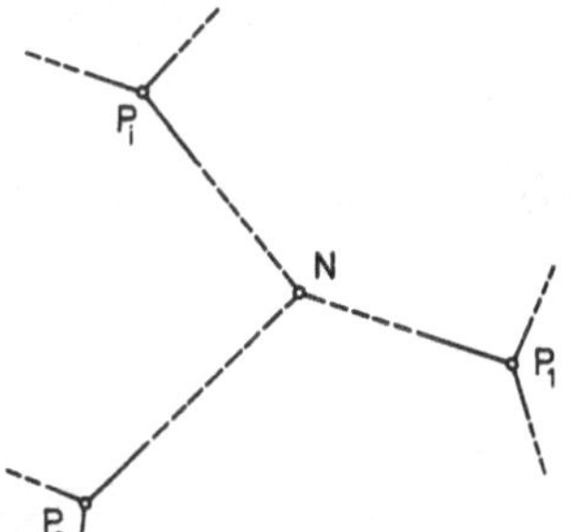


Abb. 5.14. Vorwärtseinschneiden, allgemeiner Fall

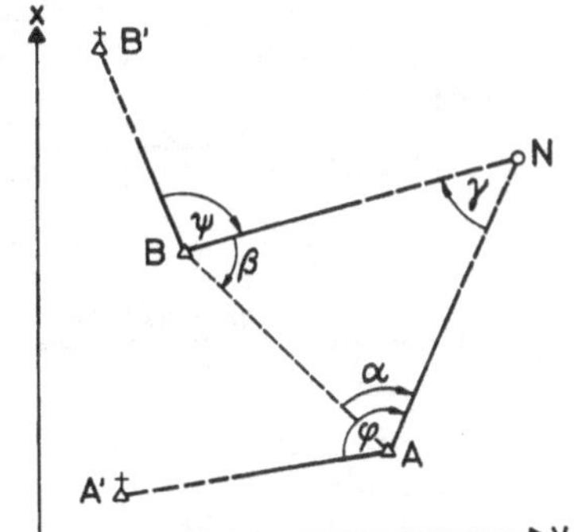


Abb. 5.15. Vorwärtseinschneiden mit zwei Winkeln

### 5.4.2 Vorwärtseinschneiden durch polares Anhängen und Geradenschnitt

(1) Eindeutige Lösung durch polares Anhängen

Gegeben sind die Koordinaten von zwei Standpunkten $A$ und $B$ sowie von zwei Anschlußpunkten $A'$ und $B'$. Gemessen ist auf $A$

der Winkel $\varphi$ und auf $B$ der Winkel $\psi$. Gesucht sind die Koordinaten des Neupunktes $N$ (Abb. 5.15).

Eine Lösung findet man durch polares Anhängen:

$$\begin{aligned} x &= x_A + \overline{AN}\cos(AN) = x_B + \overline{BN}\cos(BN) \\ y &= y_A + \overline{AN}\sin(AN) = y_B + \overline{BN}\cos(BN) \\ &\qquad\qquad \text{Probe}\,. \end{aligned} \tag{5.20}$$

Vorbereitend sind die polaren Bestimmungsstücke zu berechnen. Die orientierten Richtungen $(AN)$ und $(BN)$ berechnet man nach [5.3.2]:

$$(AN) = t_{AA'} + \varphi\,;\quad (BN) = t_{BB'} + \psi\,. \tag{5.21}$$

Die Strecken $\overline{AN}$ und $\overline{BN}$ erhält man durch Auflösen des Dreiecks $ABN$:

$$\overline{AN} = \overline{AB}\,\frac{\sin\beta}{\sin\gamma}\,;\quad \overline{BN} = \overline{AB}\,\frac{\sin\alpha}{\sin\gamma}\,, \tag{5.22}$$

dabei ist:

$$\begin{aligned} \overline{AB} &= \sqrt{(x_B - x_A)^2 + (y_B - y_A)^2}, \\ \alpha &= (AN) - t_{AB}, \quad \beta = t_{BA} - (BN), \\ t_{AB} &= \arccos\frac{x_B - x_A}{\overline{AB}}, \quad t_{BA} = t_{AB} \pm 200\,\text{gon}, \\ \gamma &= 200\,\text{gon} - (\alpha + \beta)\,. \end{aligned} \tag{5.23}$$

*Zusätze*: a) Wenn die Zielungen von $A$ nach $B$ und $B$ nach $A$ möglich sind, kann auf die Visuren nach $A'$ und $B'$ verzichtet werden. An die Stelle von (5.21) tritt dann:

$$(AN) = (AB) + \alpha\,;\quad (BN) = (BA) - \beta\,. \tag{5.20a}$$

b) Sind an Stelle der Winkel $\varphi$ und $\psi$ die Winkel $\varphi$ und $\gamma$ beobachtet, so ist

$$(AN) = (AA') + \varphi\,;\quad (BN) = (AN) + \gamma\,. \tag{5.20b}$$

Dieser Fall heißt Seitwärtseinschneiden.

c) Sind an Stelle der Winkel $\varphi$ und $\psi$ auf $A$ und $B$ Richtungen $r_i$ zu mehreren Festpunkten gemessen, so berechnet man die orientierten Richtungen nach [5.3.2] Gl. (5.16).

(2) Eindeutige Lösung durch Geradenschnitt

Eine weitere Lösung erhält man, wenn man den Neupunkt als Schnittpunkt zweier Geraden betrachtet [Band I, 3.2.5]

$$y - y_A = \tan(AN)(x - x_A) \text{ und } y - y_B = \tan(BN)(x - x_B). \quad (5.24)$$

Nachdem $(AN)$ und $(BN)$ gemäß (5.21) bestimmt sind, hat man lediglich die beiden Gleichungen

$$x - x_A = \frac{(y_B - y_A) - (x_B - x_A)\tan(BN)}{\tan(AN) - \tan(BN)}, \quad (5.25)$$

$$y - y_A = (x - x_A)\tan(AN)$$

aufzulösen. Zur Kontrolle hat man

$$x - x_B = \frac{(y_B - y_A) - (x_B - x_A)\tan(AN)}{\tan(AN) - \tan(BN)}, \quad (5.26)$$

$$y - y_B = (x - x_B)\tan(BN).$$

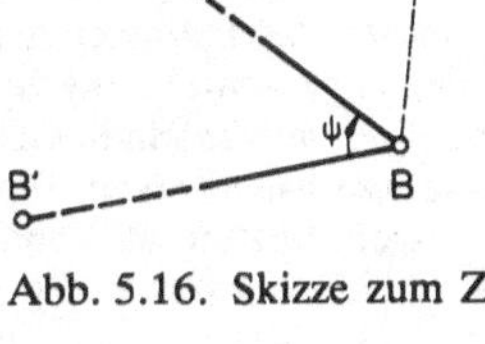


Abb. 5.16. Skizze zum Zahlenbeispiel Vorwärtseinschneiden

*Zahlenbeispiel:* Vorwärtseinschneiden durch Geradenschnitt

| | Pkt. Nr. | Rechts $y$ | Hoch $x$ |
|---|---|---|---|
| Gegeben | $A$ | 24681,92 | 90831,87 |
| | $A'$ | 23231,58 | 91422,92 |
| | $B$ | 24877,72 | 89251,09 |
| | $B'$ | 22526,65 | 89150,52 |

| | | | |
|---|---|---|---|
| Aus Koord.: $(AA')$ | $= +324{,}6356$ gon | $(BB')$ | $= 297{,}2785$ gon |
| Beobachtet: $+\varphi$ | $= 331{,}6174$ gon | $+\psi$ | $= 60{,}7510$ gon |
| $(AN)$ | $= 256{,}2530$ gon | $(BN)$ | $= 358{,}0295$ gon |
| $\tan(AN)$ | $= +1{,}218621$ | $\tan(BN)$ | $= -0{,}774937$ |

$$\tan(AN) - \tan(BN) = +1{,}993558$$

| | | | |
|---|---|---|---|
| $y - y_a$ | $= -\ 629{,}13$ | $x - x_a$ | $= -\ 516{,}27$ |
| $y$ | $= 24052{,}79$ | $x$ | $= 90315{,}60$ |

### 5.4.3 Mehrfaches Vorwärtseinschneiden durch eine Ausgleichung*

Neu bestimmte Koordinaten sollten möglichst durch Meß- und Rechenproben kontrolliert werden. Gegen Beobachtungsfehler, wie z. B. das Anzielen eines falschen Ziels oder Irrtümer bei der Entnahme der Ausgangsdaten, z. B. beim Abschreiben der Koordinaten, sichern nur überschüssige Beobachtungen. Man beobachtet daher wenigstens eine überschüssige Richtung, vgl. [5.4.2]. Die Koordinaten des Neupunktes sind dann durch eine Ausglei-

* Mit den nachfolgenden Formeln kann man die Koordinaten des Neupunktes auch dann berechnen, wenn keine Überbestimmungen vorhanden sind. Es entfallen dann allerdings die Fehlerrechnungen. Die Näherungswerte kann man z. B. einer maßstäblichen Zeichnung entnehmen. Bei groben Näherungswerten wird die erstmalige Anwendung des Verfahrens die gesuchten Werte noch nicht mit der gewünschten Genauigkeit ergeben; man hat dann das Verfahren zu wiederholen. Ein Vergleich der neuen und zuvor berechneten Koordinaten läßt schließlich beurteilen, ob die Genauigkeit ausreicht.

chung zu berechnen (vgl. Anhang B). Die einzelnen Schritte des Verfahrens, das mit modernen Taschenrechnern einfach nach einem vorgegebenen Schema durchgeführt werden kann, werden anhand eines Beispiels erläutert. Da inzwischen auch kleinere Taschenrechner Programme für Matrizenalgebra enthalten, wird nachfolgend die Matrizenrechnung verwendet.

Als *Beispiel* diene die Berechnung des Neupunktes $N$ in Abb. 5.17. Er ist durch Richtungsmessungen von 4 Festpunkten aus bestimmt. Gegeben seien die Koordinaten der Festpunkte und die auf den Festpunkten gemessenen und nach [5.3.2] orientierten Richtungen $(r_N^0)_i$.

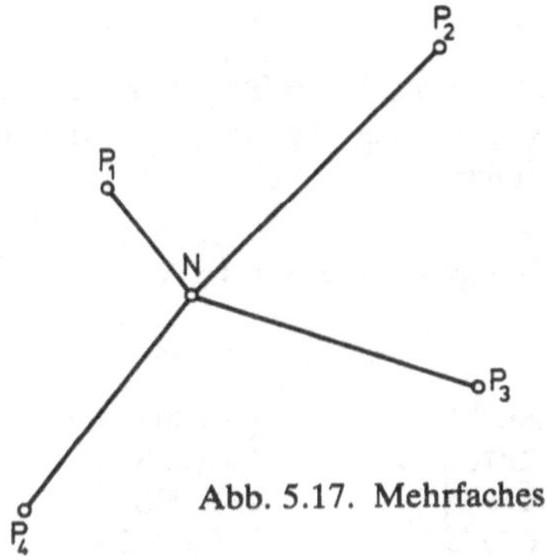


Abb. 5.17. Mehrfaches Vorwärtseinschneiden

Tab. 5.1.

| Punkt Nr. | Rechts $y$ | Hoch $x$ | $(r_N^0)_i$ |
|---|---|---|---|
| | [m] | [m] | [gon] |
| 1 | 48 177,62 | 06 531,28 | 156,2469 |
| 2 | 49 600,15 | 07 185,19 | 247,3104 |
| 3 | 49 830,93 | 05 670,69 | 318,9507 |
| 4 | 47 863,91 | 05 077,24 | 39,4912 |
| $N$ | 48 565,2 $= y_0$ | 06 059,0 $= x_0$ | |

Für jede orientierte Richtung erhält man eine Fehlergleichung (siehe Anhang B, Gleichung B 16):

$$v_i = a_{i1}\,dy + a_{i2}\,dx - l_i$$

mit

$$a_{i1} = \frac{x_0 - x_i}{(s_i^0)^2} \cdot \frac{200}{\pi}\,;\quad a_{i2} = -\frac{y_0 - y_i}{(s_i^0)^2} \cdot \frac{200}{\pi}\,,$$

$$(s_i^0)^2 = (x_0 - x_i)^2 + (y_0 - y_i)^2,$$

$$l_i = (r_N^0)_i - t_i^0,$$

$$t_i^0 = \operatorname{arc\,tan} \frac{y_0 - y_i}{x_0 - x_i}\,.$$

Man berechne zunächst Näherungskoordinaten $x_0, y_0$ für den Neupunkt (s. Tab. 5.1), sowie die Koeffizienten $a_{ij}$ und Absolutglieder $l_i$ der Fehlergleichungen.

Damit sind die Fehlergleichungen $\mathbf{v} = \mathbf{A}\mathbf{x} - \mathbf{l}$

$$\mathbf{v} = \overset{\mathbf{A}}{\begin{bmatrix} -0{,}08055 & -0{,}06610 \\ -0{,}03065 & 0{,}02816 \\ 0{,}01410 & 0{,}04597 \\ 0{,}04294 & -0{,}03067 \end{bmatrix}} \cdot \overset{\mathbf{x}}{\begin{bmatrix} dy \\ dx \end{bmatrix}} - \overset{\mathbf{l}}{\begin{bmatrix} -0{,}0039 \\ -0{,}0035 \\ 0{,}0003 \\ 0{,}0035 \end{bmatrix}}$$

gegeben. Danach berechnet man

$$\mathbf{A}^T\mathbf{A} = \mathbf{N} = \begin{bmatrix} 0{,}00947 & 0{,}00379 \\ & 0{,}00822 \end{bmatrix}, \quad \mathbf{A}^T\mathbf{l} = \mathbf{n} = \begin{bmatrix} 0{,}00058 \\ -0{,}00007 \end{bmatrix},$$

$$\mathbf{N}^{-1} = \begin{bmatrix} 129{,}491 & -59{,}704 \\ & 149{,}182 \end{bmatrix}, \quad \mathbf{x} = \mathbf{N}^{-1}\mathbf{n} = \begin{bmatrix} +0{,}071 \\ -0{,}024 \end{bmatrix}.$$

Nachdem die Verbesserungen

$$\mathbf{v} = \begin{bmatrix} -0{,}0002 \\ 0{,}0006 \\ -0{,}0004 \\ 0{,}0003 \end{bmatrix}$$

| | $y_0 - y_i$ | $x_0 - x_i$ | $s_i^0$ | $t_i^0$ | $a_{i1}$ | $a_{i2}$ | $l_i$ |
|---|---|---|---|---|---|---|---|
| | [m] | [m] | [m] | [gon] | | | [gon] |
| $P_1N$ | 387,58 | − 472,28 | 610,956 | 156,2508 | −0,08055 | −0,06610 | −0,0039 |
| $P_2N$ | −1034,95 | −1126,19 | 1529,518 | 247,3139 | −0,03065 | 0,02816 | −0,0035 |
| $P_3N$ | −1265,73 | 388,31 | 1323,955 | 318,9504 | 0,01410 | 0,04597 | 0,0003 |
| $P_4N$ | 701,29 | 981,76 | 1206,508 | 39,4877 | 0,042294 | −0,03067 | 0,0035 |

gebildet sind, kann man die Ausgleichungsprobe

$$\mathbf{v}^T\mathbf{v} = 0{,}0000006$$
$$-\,\mathbf{l}^T\mathbf{v} = 0{,}0000004,$$

die empirische Varianz

$$s_0^2 = \frac{\mathbf{v}^T\mathbf{v}}{n-u} = \frac{0{,}000\,000\,650}{4-2} = 3{,}25 \cdot 10^{-7}$$
(Varianz einer Richtung: gon²)*,

die Standardabweichung der Unbekannten

$$s(y) = \sqrt{129{,}491 \cdot 3{,}25 \cdot 10^{-7}} = \pm\,0{,}007\ \text{m}$$
$$s(x) = \sqrt{149{,}182 \cdot 3{,}25 \cdot 10^{-7}} = \pm\,0{,}007\ \text{m}$$

und den mittleren Punktfehler $m_p = \pm\,0{,}096$ m berechnen. $n$ beschreibt die Anzahl der Beobachtungen $u$ die der Unbekannten. Für den Neupunkt erhält man schließlich die ausgeglichenen Koordinaten:

$$\hat{y} = y_0 + dy = 48\,565{,}271\ \text{m}, \quad \hat{x} = x_0 + dx = 06\,058{,}976\ \text{m}.$$

### 5.4.4 Genauigkeit des Vorwärtseinschneidens

Die Genauigkeit des Vorwärtseinschneidens ist abhängig von der Genauigkeit der Richtungsmessungen und von der Gestalt des Dreiecks *ABN* (Abb. 5.18). Als Kriterium für die Güte der Punktbestimmung gelte der mittlere Punktfehler [5.2]. Wie in (*Jordan/Eggert/Kneißl*, Band II, 1963) gezeigt wird, läßt dieser sich auch aus Standardabweichung $\sigma(r^0)$ der orientierten Richtungen [5.3.2] abschätzen:

---

* Wegen der geringen Anzahl der Überbestimmungen ist $s_0^2$ statistisch unsicher. Bei $(n - u) < 5$ ist $s_0^2$ gegebenenfalls durch praktische Erfahrungswerte zu ersetzen. Die Angaben in Tab. 1.1 können hierfür hilfreich sein.

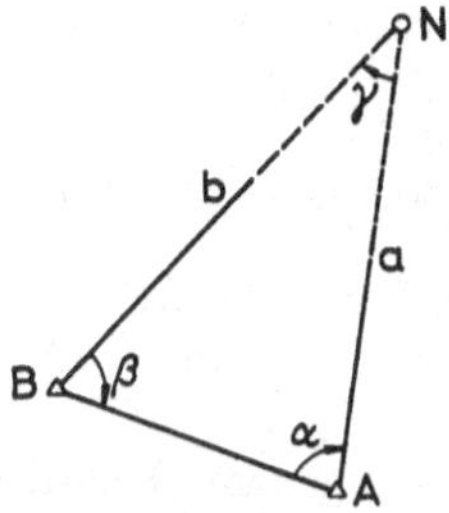


Abb. 5.18.

$$m_P = \frac{1}{\sin\gamma}\sqrt{a^2 + b^2}\,\sigma(r^0). \qquad (5.27)$$

In (5.27) ist vorausgesetzt, daß die Standardabweichung für die beiden orientierten Richtungen gleich groß ist und die Koordinaten der Festpunkte fehlerfrei sind. Für $\alpha = \beta$ wird $m_P$ zum Minimum, wenn der Schnittwinkel $\gamma$ der Bestimmungsstrahlen 121 gon beträgt. Bei $\gamma \approx 0$ oder 200 gon wird die Lösung unbestimmt. Für ein tieferes Eindringen beachte man die Arbeiten von (*Grafarend* 1968, *Groten* 1969, *Hamacher* 1969).

### 5.4.5 Rückwärtseinschneiden als Schnitt von drei Geraden

Man mißt hierzu auf dem Neupunkt $N$ Richtungen $r_i$ zu Festpunkten $P_i$ (Abb. 5.19). Der Neupunkt ist eindeutig festgelegt, wenn man in $N$ drei Richtungen zu umliegenden Festpunkten beobachtet.

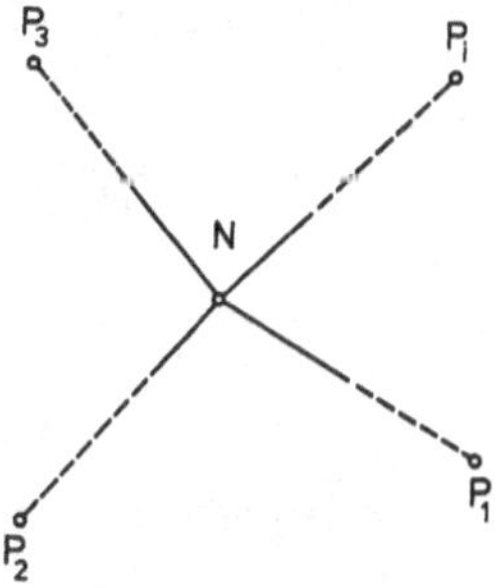


Abb. 5.19. Rückwärtseinschneiden, allgemeiner Fall

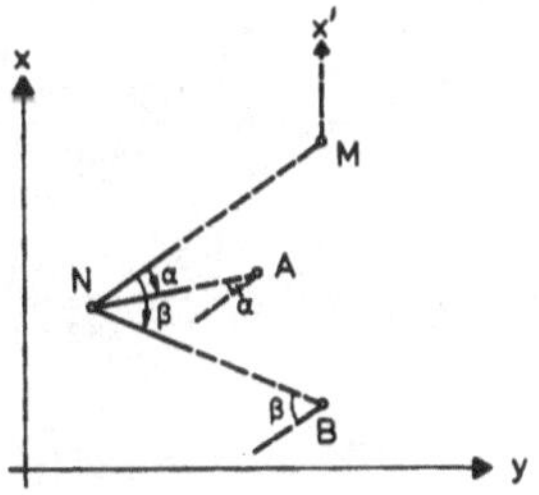


Abb. 5.20. Rückwärtseinschneiden mit zwei Winkeln

Gegeben sind in Abb. 5.20 die drei Festpunkte $M$, $A$ und $B$. Um den Neupunkt zu bestimmen, sind auf $N$ die Richtungen $r_M$, $r_A$, und $r_B$ gemessen. Gesucht sind die Koordinaten von $N$. Die Lösung wird auf den Schnitt dreier Geraden zurückgeführt:

$$\begin{aligned} y = y_M + (x - x_M) \tan (MN) &= y_A + (x - x_A) \tan (AN) \\ &= y_B + (x - x_B) \tan (BN). \end{aligned} \tag{5.28}$$

Zur Vereinfachung werden relative Richtungen und Koordinaten in Bezug auf $M$ definiert:

$$\begin{aligned} &r_A - r_M = r'_A = \alpha;\ r_B - r_M = r'_B = \beta;\ y_i - y_M = y'_i;\ x_i - x_M = x'_i \\ &(AN) = (MN) + \alpha;\ (BN) = (MN) + \beta. \end{aligned}$$

Anstelle von (5.28) erhält man dann in dem örtlichen System:

$$\begin{aligned} y' = x' \tan (MN) &= y'_A + (x - x'_A) \tan ((MN) + \alpha) \\ &= y'_B + (x' - x'_B) \tan ((MN) + \beta). \end{aligned} \tag{5.29}$$

Durch Gleichsetzen zweier Gleichungen von (5.29) ergibt sich für $x'$:

$$x' = \frac{y'_A - x'_A \tan ((MN) + \alpha)}{\tan (MN) - \tan ((MN) + \alpha)} \tag{5.30}$$

oder

$$x' = \frac{y'_B - x'_B \tan ((MN) + \beta)}{\tan (MN) - \tan ((MN) + \beta)}. \tag{5.31}$$

Da

$$\tan ((MN) + \alpha) = \frac{\tan (MN) + \tan \alpha}{1 - \tan (MN) \tan \alpha} \tag{5.32}$$

und

$$\tan ((MN) + \beta) = \frac{\tan (MN) + \tan \beta}{1 - \tan (MN) \tan \beta} \tag{5.33}$$

wird nach Einsetzen von (5.32) bzw. (5.33) in (5.30) bzw. (5.31)

$$x' = \frac{(y'_A + x'_A \cot \alpha) \tan (MN) + (x'_A - y'_A \cot \alpha)}{1 + \tan^2 (MN)} \tag{5.34}$$

bzw.

$$x' = \frac{(y'_B + x'_B \cot\beta)\tan(MN) + (x'_B - y'_B \cot\beta)}{1 + \tan^2(MN)}. \qquad (5.35)$$

Unbekannt ist noch $\tan(MN)$. Man erhält $\tan(MN)$ durch Gleichsetzen der Zähler von (5.34) und (5.35):

$$\tan(MN) = \frac{y'_A \cot\alpha - y'_B \cot\beta + (x'_B - x'_A)}{x'_A \cot\alpha - x'_B \cot\beta - (y'_B - y'_A)}. \qquad (5.36)$$

Schließlich erhält man die Koordinaten des Neupunktes aus

$$y_N = y' + y_M;\; x_N = x' + x_M.$$

*Zahlenbeispiel* für Rückwärtseinschneiden:

Gegeben: $r_A = 66{,}8117$ gon; $r_B = 294{,}7845$ gon; $r_M = 362{,}8516$ gon;

| Punkt Nr. | Rechts $y$ [m] | Hoch $x$ [m] |
|---|---|---|
| $A$ | 46 897,94 | 05 537,00 |
| $B$ | 51 293,86 | 06 365,89 |
| $M$ | 49 666,56 | 04 448,58 |

Auf $M$ reduzierte Werte:

$$r'_A = \alpha = 103{,}9601 \text{ gon};\quad y'_A = -2798{,}62;\quad x'_A = +1088{,}42$$
$$r'_B = \beta = 331{,}9329 \text{ gon};\quad y'_B = +1627{,}30;\quad x'_B = +1917{,}31$$

$$\tan(MN) = \frac{y'_A \cdot \cot\alpha - y'_B \cdot \cot\beta + (x'_B - x'_A)}{x'_A \cdot \cot\alpha - x'_B \cdot \cot\beta - (y'_B - y'_A)} = -0{,}5506757$$

$$x' = \frac{(y'_A + x'_A \cdot \cot\alpha)\cdot\tan(MN) + (x'_A - y'_A \cdot \cot\alpha)}{1 + \tan^2(MN)} = +1912{,}590$$

$$\left(x' = \frac{(y'_B + x'_B \cdot \cot\beta)\cdot\tan(MN) + (x'_B - y'_B \cdot \cot\beta)}{1 + \tan^2(MN)} = -1912{,}590\right)$$

$$y' = x' \cdot \tan(MN) = -1053{,}217$$

$$\underline{\underline{y_N = y' + y_M = 48613{,}34;\; x_M = x' + x_M = 06361{,}17}}$$

### 5.4.6 Mehrfaches Rückwärtseinschneiden durch Ausgleichung*

Die Berechnung der Neupunktskoordinaten erfolgt durch eine Ausgleichung, wenn mehr als 3 Richtungen beobachtet sind vgl. [5.4.5]. Der Rechengang soll anhand eines Beispiels erläutert werden.

Als *Beispiel* diene wie in 5.4.3 die Berechnung des Neupunktes $N$ in Abb. 5.17. Es seien auf $N$ die Richtungen $r_i$ zu den Festpunkten $P_1$, $P_2$, $P_3$, $P_4$ gemessen; außerdem seien die Koordinaten der Festpunkte gegeben und Näherungskoordinaten des Neupunktes berechnet.

Tab. 5.2.

| Punkt Nr. | Rechts $y$ | Hoch $x$ | $r_i$ |
|---|---|---|---|
| | [m] | [m] | |
| 1 | 48 177,62 | 06 531,28 | 356,2465 |
| 2 | 49 600,15 | 07 185,19 | 47,3114 |
| 3 | 49 830,93 | 05 670,69 | 118,9497 |
| 4 | 47 863,91 | 05 077,24 | 239,4920 |
| $N$ | 48 565,2 $= y_0$ | 06 059,0 $= x_0$ | |

Für jede gemessene Richtung erhält man eine Fehlergleichung (s. Anhang B, Gleichung B 18):

$$v_i = a_{i1}\,dy + a_{i2}\,dx - l_i \qquad \text{(Gewicht: } p = 1\text{)}$$

mit

$$a_{i1} = -\frac{x_0 - x_i}{(s_i^0)^2} \cdot \frac{200}{\pi}; \quad a_{i2} = \frac{y_0 - y_i}{(s_i^0)^2} \cdot \frac{200}{\pi}$$

$$l_i = r_i - t_i^0$$

* s. Fußnote S. 198.

$$t_i^0 = \text{arc tan}\,\frac{y_0 - y_i}{x_0 - x_i} \pm 200\ \text{gon}$$

$$(s_i^0)^2 = (x_0 - x_i)^2 + (y_0 - y_i)^2$$

Zusätzlich muß eine fingierte Gleichung (s. Anhang B 19) eingeführt werden:

$$v_{n+1} = [a_{i1}]_1^n\,dy + [a_{i2}]_1^n\,dx - [l_i] \qquad \left(\text{Gewicht: } p_{n+1} = -\frac{1}{[p_i]_1^n}\right).$$

Man berechne zunächst nach [5.4.5] Näherungskoordinaten $x_0$, $y_0$ für den Neupunkt, sowie die Koeffizienten $a_{ij}$ und Absolutglieder $l_i$ der Fehlergleichungen und fingierten Gleichung.

| | $y_0 - y_i$ | $x_0 - x_i$ | $s_i^0$ | $r_i$ | $t_i^0$ | $a_{i1}$ | $a_{i2}$ | $l_i$ |
|---|---|---|---|---|---|---|---|---|
| | [m] | [m] | [m] | [gon] | [gon] | | | [gon] |
| $NP_1$ | − 387,58 | 472,28 | 610,956 | 356,2465 | ,2508 | −0,08055 | −0,06610 | −0,0043 |
| $NP_2$ | 1034,95 | 1126,19 | 1529,518 | 47,3114 | ,3139 | −0,03065 | 0,02816 | −0,0025 |
| $NP_3$ | 1265,73 | − 388,31 | 1323,955 | 118,9497 | ,9504 | 0,01410 | 0,04593 | −0,0007 |
| $NP_4$ | − 701,29 | − 981,76 | 1206,508 | 239,4920 | ,4877 | 0,04294 | −0,03067 | −0,0043 |
| | | | | | | −0,05416 | −0,02264 | 0,0032 |
| | | | | | | $= [a_{i1}]_1^4$ | $= [a_{i2}]_1^4$ | $= [l_i]_1^4$ |

Damit sind die Fehlergleichungen $\mathbf{v} = \mathbf{Ax} - \mathbf{l}$

$$\mathbf{v} = \underset{\mathbf{A}}{\begin{bmatrix} -0{,}08055 & -0{,}06610 \\ -0{,}03065 & 0{,}02816 \\ 0{,}01410 & 0{,}04593 \\ 0{,}04294 & -0{,}03067 \\ -0{,}05416 & -0{,}02264 \end{bmatrix}} \cdot \underset{\mathbf{x}}{\begin{bmatrix} dy \\ dx \end{bmatrix}} - \underset{\mathbf{l}}{\begin{bmatrix} -0{,}0043 \\ -0{,}0025 \\ -0{,}0007 \\ 0{,}0043 \\ 0{,}0032 \end{bmatrix}}; \quad \mathbf{P} = \begin{bmatrix} 1 & & & & \\ & 1 & & & \\ & & 1 & & \\ & & & 1 & \\ & & & & -\frac{1}{4} \end{bmatrix}$$

gegeben.

Danach berechnet man

$$\mathbf{A}^T\mathbf{P}\,\mathbf{A} = \mathbf{N} = \begin{bmatrix} 0{,}00874 & 0{,}00349 \\ & 0{,}00809 \end{bmatrix} \; ; \quad \mathbf{A}^T\mathbf{P}\mathbf{l} = \mathbf{n} = \begin{bmatrix} 0{,}00055 \\ 0{,}00003 \end{bmatrix} \; ;$$

$$\mathbf{N}^{-1} = \begin{bmatrix} 138{,}228 & -59{,}631 \\ & 149{,}334 \end{bmatrix} \; ; \quad \mathbf{x} = \mathbf{N}^{-1}\mathbf{n} = \begin{bmatrix} 0{,}074 \\ -0{,}028 \end{bmatrix} .$$

Nachdem die Verbesserungen

$$\mathbf{v} = \begin{bmatrix} 0{,}0002 \\ -0{,}0006 \\ 0{,}0004 \\ -0{,}0002 \\ 0{,}0000 \end{bmatrix}$$

gebildet sind, kann man die Ausgleichungsprobe

$$\begin{aligned} \mathbf{v}^T\mathbf{P}\mathbf{v} &= 0{,}0000006 \\ -\mathbf{l}^T\mathbf{P}\mathbf{v} &= 0{,}0000008 , \end{aligned}$$

die empirische Varianz

$$s_0^2 = \frac{\mathbf{v}^T\mathbf{P}\mathbf{v}}{n-u} = \frac{0{,}000\,000\,642}{4-3} = 6{,}4 \cdot 10^{-7}$$

(Varianz einer Richtung: $\text{gon}^2$)*

die Standardabweichung der Unbekannten

$$\begin{aligned} s(y) &= \sqrt{138{,}228 \cdot 6{,}4 \cdot 10^{-7}} = 0{,}010 \text{ m} \\ s(x) &= \sqrt{149{,}334 \cdot 6{,}4 \cdot 10^{-7}} = 0{,}009 \text{ m} , \end{aligned}$$

und den mittleren Punktfehler

$$m_p = \pm 0{,}014 \text{ m}$$

berechnen. *n* bezeichnet die Anzahl der Beobachtungen, *u* die der Unbekannten.

---

* s. Fußnote s. 198.

Für den Neupunkt erhält man schließlich die ausgeglichenen Koordinaten:

$$\hat{y} = y_0 + dy = 48\,565{,}274 \text{ m}; \quad \hat{x} = x_0 + dx = 06\,058{,}972.$$

### 5.4.7 Genauigkeit des Rückwärtseinschneidens

Geometrisch ist der Neupunkt *N* als Schnittpunkt zweier Kreise bestimmt. Ein Kreis verläuft durch die Punkte *B, M, N* der andere durch *M, A, N* (Abb. 5.21). Wenn der Neupunkt *N* auf dem durch die drei Festpunkte *A, M, B* gegebenen Kreis liegt, wird die Lösung unbestimmt. Man erkennt das sehr leicht: die beiden Hilfskreise fallen dann zusammen. Der Kreis durch *M, A* und *B* wird daher als der gefährliche Kreis bezeichnet: denn die Lösung wird bereits ungenau, wenn der Punkt *N* in der Nähe des gefährlichen Kreises liegt. Um das zu vermeiden, gehe man möglichst auf die in Abb. 5.22 skizzierten Punktlagen aus.

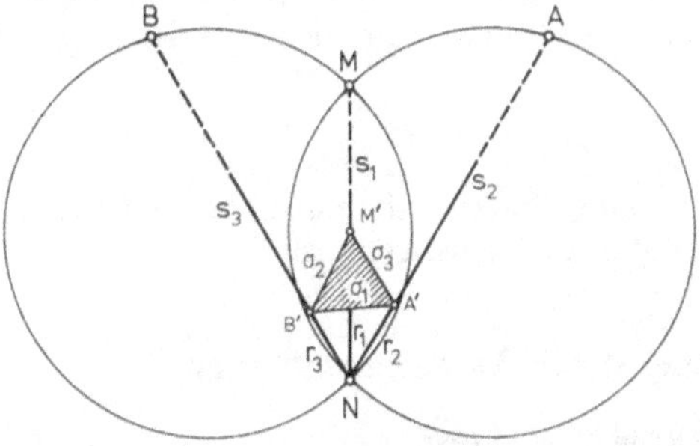


Abb. 5.21. Rückwärtseinschneiden geometrisch und das reziproke Hilfsdreieck

Als Maß für die Genauigkeit eines Rückwärtseinschnitts diene der in [5.2] definierte mittlere Punktfehler. Unter Verzicht auf die fehlertheoretische Herleitung wird hier nur das Ergebnis mitgeteilt:

Man trage in einer maßstäblichen Zeichnung (Abb. 5.21) auf den Bestimmungsstrahlen von *N* aus die reziproken Längen der drei

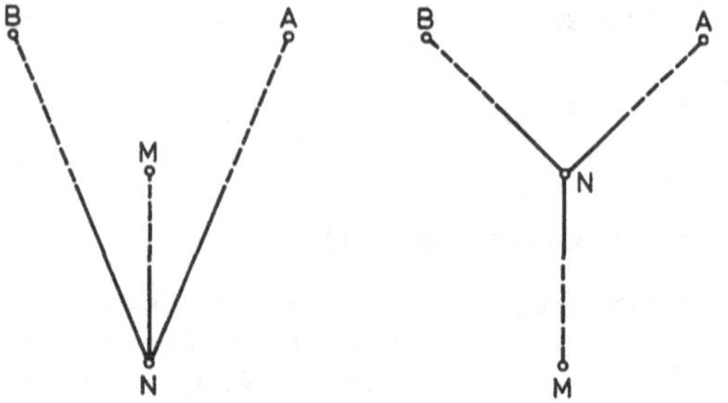


Abb. 5.22. Günstigste Lagen beim Rückwärtseinschneiden

Bestimmungsstrahlen $1/s_1 = r_1$, $1/s_2 = r_2$, $1/s_3 = r_3$ in beliebigem Maßstab ab, so daß das Reziproken-Hilfsdreieck $M'A'B'$ entsteht. Bezeichnet man dessen Seiten mit $\sigma_1, \sigma_2, \sigma_3$ und seinen Flächeninhalt mit $\Delta$, so erhält man unter der Voraussetzung, daß im Neupunkt $N$ Richtungen (nicht Winkel) gemessen sind, deren Standardabweichung gleich dem in [1.7.3] errechneten $s(\hat{r})$ ist, für das Quadrat des mittleren Punktfehlers den Ausdruck

$$m_P^2 = \frac{\sigma_1^2 + \sigma_2^2 + \sigma_3^2}{4\Delta^2} \cdot \frac{s(\hat{r})}{200/\pi}. \tag{5.37}$$

Am günstigsten ist also eine Punktbestimmung, bei der die $\sigma_i$ möglichst klein sind, $\Delta$ aber möglichst groß ist.

## 5.5 Punktbestimmung durch Distanzmessungen

Zur Bestimmung des Neupunktes $N$ werden zwischen ihm und mehreren Festpunkten $P_i$ die Strecken $s_i$ bestimmt (Abb. 5.23). $N$ ist geometrisch festgelegt durch den Bogenschnitt zweier Kreise mit den Mittelpunkten $P_1$ und $P_2$ und den Radien $s_1$ und $s_2$.

Die Lösung der Aufgabe ist daher eindeutig, wenn zwei Strecken bestimmt sind. Bei nur zwei Beobachtungen kann man allerdings nicht überprüfen, ob sich der Maßstab der gemessenen Strecken von dem des Festpunktfeldes unterscheidet. Die Koordinaten des Neupunktes und der Maßstabsfaktor $q$ lassen sich berechnen, wenn mindestens eine Strecke zwischen Festpunkten bestimmt ist [5.5.1] oder wenn weitere Strecken zwischen dem Neupunkt und den Festpunkten gegeben sind [5.5.3]. Mit

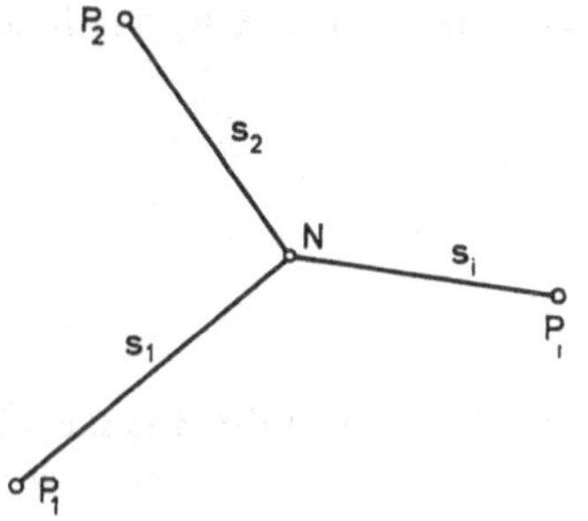


Abb. 5.23. Punktbestimmung durch Bogenschnitt

der letzten Lösung lassen sich umfassender die Maßstabsverhältnisse des umliegenden Festpunktfeldes berücksichtigen.

Der einfache Bogenschnitt ist – ähnlich wie das Vorwärts- und Rückwärtseinschneiden – nur begrenzt anwendbar. Es gibt Bereiche, in denen die Bestimmung sehr unsicher wird oder gar versagt.

## 5.5.1 Einfacher Bogenschnitt

Gegeben sind die Koordinaten von zwei Festpunkten $P_1$ und $P_2$ sowie die gemessenen und bereits in das Abbildungssystem reduzierten Strecken $s_1$, $s_2$. Gesucht sind die Koordinaten des Neupunktes $N$ (Abb. 5.24).

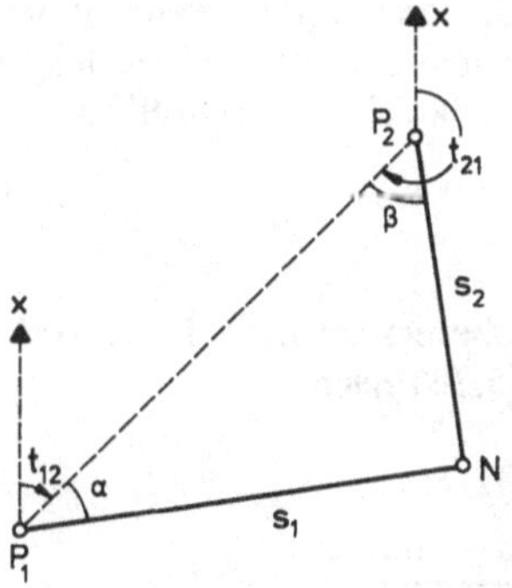


Abb. 5.24. Einfacher Bogenschnitt

Die Koordinaten des Neupunktes lassen sich z. B. durch polares Anhängen bestimmen:

$$x = x_1 + s_1 \cos t_{1N} = x_2 + s_2 \cos t_{2N}, \tag{5.38}$$
$$y = y_1 + s_1 \sin t_{1N} = \underbrace{y_2 + s_2 \sin t_{2N}}_{\text{Probe}}.$$

Dabei berechnet man zunächst nach [4.1.2] die Strecke $s_{12}^*$ und den Richtungswinkel $t_{12}$:

$$s_{12}^* = \sqrt{(x_2 - x_1)^2 + (y_2 - y_1)^2}; \quad t_{12} = \operatorname{arc\,cos} \frac{x_2 - x_1}{s_{12}^*}.$$

Weiter ist

$$t_{1N} = t_{12} + \alpha; \quad t_{2N} = t_{21} - \beta; \quad t_{21} = t_{12} \pm 200 \text{ gon};$$
$$\alpha = \operatorname{arc\,cos} (s_1^2 + s_{12}^{*2} - s_2^2)/2 s_1 s_{12}^*;$$
$$\beta = \operatorname{arc\,cos} (s_2^2 + s_{12}^{*2} - s_1^2)/2 s_2 s_{12}^*.$$

Das Vorzeichen von $\alpha$ und $\beta$ kehrt sich um, wenn $N$ auf der gegenüberliegenden Seite der Linie $P_1 P_2$ liegt.

Hat man zusätzlich die aus Messungen reduzierte Strecke $s_{12}$, so läßt sich der Maßstabsfaktor $q$ berechnen, der eventuell vorhandene Maßstabsunterschiede zwischen der Maßeinheit des Entfernungsmessers und der des Festpunktfeldes beschreibt:

$$q = \frac{s_{12}^*}{s_{12}}.$$

Bei einem Maßstabsunterschied berechnet man die Koordinaten des Neupunktes an Stelle von (5.38) nach:

$$x = x_1 + q s_1 \cos t_{1N} = x_2 + q s_2 \cos t_{2N}, \tag{5.39}$$
$$y = y_1 + q s_1 \sin t_{1N} = \underbrace{y_2 + q s_2 \sin t_{2N}}_{\textit{Probe}}.$$

*Zahlenbeispiel* zum einfachen Bogenschnitt:
Gegeben:

| Punkt Nr. | Rechts $y$ [m] | Hoch $x$ [m] |
|---|---|---|
| $P_1$ | 328,76 | 1 207,85 |
| $P_2$ | 925,04 | 954,33 |

Gemessen:
$s_1 = 294{,}33$ m, $s_2 = 506{,}42$ m, $s_{12} = 648{,}08$ m

1) $\overset{*}{s}_{12} = \sqrt{(+596{,}28)^2 + (-253{,}52)^2} = 647{,}937$ m; $t_{12} = 125{,}5930$ gon
$q = 647{,}937 : 648{,}08 = 0{,}999\,779$

2) $\alpha = \arccos\{(294{,}33^2 + 648{,}08^2 - 506{,}42^2) : (2 \cdot 294{,}33 \cdot 648{,}08)\}$
$= 54{,}4686$ gon
$\beta = \arccos\{(506{,}42^2 + 648{,}08^2 - 294{,}33^2) : (2 \cdot 506{,}42 \cdot 648{,}08)\}$
$= 28{,}9178$ gon
$t_{1N} = 125{,}5930 + 54{,}4686 = 180{,}0616$ gon; $t_{N2} = 125{,}5930 - 28{,}9178$
$= 96{,}6752$ gon

3) $y = 328{,}76 + q \cdot s_1 \cdot \sin t_{1N} = 328{,}76 + 90{,}66 = +419{,}42$
$x = 1207{,}86 + q \cdot s_1 \cdot \cos t_{1N} = 1207{,}85 - 279{,}95 = +927{,}90$

4) *Probe:* $y_2 = y + q \cdot s_2 \cdot \sin t_{N2} = 419{,}42 + 505{,}62 = 925{,}04$
$x_2 = y + q \cdot s_2 \cdot \cos t_{N2} = 927{,}90 + 26{,}43 = 954{,}33$

### 5.5.2 Mehrfacher Bogenschnitt durch eine Ausgleichung*

Beim Bogenschnitt läßt sich eine bessere Kontrolle der Messungen und Berechnungen sowie eine Genauigkeitssteigerung für die neu berechneten Koordinaten erzielen, wenn mehrere überschüssige Strecken beobachtet und verwertet werden. Werden $n$ Strekken von bekannten Festpunkten $P_i$ zum Neupunkt $N$ gemessen und sind $m = 3$ Unbekannte – 2 Neupunktskoordinaten, ein Maßstabsfaktor – zu berechnen, so liegen $(n - m)$ Überbestim-

---

* s. Fußnote S. 198.

mungen vor. Ihre Widersprüche sind durch Ausgleichung nach der Methode der kleinsten Quadrate zu beseitigen (vgl. Anhang B). Die Strecken mißt man mit elektronischen Distanzmessern [2]. Dabei können, weil die Genauigkeit der elektromagnetisch gemessenen Strecken von ihrer Länge kaum beeinflußt wird, alle gemessenen Strecken mit dem Gewicht 1 in die Rechnung eingeführt werden. Der Rechengang soll anhand eines Beispiels erläutert werden.

Als *Beispiel* diene die Berechnung des Neupunktes $N$ in Abb. 5.17. Zum Bestimmen der Gauß-Krüger-Koordinaten [4.3.2] des Neupunktes $N$ seien in einem rd. 100 m über dem Meere liegenden Gebiet die Distanzen von 4 bekannten Festpunkten $P_i$ nach $N$ gemessen.

a) *Zum Vorbereiten der Ausgleichung* werden die Distanzen $D_i^A$ mit Korrektionen [2.2, 2.3, 2.4] versehen und geometrisch reduziert [2.5]. Anschließend werden die Strecken $S_i$ mit Hilfe der Gleichung (4.22) oder (4.25) auf ihren Wert $s_i$ in der Gaußschen Abbildung reduziert, und es wird mit zwei von diesen Strecken nach [5.5.1] für den Neupunkt $N$ eine vorläufige Punktlage $N_0$ ermittelt.

Ausgangswerte zum Beispiel Abb. 5.17:

Tab. 5.3.

| Punkt Nr. | Rechts $y$ [m] | Hoch $x$ [m] | $s_i$ [gon] |
|---|---|---|---|
| 1 | 48 177,62 | 06 531,28 | 611,023 |
| 2 | 49 600,15 | 07 185,19 | 1 529,482 |
| 3 | 49 830,93 | 05 670,69 | 1 323,884 |
| 4 | 47 863,91 | 05 077,24 | 1 206,524 |
| $N$ | 48 565,2 $= y_0$ | 06 059,0 $= x_0$ | |

b) *Ermittlung der günstigsten Punktkoordinaten.* Für jede Strecke $s_i$ erhält man eine Fehlergleichung (s. Anhang B, Gleichung B 14):

$$v_i = a_{i1}\,dy + a_{i2}\,dx + a_{i3}\,dq - l_i$$

mit

$$a_{i1} = q_0 \frac{y_0 - y_i}{s_i^0}\,; \quad a_{i2} = q_0 \frac{x_0 - x_i}{s_i^0}\,; \quad a_{i3} = s_i^0,$$

$$q = q_0 + dq \text{ (Maßstabsfaktor)},$$
$$q_0 = 1 \text{ (Näherungswert)},$$
$$l_i = s_i - s_i^0,$$
$$s_i^0 = \sqrt{(y_0 - y_i)^2 + (x_0 - x_i)^2}.$$

Man berechne zunächst nach [5.5.1] Näherungskoordinaten $x_0$, $y_0$ für den Neupunkt sowie die Koeffizienten $a_{ij}$ und Absolutglieder $l_i$ der Fehlergleichungen.

| | $y_0 - y_i$ | $x_0 - x_i$ | $s_i$ | $s_i$ | $a_{i1}$ | $a_{i2}$ | $a_{i3}$* | $l_i$ |
|---|---|---|---|---|---|---|---|---|
| | [m] | [m] | [m] | [m] | | | | [m] |
| $NP_1$ | 387,58 | − 472,28 | 610,956 | 611,023 | 0,63438 | −0,77302 | 0,610956 | 0,067 |
| $NP_2$ | −1034,95 | −1126,19 | 1529,518 | 1529,482 | −0,67665 | −0,73630 | 1,529518 | −0,036 |
| $NP_3$ | −1265,73 | 388,31 | 1323,955 | 1323,884 | −0,95602 | 0,29330 | 1,323955 | −0,071 |
| $NP_4$ | 701,29 | 981,76 | 1206,508 | 1206,524 | 0,58126 | 0,81372 | 1,206508 | −0,016 |

Damit sind die Fehlergleichungen $\mathbf{v} = \mathbf{A}\mathbf{x} - \mathbf{l}$

$$v = \underset{\mathbf{A}}{\begin{bmatrix} 0{,}63438 & -0{,}77302 & 0{,}610956 \\ -0{,}67665 & -0{,}73630 & 1{,}529518 \\ -0{,}95602 & 0{,}29330 & 1{,}323955 \\ 0{,}58126 & 0{,}81372 & 1{,}206508 \end{bmatrix}} \cdot \underset{\mathbf{x}}{\begin{bmatrix} dy \\ dx \\ dq \end{bmatrix}} - \underset{\mathbf{l}}{\begin{bmatrix} 0{,}067 \\ 0{,}036 \\ -0{,}071 \\ 0{,}016 \end{bmatrix}}$$

gegeben.

* die Koeffizienten $a_{i3}$ wurden mit dem Faktor $f = 0{,}001$ multipliziert, damit alle Elemente der Matrix **A** etwa gleich groß sind. Die Normalgleichungsmatrix **N** ist dann homogen und die Inversc $\mathbf{N}^{-1}$ numerisch stabil. Die Unbekannte $dq$ und deren Standardabweichung $s(q)$ müssen dann ebenfalls mit $f = 0{,}001$ multipliziert werden.

Danach berechnet man

$$\mathbf{A}^T\mathbf{A}=\mathbf{N}=\begin{bmatrix}2,11213 & 0,20041 & -1,21181\\ & 1,88786 & -0,22839\\ & & 5,92124\end{bmatrix};\quad \mathbf{A}^T\mathbf{l}=\mathbf{n}=\begin{bmatrix}0,14404\\ -0,03309\\ -0,08883\end{bmatrix};$$

$$\mathbf{N}^{-1}=\begin{bmatrix}0,54009 & -0,04417 & 0,10883\\ & 0,53580 & 0,01163\\ & & 0,19160\end{bmatrix};\mathbf{x}=\mathbf{N}^{-1}\mathbf{n}=\begin{bmatrix}0,070\\ -0,025\\ -0,002\end{bmatrix}.$$

Nachdem die Verbesserungen

$$\mathbf{v}=\begin{bmatrix}-0,004\\ 0,004\\ -0,006\\ 0,002\end{bmatrix}$$

gebildet sind, berechne man: die Ausgleichungsprobe

$$\begin{aligned}\mathbf{v}^T\mathbf{v} &= 0,00007\\ -\mathbf{l}^T\mathbf{v} &= 0,00005,\end{aligned}$$

die empirische Varianz

$$s_0^2=\frac{\mathbf{v}^T\mathbf{v}}{n-u}=\frac{0,00007}{4-3}=7,06\cdot 10^{-5}\,{**},$$

die Standardabweichung der Unbekannten

$$\begin{aligned}s(y)&=\sqrt{7,06\cdot 10^{-5}\cdot 0,540}=\pm\, 0,006 \text{ m}\\ s(x)&=\sqrt{7,06\cdot 10^{-5}\cdot 0,535}=\pm\, 0,006 \text{ m}\\ s(q)&=\sqrt{7,06\cdot 10^{-5}\cdot 0,129\cdot 10^{-3}}\,{*}=3\cdot 10^{-6},\end{aligned}$$

---

* s. Fußnote S. 215.

** Wegen der geringen Anzahl der Überbestimmungen ist $s_0^2$ statistisch unsicher. Bei $(n-u)<5$ ist $s_0^2$ gegebenenfalls durch praktische Erfahrungswerte zu ersetzen. Die Angaben in Tab. 2.2 können hierfür hilfreich sein.

den mittleren Punktfehler

$$m_p = 0.009 \text{ m},$$

die ausgeglichenen Koordinaten und den Maßstabsfaktor

$$\hat{y} = y_0 + dy = 48\,565{,}270 \text{ m}; \quad \hat{x} = x_0 + dx = 06\,058{,}975 \text{ m};$$
$$q = q_0 + dq = 0{,}999998^*.$$

$n$ beschreibt die Anzahl der Beobachtungen, $u$ die der Unbekannten.

### 5.5.3 Genauigkeit des einfachen Bogenschnitts

Die Genauigkeit des einfachen Bogenschnitts ist abhängig von der Standardabweichung $\sigma(s)$ der gemessenen Strecken und von der Gestalt des Bestimmungsdreiecks $P_1$ $P_2$ $N$ (Abb. 5.25). Beschreibt man die Güte der Punktbestimmung mit dem mittleren Punktfehler [5.2], so gilt:

$$m_p = \frac{1}{\sin \gamma} \sqrt{2}\, \sigma(s), \tag{5.40}$$

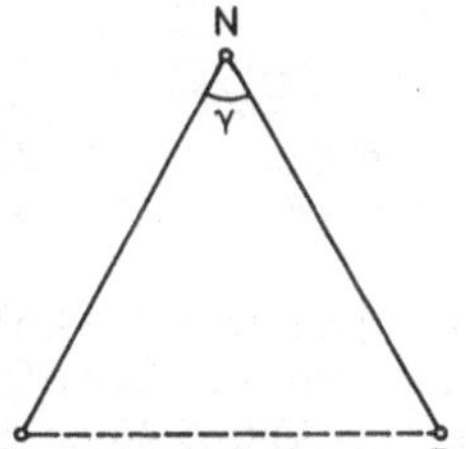

Abb. 5.25.

wenn $\gamma$ den Winkel bezeichnet unter dem sich die Strecken treffen und die Standardabweichung der Strecken $\sigma(s)$ entfernungsunabhängig ist.

Die Genauigkeitsverhältnisse kann man sehr anschaulich mit Linien gleicher mittlerer Punktfehler

$$m_p = \text{const} \tag{5.41}$$

---

* s. Fußnote S. 215.

darstellen (*Beuchle* 1981). Es sei hier nur das Ergebnis anhand der Abb. 5.26 mitgeteilt. Die Abbildung zeigt Linien gleicher mittlerer Punktfehler bezogen auf die Einheitsgröße $s_{12}$ als Abstand der beiden Festpunkte.

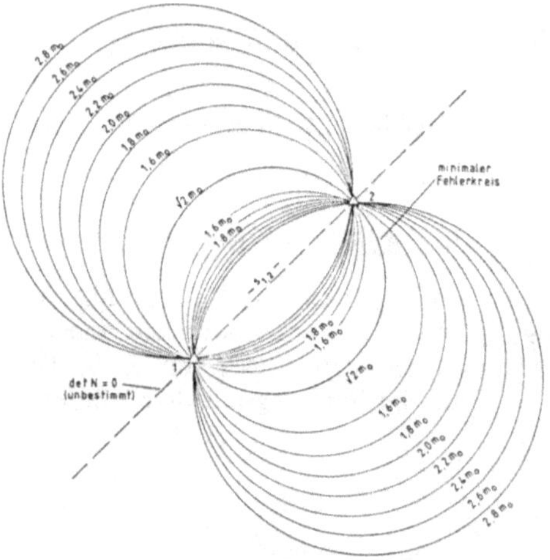


Abb. 5.26. Linien gleicher Punktfehler für den einfachen Bogenschnitt mit $\sigma(s) = m_0 = \text{const.}$ (*Beuchle* 1981)

Den Berechnungen liegt die Annahme zugrunde, daß die Standardabweichung der Strecken $\sigma(s) = m_0 = \text{const.}$ entfernungsunabhängig ist. Die Abb. 5.26 enthält folgende Aussagen:

- Die Linien gleicher Punktfehler sind Kreise, deren Mittelpunkte auf der Mittelsenkrechten der Verbindungslinien $\overline{12}$ liegen.
- Der minimale Fehlerkreis mit $m_p = \sqrt{2}m_0$ ist ein Kreis um den Schwerpunkt der Punkte 1 und 2 mit dem Radius $R_{min} = s_{12}/2$. Dies ist der Thaleskreis, als geometrischer Ort all der Punkte, in denen sich die Strecken unter $\gamma = 100$ gon schneiden.
- Das Verfahren versagt, wenn der Neupunkt auf der Verbindungslinie der Punkte 1 und 2 liegt.

## 5.6 Punktbestimmung durch kombinierte Richtungs- und Distanzmessungen

Diese Verfahren kommen zur Anwendung, wenn elektronische Entfernungsmesser gemeinsam mit optischen oder elektronischen Theodoliten eingesetzt werden. Im Vergleich zu den bisher behandelten Verfahren, die für die Berechnungen nur Strecken oder Richtungen nutzen, sind die kombinierten Verfahren von der geometrischen Form der Bestimmungsfiguren weniger abhängig. Es gibt keine Bereiche, in denen sie versagen.

Bestimmt man von einem Neupunkt aus Richtungen $r_i$ und Strecken $s_i$ zu mehreren Festpunkten $P_i$ (Abb. 5.27), so treten beim Berechnen der Neupunktskoordinaten 4 unbekannte Größen auf:

- die zwei Koordinaten $x$, $y$ des Neupunktes
- ein Maßstabsfaktor $q$, der eventuell vorhandene Maßstabsunterschiede zwischen den neu bestimmten Strecken und dem Festpunktfeld beschreibt und
- eine Orientierungsunbekannte $\varphi$ der Richtungsbeobachtungen.

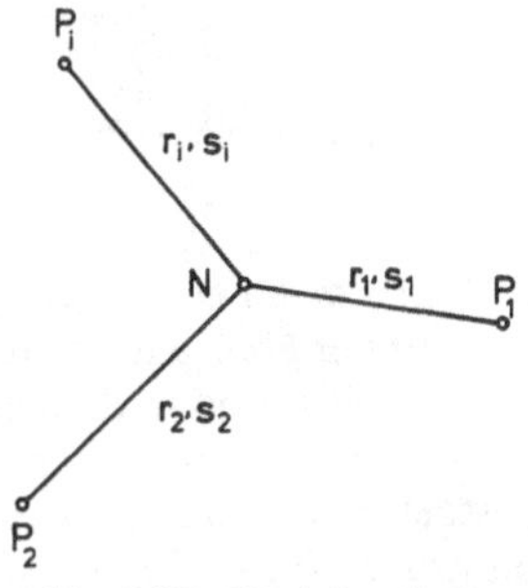


Abb. 5.27. Punktbestimmung durch Beobachten von Richtungen und Strecken auf einem Neupunkt

Eine eindeutige Lösung der Punktbestimmung ist gegeben, wenn mindestens Richtungen und Strecken zu zwei Festpunkten bestimmt sind.

Die Messungen sollte man möglichst so ausführen, daß die Richtungs- und Streckenmessungen gleich genau sind; d.h.:

$$\sigma_0 = \sigma(r) \cdot s = \sigma(s). \tag{5.42}$$

Dabei bezeichnen: $\sigma(r)$ Standardabweichung der Richtungen; $\sigma(s)$ Standardabweichung der Strecken; $s$ die Strecken.

### 5.6.1 Eindeutige Punktbestimmung mit Hilfe der Ähnlichkeitstransformation

Gegeben sind zwei Festpunkte $A$ und $E$, die auf einem Neupunkt bestimmten Richtungen $r_A$, $r_E$ und die Strecken $s_A$, $s_E$ (Abb. 5.28). Die Strecken sind bereits in das Abbildungssystem reduziert. Gesucht sind die Koordinaten des Neupunktes $N$.

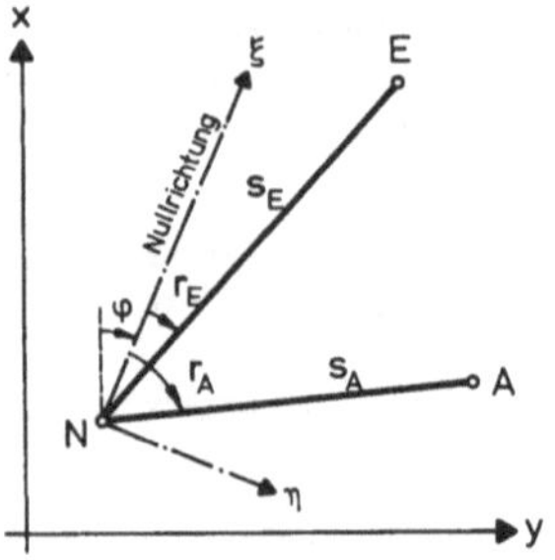


Abb. 5.28. Punktbestimmung mit Richtungen und Strecken

Man betrachte den Neupunkt als Zentrum eines örtlichen $\xi\eta$-Koordinatensystems, dessen $\xi$-Achse mit der Nullrichtung der reduzierten Richtungen zusammenfällt. $A$ und $E$ sind in dem $\xi\eta$-System durch Polarkoordinaten $(r_i, s_i)$ und in dem $xy$ System durch rechtwinklige Koordinaten $(x, y)$ festgelegt und damit identische Punkte. Die Koordinaten des Neupunktes (bzw. des Ursprungs des örtlichen Koordinatensystems) findet man daher mit Hilfe der Transformationsgleichungen der Ähnlichkeitstransformation.

Nach Abb. 5.28 und nach [4.2.1] Gleichung (4.13b) gilt

$$\begin{aligned} x &= x_A - q s_A \cos(r_A + \varphi) = x_E - q s_E \cos(r_E + \varphi) \\ y &= y_A - q s_A \sin(r_A + \varphi) = \underbrace{y_E - q s_E \sin(r_E + \varphi)}_{\text{Probe}}, \end{aligned} \tag{5.43}$$

wenn

$$\theta_A = r_A, \ \theta_E = r_E, \ \sigma_A = s_A, \ \sigma_E = s_E.$$

Berechnet man für die Festpunkte $A$ und $E$ rechtwinklige Koordinaten:

$$\begin{aligned} \xi_A &= s_A \cos r_A;\ \eta_A = s_A \sin r_A \\ \xi_E &= s_E \cos r_E;\ \eta_E = s_E \sin r_E, \end{aligned} \tag{5.44}$$

so kann man die Transformationsparameter $q$ und $\varphi$ nach [4.2.1] Gl. (4.6) und (4.7) berechnen.

*Zahlenbeispiel* zu [5.6.1] (siehe Zahlenbeispiel zu [5.6.2]):

| Pkt. Nr. | $r$ [gon] | $s$ [m] | $\eta$ [m] | $\xi$ [m] | $y$ [m] | $x$ [m] |
|---|---|---|---|---|---|---|
| 1 = $A$ | 0,465 | 116,42 | + 0,85 | + 116,42 | 17520,66 | 06410,71 |
| 3 = $E$ | 190,432 | 148,12 | + 22,18 | − 146,45 | 17258,15 | 06435,37 |
| $E - A$ | 189,967 | – | + 21,33 | − 262,87 | − 262,51 | + 24,66 |

$\sigma_{AE}$ = 263,734 m; $s_{AE}$ = 263,667 m; $q = s_{AE} : \sigma_{AE}$ = 0,999746
$\theta_{AE}$ = 194,8456 gon; $t_{AE}$ = 305,9629 gon; $\varphi = t_{AE} - \theta_{AE}$ = 111,117 gon
$y$ = 17 520,66 − $q \cdot$ 116,42 · sin 111,582 = 17 406,19
$x$ = 06 410,71 − $q \cdot$ 116,42 · cos 111,582 = 06 431,77

### 5.6.2 Punktbestimmung mit Hilfe der Helmerttransformation

Sind von einem Neupunkt aus zu $r$ Festpunkten $P_i$ Richtungen $r_i$ und Strecken $s_i$ bestimmt, so berechnet man die Koordinaten des Neupunktes durch ein Ausgleichungsverfahren.

Einen einfachen Lösungsweg bietet die Helmerttransformation. Dieser Weg hat den Vorteil, daß

- keine Näherungskoordinaten zu berechnen sind
- keine Matrizenoperationen erforderlich sind
- auch bei kapazitätsarmen Rechnern keine Beschränkung bei der Anzahl der angemessenen Punkte gegeben ist.

Nachteilig ist, daß zu jedem Festpunkt immer Strecken und Richtungen zu bestimmen sind. Das alleinige Messen von Richtungen – z. B. zu unzugänglichen Punkten – läßt sich nicht nutzen. Einzelne Strecken oder einzelne Richtungen lassen sich zusätzlich verwerten, wenn für die Auswertung die allgemeine Lösung mit den Fehlergleichungen des Anhangs B gewählt wird; der Beobachter kann dann vielseitiger arbeiten. Nachfolgend wird nur der erste Lösungsweg beschrieben; für den zweiten sei auf Literatur verwiesen wie (*Gotthardt* 1978, *Wolf* 1975).

Zweckmäßig betrachtet man – wie in dem vorhergehenden Kapitel 5.6.1 – den Neupunkt als Ursprung eines örtlichen $\xi\eta$-Koordinatensystems, und die Nullrichtung der Richtungsmessung läßt man mit der Richtung der $\xi$-Achse zusammenfallen (Abb. 5.29).

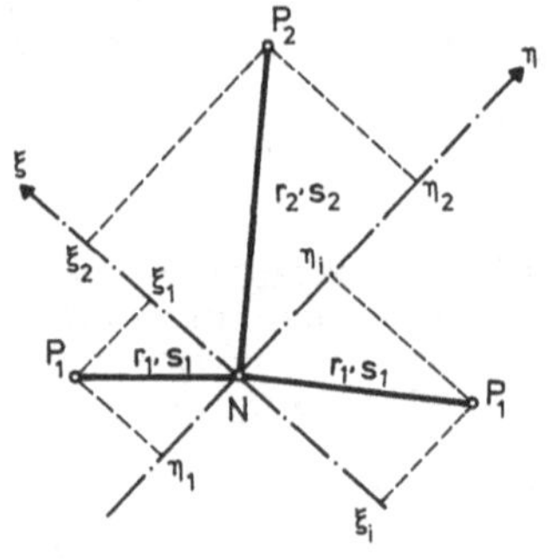


Abb. 5.29. Örtliches Koordinatensystem bei der Bestimmung des Neupunktes

Die Punkte $P_1 \ldots P_r$ sind in dem $xy$-System und $\xi\eta$-System Festpunkte und damit identische Punkte. Koordinaten des Neupunktes findet man daher mit Hilfe von Transformationsgleichungen der Helmerttransformation.

Vorbereitend berechnet man für polar angemessene Punkte $P_1 \ldots P_r$ *in dem* $\xi\eta$-System rechtwinklige Koordinaten:

$$\xi_i = s_i \cos r_i; \quad \eta_i = s_i \sin r_i \qquad (i = 1 \ldots r) \tag{5.45}$$

Nach [4.2.1] Gl. (4.18b) gilt dann für die Koordinaten des Neupunktes (bzw. des Koordinatenursprungs des örtlichen Systems)

$$\begin{aligned} x &= \frac{[x]}{n} - a\frac{[\xi]}{n} + o\frac{[\eta]}{n} = x_s - a\xi_s + o\eta_s \\ y &= \frac{[y]}{n} - o\frac{[\xi]}{n} - a\frac{[\eta]}{n} = y_s - o\xi_s - a\eta_s. \end{aligned} \qquad (5.46)$$

Die Transformationsparameter $a$ und $o$ sind in [4.2.1] Gl. (4.15) definiert.

*Zahlenbeispiel* zu [5.6.2]

| Pkt. Nr. | Gemessen | | örtl. System | | Gegebene Festpkt.-Koord. | |
|---|---|---|---|---|---|---|
| | $r$ | $s$ | $\eta$ | $\xi$ | $y$ | $x$ |
| | [gon] | [m] | [m] | [m] | [m] | [m] |
| 1 | 0,465 | 116,42 | + 0,85 | +116,42 | 17520,66 | 06410,71 |
| 2 | 82,789 | 52,79 | + 50,87 | + 14,10 | 17411,28 | 06379,22 |
| 3 | 190,432 | 148,12 | + 22,18 | −146,45 | 17258,15 | 06435,37 |
| 4 | 361,963 | 209,65 | −117,94 | +173,33 | 17597,31 | 06517,78 |
| Σ | 235,649 | 526,98 | − 44,04 | +157,40 | 69787,40 | 25743,08 |
| Schwerpunkt *SP* | | | − 11,01 | + 39,35 | 17446,85 | 06435,77 |

| | $\Delta\eta$ | $\Delta\xi$ | $\Delta y$ | $\Delta x$ |
|---|---|---|---|---|
| 1 | + 11,86 | + 77,07 | + 73,81 | −25,06 |
| 2 | + 61,88 | − 25,25 | − 35,57 | −56,55 |
| 3 | + 33,19 | −185,80 | −188,70 | − 0,40 |
| 4 | −106,93 | +133,98 | +150,46 | +82,01 |

$[\Delta\eta^2 + \Delta\xi^2] = 75\,555{,}02$

$[\Delta\eta \cdot \Delta y] = -23\,677{,}33$

$[\Delta\eta \cdot \Delta x] = -12\,579{,}13$

$[\Delta\xi \cdot \Delta y] = +61\,805{,}77$

$[\Delta\xi \cdot \Delta x] = +10\,558{,}53$

$o = (61\,805{,}77 + 12\,579{,}13) : 75\,555{,}02 = +0{,}984\,513\,0$

$a = (10\,558{,}53 - 23\,677{,}33) : 75\,555{,}02 = +0{,}173\,632\,4$

$(q = \sqrt{o^2 + a^2} = 0{,}999\,707;\ \varphi = \text{arc cos}\,(a : q) = 111{,}1134\text{ gon})$

$y = 17\,446{,}85 - o \cdot 39{,}35 + a \cdot 11{,}01 = \underline{17\,406{,}20}$

$x = 06\,435{,}77 - a \cdot 39{,}35 - o \cdot 11{,}01 = \underline{06\,431{,}76}$

### 5.6.3 Genauigkeit der mit Richtungen und Strecken berechneten Punkte

Legt man den Neupunkt $N$ – wie bei den vorausgehenden Ableitungen [5.6.1, 5.6.2] – in den Ursprung des örtlichen Koordinatensystems, so entsprechen die Standardabweichungen der transformierten Neupunktskoordinaten den Standardabweichungen der beiden Verschiebungskomponenten (Translationsparameter). Damit erhält man nach (*Wolf* 1966) für die Genauigkeit der durch eine Helmerttransformation bestimmten Standpunktskoordinaten:

$$m_P^2 = 2\sigma_0^2 \left( \frac{1}{n} + \frac{y_N^2 + x_N^2}{[y_i^2 + x_i^2]} \right) = 2\sigma_0^2 \left( \frac{1}{n} + \frac{\eta_s^2 + \xi_s^2}{[\Delta\eta^2 + \Delta\xi^2]} \right) \qquad (5.47)$$

wobei

$$\sigma_0 = \sigma(r) \cdot s = \sigma(s). \qquad (5.48)$$

Dabei bezeichnen: $\sigma(r)$ die Standardabweichung der beobachteten Richtungen; $\sigma(s)$ die der Strecken; $s$ die Strecken; $x_N$, $y_N$ die Koordinaten des Neupunktes; $x_i$, $y_i$ die Koordinaten der Festpunkte.

Die Genauigkeit der Neupunktsbestimmung kann man anschaulich mit Linien gleicher mittlerer Punktfehler darstellen (*Beuchle*)

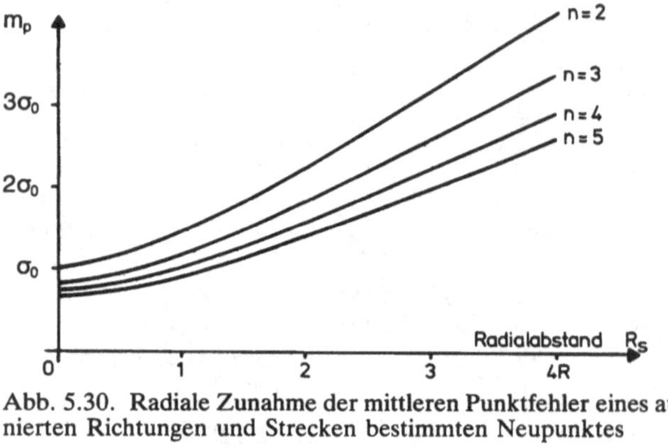


Abb. 5.30. Radiale Zunahme der mittleren Punktfehler eines aus kombinierten Richtungen und Strecken bestimmten Neupunktes

1981). Diese Linien sind Kreise um den Schwerpunkt der Festpunkte. Der minimale Punktfehler $m_{p\min} = \sqrt{\frac{2}{n}} \cdot \sigma_0$ tritt im Schwerpunkt der Festpunkte auf. Er ist nur abhängig von der Anzahl der Festpunkte, nicht jedoch von ihrer Lage. Die radiale Zunahme der mittleren Neupunktsfehler zeigt Abb. 5.30. Die Darstellung berücksichtigt einige Fälle mit $n = 2, 3, 4, 5$ regelmäßig verteilten Festpunkten (Abb. 5.31), wobei alle Festpunkte auf einem Kreis um den Schwerpunkt mit dem Radius $R = 1$ liegen. Für die dargestellten Festpunktanordnungen liefert Abb. 5.30 mittlere Neupunktsfehler als Funktion des Abstandes $R_s$ in Einheiten der Standardabweichung der Gewichtseinheit $\sigma_0$.

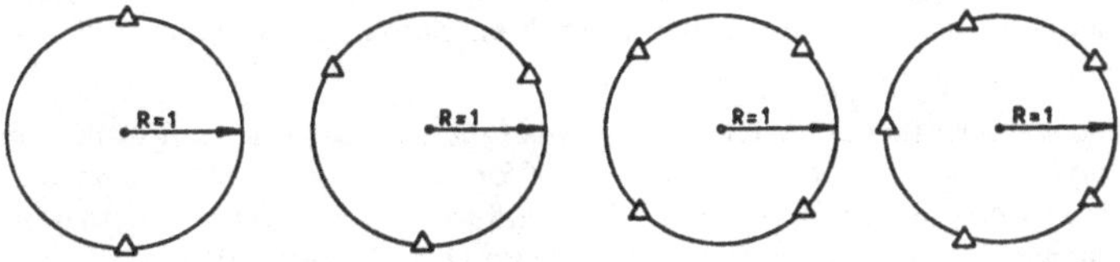


Abb. 5.31. Festpunktanordnungen mit $n = 2, 3, 4, 5$ Festpunkten für die Darstellung des mittleren Punktfehlers

Abb. 5.30 zeigt, daß die Messungen zu einem 5. Punkt nur noch unwesentlich zur Genauigkeitssteigerung beitragen.

## 5.7 Polare Aufnahme von Objektpunkten

Neben dem in [Band I, 3.1] beschriebenen Rechtwinkel- und Einbindeverfahren verwendet man für die Aufnahme von *Objektpunkten* – Hausecken, Grenzpunkten, ... – die polare Aufnahme. Bei der *Polaraufnahme* werden die Neupunkte durch Winkel $\alpha_i$ gegenüber einer bekannten Ausgangsrichtung und Strecken $s_i$ nach Polarkoordinaten bestimmt (Abb. 5.32). Die Polarkoordinaten verwendet man unmittelbar – z.B. zur Kartierung von Häusern, Grenzpunkten, ... oder man rechnet sie um in rechtwinklige Koordinaten und stellt sie dann für die vielseitigen Aufgaben des Vermessungswesens zur Verfügung.

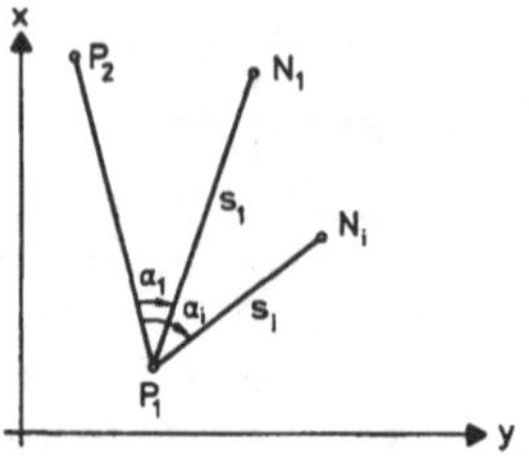


Abb. 5.32. Die Polaraufnahme

Für die Messungen benutzt man Tachymeter: optische oder elektronische Theodolite in Kombination mit einem Entfernungsmesser [2], [3]. Mißt man nur mit elektronischen Geräten, so ist das Verfahren besonders automationsfreudig; von der Aufnahme der Punkte im Feld bis zur Herstellung von Karten und Registern läßt sich ein automatischer Datenfluß erzeugen [3.2].

Aus wirtschaftlichen Gründen führt man die *Richtungsmessungen* in der Regel *nur in einer Fernrohrlage* aus. Vor Meßeinsätzen sind dann die Zielachsen-, Kippachsen- und Höhenindexfehler zu bestimmen, damit man sie rechnerisch berücksichtigen kann [1.6.1], [Band III, 1.3.2].

Wenn ausreichende Sichtverbindungen gegeben sind, wählt man bei großflächigen Aufnahmen die *Tachymeterstandpunkte in Abständen von* 200 bis 700 m. Der Einfluß der Refraktion auf die Genauigkeit der Richtungsmessungen ist dann normalerweise noch vernachlässigbar. In wenig einsichtigem Gelände – z.B. bei dichtem Bewuchs und dichter Bebauung – ist der Abstand wesentlich kleiner. Tachymeterstandpunkte können Festpunkte oder frei wählbare nicht koordinierte Stationen sein. Im letzteren Fall spricht man von *freier Stationierung*. Besonders wenn die freie Stationierung angewendet wird, ist das Polarverfahren wesentlich weniger schematisch und daher beweglicher als die Orthogonalmethode.

In der Regel können, anders als beim Orthogonalverfahren, nicht alle Messungselemente durch *unmittelbar* im Felde wirksame Kontrollen verprobt werden; doch sollten die Tachymeterstandpunkte sowie wichtige Grenz- und Absteckungspunkte schon bei der Aufnahme in irgendeiner Weise gesichert sein. Die zweimalige Bestimmung der Messungselemente vom gleichen Standpunkt aus ist bekanntlich nur für die Richtungsmessung einigermaßen wirksam. Zur Sicherung der Streckenmessung kommen Steinbreiten und Spannmaße in Frage, und erst wenn diese entfallen, sollte die Strecke ein zweites Mal beobachtet werden. Besser nimmt man den zu sichernden Punkt von zwei benachbarten Standpunkten auf. Ein etwaiger Aufnahmefehler zeigt sich dann allerdings erst bei der Koordinatenberechnung.

Gegenüber dem in [Band I, 3.1] beschriebenen Rechtwinkel- und Einbindeverfahren weist die polare Aufnahme folgende Vorteile auf (*Haupt* 1979):

- es entfallen die durch ein starres Liniennetz vorgegebenen Zwangsbedingungen,
- man benötigt in der Regel für die Aufnahme von Objektpunkten nur etwa 5 ... 20 Festpunkte/km$^2$,
- diese Punkte lassen sich besser sichern, da sie z. B. aus dem gefährdeten Straßenraum in sichere Lagen verlegt werden können,
- aufgrund der Automationsfreudigkeit ergibt sich eine hohe Wirtschaftlichkeit,
- da man an Stelle des Rechtwinkelprismas und Meßbandes [Band I, 3.1] einen Theodoliten in Kombination mit einem elektronischen Entfernungsmesser einsetzt, erhält man ohne besonderen Aufwand eine höhere Lagegenauigkeit.

### 5.7.1 Polare Aufnahme von einem Festpunkt aus

Gegeben sind die Festpunkte $A$ und $E$, sowie die auf $A$ und $E$ bestimmten Richtungen $r_E$, $r_i$ und die Strecken $s_E$, $s_i$ (Abb. 5.33).

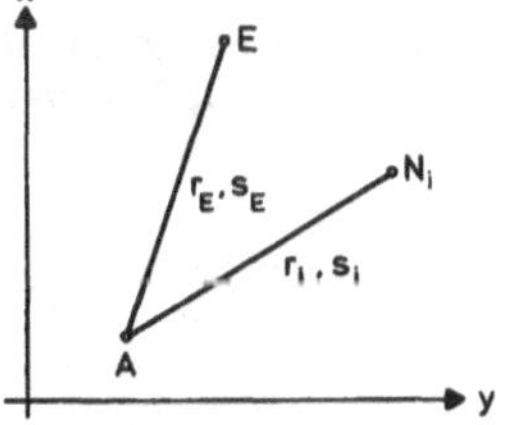


Abb. 5.33. Polaraufnahme auf einem Festpunkt

Die Koordinaten der Neupunkte $N_i$ lassen sich folgendermaßen berechnen:

$$x_i = s_i \cos(r_i + \varphi) \qquad (5.49)$$
$$y_i = s_i \sin(r_i + \varphi).$$

Vorbereitend hat man die Orientierungsunbekannte des Richtungsbüschels zu bestimmen [5.3.2]:

$$\varphi = t_{AE} - r_E. \tag{5.50}$$

Bei genaueren Punktbestimmungen ist zu überprüfen, ob der Maßstab der aus Messungen abgeleiteten Strecken $s_i$ mit dem des Festpunktfeldes übereinstimmt. Man bestimmt dann mindestens eine Strecke zwischen Festpunkten – z. B. $s_{AE}$ – und berechnet den Maßstabsfaktor:

$$q = \frac{s_{AE}^*}{s_{AE}} \tag{5.51}$$

mit

$$s_{AE}^* = \sqrt{(x_E - x_A)^2 + (y_E - y_A)^2}.$$

Liegt ein wirksamer Maßstabsunterschied vor, so berechnet man die Koordinaten des Neupunktes an Stelle von (5.49) durch:

$$x_i = q s_i \cos(r_i + \varphi) \tag{5.52}$$
$$y_i = q s_i \sin(r_i + \varphi).$$

### 5.7.2 Polare Aufnahme bei freier Stationierung und zwei angemessenen Festpunkten

Gegeben seien zwei Festpunkte $A$ und $E$ sowie die auf einem nicht koordinierten Gerätestandpunkt $S$ bestimmten Richtungen $r_A$, $r_E$, $r_i$ und Strecken $s_A$, $s_E$, $s_i$.

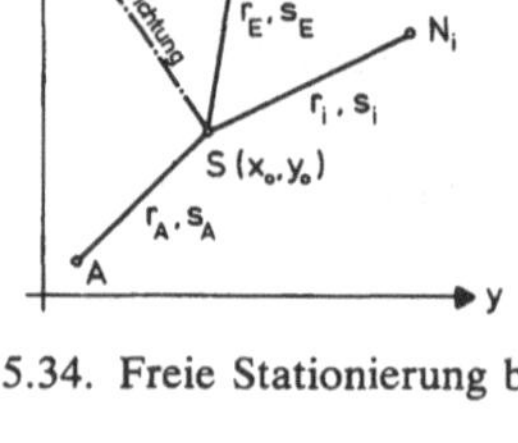


Abb. 5.34. Freie Stationierung bei zwei angemessenen Festpunkten

Man betrachte den Standpunkt als Zentrum eines örtlichen $\xi\eta$-Koordinatensystems, dessen $\xi$-Achse mit der Nullrichtung der gemessenen Richtungen zusammenfällt. $A$ und $E$ sind in dem $\xi\eta$-System durch Polarkoordinaten $(r_i s_i)$ und in dem $xy$-System durch rechtwinklige Koordinaten $(x, y)$ festgelegt und damit identische Punkte. Die Neupunkte $N_i$ lassen sich daher durch eine Ähnlichkeitstransformation berechnen – [4.2.1] Gl. (4.13a und b):

$$x_i = x_0 + q s_i \cos(r_i + \varphi) \qquad (5.53)$$
$$y_i = y_0 + q s_i \sin(r_i + \varphi),$$

mit

$$x_0 = x_A - q s_A \cos(r_A + \varphi) \qquad (5.54)$$
$$y_0 = y_A - q s_A \sin(r_A + \varphi),$$

wobei

$$\theta \triangleq r \text{ und } \sigma \triangleq s.$$

Berechnet man für die Festpunkte $A$ und $E$ rechtwinklige Koordinaten:

$$\xi_A = s_A \cos r_A; \; \eta_A = s_A \sin r_A \qquad (5.55)$$
$$\xi_E = s_E \cos r_E; \; \eta_E = s_E \sin r_E,$$

so kann man die Transformationsparameter $q$ und $\varphi$ nach [4.2.1] Gl. (4.6) und (4.7) berechnen (Zahlenbeispiel s. [4.2.1]).

### 5.7.3 Polare Aufnahme bei freier Stationierung und mehr als zwei angemessenen Festpunkten

Gegeben seien mehrere Festpunkte $P_1 \ldots P_r$ sowie die auf einem nicht koordinierten Gerätestandpunkt $S$ bestimmten Richtungen $r_1 \ldots r_r$ und Strecken $s_1 \ldots s_r$; außerdem sind auf $S$ Richtungen $r_i$ und Strecken $s_i$ zu Neupunkten bestimmt (Abb. 5.35).

Wie in [5.7.2] betrachte man den Standpunkt als Ursprung eines örtlichen $\xi\eta$-Koordinatensystems, dessen $\xi$-Achse mit der Nullrichtung der Richtungsmessung zusammenfällt. Vorbereitend berechne man für die polar angemessenen Punkte $P_1 \ldots P_r$ in dem $\xi\eta$-System rechtwinklige Koordinaten.

$$\xi_i = s_i \cos r_i \quad \eta_i = s_i \sin r_i \quad (i = 1 \ldots n) \qquad (5.56)$$
$$\vdots$$

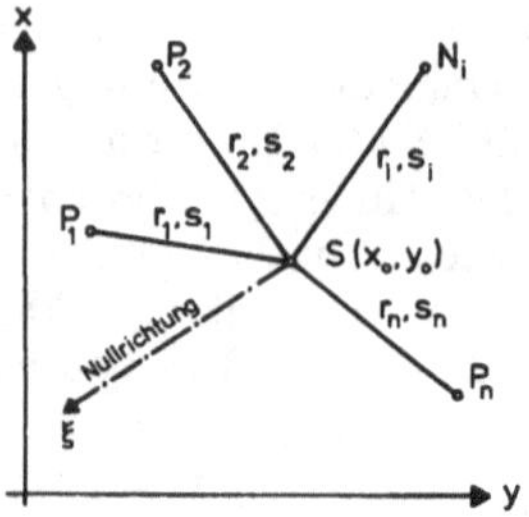


Abb. 5.35. Freie Stationierung bei mehr als zwei angemessenen Festpunkten

Die Punkte $P_1 \ldots P_r$ sind in dem $xy$-System und $\xi\eta$-System durch rechtwinklige Koordinaten festgelegt und damit identische Punkte. Die Koordinaten der Neupunkte findet man daher mit Hilfe der Helmerttransformation.

Nach [4.2.1] Gl. (4.18a) berechnen sich die Koordinaten der Neupunkte nach:

$$x_i = x_0 + a\xi_i, - o\eta_i \quad (i = r + 1 \ldots n) \qquad (5.57)$$
$$y_i = y_0 + o\xi_i, + a\eta_i$$

*Zahlenbeispiel:* (Transformationsparameter sind dem Zahlenbeispiel in [5.6.2] entnommen:

| Pkt. Nr. | $\varphi$ / $r$ [gon] | $q$ / $s$ [m] | $r^0$ [gon] | $sq$ [m] | $y$ [m] | $x$ [m] |
|---|---|---|---|---|---|---|
| $S$ | $\varphi$=111,113 | $q$=0,999707 | – | – | 17406,20 | 06431,76 |
| $P_1$ | 0,465 | 116,42 | 111,578 | 116,386 | 17520,67 | 06410,71 |
| $P_2$ | 82,789 | 52,79 | 193,902 | 52,775 | 411,25 | 379,23 |
| $P_3$ | 190,432 | 148,12 | 301,545 | 148,077 | 258,17 | 435,35 |
| $P_4$ | 361,963 | 209,65 | 73,076 | 209,589 | 597,32 | 517,78 |
| $P_5$ | 71,542 | 83,15 | 182,655 | 83,126 | 428,57 | 351,70 |
| ... | ... | ... | ... | ... | ... | ... |
| $P_n$ | 312,219 | 114,61 | 23,332 | 114,576 | 17447,26 | 06538,73 |

mit

$$x_0 = \frac{[x_i]}{n} - a\frac{[\xi_i]}{n} + o\frac{[\eta_i]}{n} \quad (i = 1 \ldots r) \tag{5.58}$$
$$y_0 = \frac{[y_i]}{n} - o\frac{[\xi_i]}{n} - a\frac{[\eta_i]}{n}$$

Die Transformationsparameter $a$ und $o$ sind in [4.2.1] Gl. (4.15), $q$ und $\varphi$ in [4.2.1] Gl. (4.16) u. (4.17) definiert.

### 5.7.4 Genauigkeit der polar aufgenommenen Punkte

Der mittlere Punktfehler $m_p$ [5.2] eines von einem Festpunkt aus bestimmten Polarpunktes beträgt:

$$m_p = \sqrt{(s \cdot \sigma(r^0))^2 + \sigma^2(s)} \tag{5.59}$$

Dabei bezeichnen: $\sigma(r^0)$ Standardabweichung der orientierten Richtungen [5.3.2]; $\sigma(s)$ Standardabweichung der Strecken; $s$ neu bestimmte Strecken. $s \cdot \sigma(r^0)$ beschreibt die Standardabweichung des Neupunktes senkrecht zum Bestimmungsstrahl und $\sigma(s)$ diese in Richtung des Bestimmungsstrahls. In der Regel sorgt man dafür, daß die Richtungs- und Streckenmeßgenauigkeit gleich ist; d. h.

$$s \cdot \sigma(r^0) = \sigma(s) = \sigma_0 . \tag{5.60}$$

Der mittlere Punktfehler beträgt dann

$$m_p = \sqrt{2}\sigma_0 \tag{5.61}$$

Bei freier Stationswahl gilt unter der Voraussetzung der in (5.60) beschriebenen Fehlerannahmen (*Ruopp* 1971):

- Die Genauigkeit eines Polarpunktes ist von der Lage des Gerätestandpunktes unabhängig; entscheidend ist allein die Lage des Polarpunktes innerhalb der Festpunkte.
- Die Linien gleicher Standardabweichungen der Koordinaten sind Kreise um den Schwerpunkt der Festpunkte.
- Die minimale Standardabweichung tritt im Schwerpunkt der Festpunkte auf.

Von weiterem Interesse ist die radiale Zunahme der Koordinatenfehler (Abb.5.36). Für die Anordnung der Festpunkte soll Abb. 5.31 gelten. Betrachtet man zunächst die Festpunkte als fehlerfrei und in einer weiteren Analyse als fehlerbehaftet, so erhält man die in Abb. 5.36 und 5.37 wiedergegebenen Ergebnisse (*Beuchle* 1981):

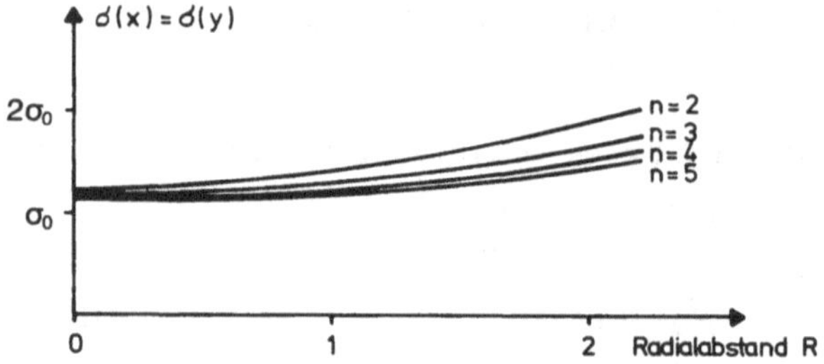


Abb. 5.36. Standardabweichungen $\sigma(x)$ und $\sigma(y)$ der Koordinaten der Polarpunkte bei fehlerfreien Festpunkten und freier Stationierung (für $\sigma(r) \cdot s = \sigma(s) = \sigma_0$)

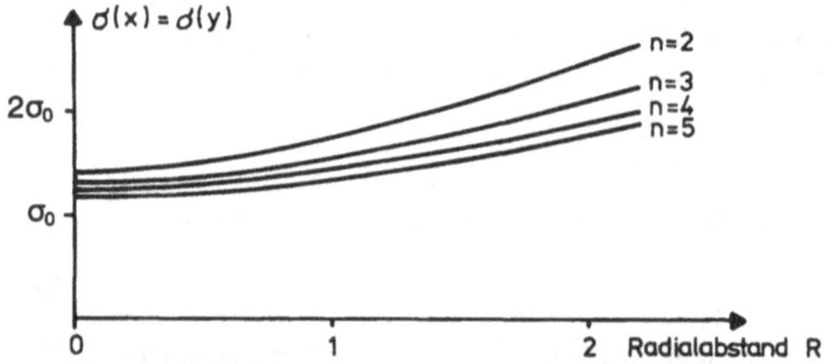


Abb. 5.37. Standardabweichungen $\sigma(x)$ und $\sigma(y)$ der Koordinaten der Polarpunkte bei fehlerhaften Festpunkten und freier Stationierung (für $\sigma(r) \cdot s = \sigma(s) = \sigma_0$ und die Standardabweichungen der Festpunktkoordinaten $\sigma(\bar{x}) = \sigma(\bar{y}) = \sigma_0$)

Die Abbildungen zeigen:

– die Genauigkeitssteigerung durch Hinzunahme weiterer Festpunkte ist gering,

- die aufzunehmenden Polarpunkte sollen möglichst innerhalb des um den Schwerpunkt durch die Festpunkte gezogenen Kreises mit $R = 1$ liegen.

## 5.8 Polygonometrische Punktbestimmung

Die Polygonierung, die etwa seit 1830 Eingang in die Vermessungspraxis fand, galt bis 1960 als ein Verfahren, das der Triangulation sowohl hinsichtlich ihres Aufbaus als auch genauigkeitsmäßig nachstand. Sie diente daher nur zur Bestimmung der Festpunkte der „5. Ordnung", der *Aufnahmepunkte,* für die Objektvermessung. Inzwischen hatte die Genauigkeit der Winkelmessung durch den Einsatz der Zwangszentrierung [1.5.4] und die der Distanzmessung durch die elektronischen Verfahren [2] in einem so hohen Maße zugenommen, daß die Genauigkeitsverhältnisse sich geradezu umkehrten. Darüber hinaus gibt es eine Vielzahl weiterer Vorteile:

- Der Netzaufbau läßt sich den örtlichen Gegebenheiten besser anpassen.
- Der Signalbau, der bei der Triangulierung unentbehrlich und kostensteigernd ist, entfällt normalerweise.
- Der Arbeitsfortschritt ist in der Regel sehr günstig.

Die polygonometrische Punktbestimmung läßt sich aus den zuvor genannten Gründen sehr vielseitig einsetzen. Hauptsächlich wendet man sie an bei:

- dem großräumigen Aufbau von Lagefestpunktfeldern [7],
- der Verdichtung von trigonometrischen Netzen der III. und IV. Ordnung [7],
- der Bestimmung von Festpunkten (Aufnahmepunkten) für die Objektvermessung [Band I, 3.1],
- der Bestimmung von Aufnahmepunkten für die topographische Vermessung kleinerer Gebiete [Band III, 4.2], (*Hake* 1982),
- den Absteckungsarbeiten [Band III, 6.4].

Die Seitenlängen können sehr unterschiedlich sein. So hat man z. B. beim Aufbau von Grundlagennetzen Seiten bis zu 50 km, bei der Verdichtung trigonometrischer Festpunktfelder von 0,4 . . . 2,5 km und beim Bestimmen von Aufnahmepunkten von ca. 0,05 . . . 1 km.

## 5.8.1 Anlage und Messen von Polygonnetzen

### *5.8.1.1 Ringpolygone, Polygonzüge, Polygonnetze*

Bei der polygonometrischen Punktbestimmung ist der Aufnahmerahmen ein unregelmäßiges Vieleck oder Polygon (griech. polys = viel; gony = Knie, Ecke), in dem auf den Eckpunkten Winkel und zwischen benachbarten Punkten Strecken bestimmt werden (Abb. 5.38). Die Messungen ordnet man so an, daß sich für alle Punkte rechtwinklige Koordinaten berechnen lassen. Je nach Aufgabenstellung legt man ein Ringpolygon, einen Polygonzug oder ein Polygonnetz an.

Ein *Ringpolygon* oder geschlossenes Polygon ist ein Vieleck, in dem die letzte Seite an die erste anschließt. Ein Beispiel dafür ist in Abb. 5.38 das Polygon 1 2 3 4 5 6. Das Ringpolygon ist ein geeigneter Rahmen für die Aufnahme eines abgeschlossenen Bezirks, z. B. eines Baublocks, einer Dorflage, eines Parks u. dgl.

Ein *Polygonzug* ist ein gebrochener Linienzug, der verschiedenartig angeordnet werden kann.

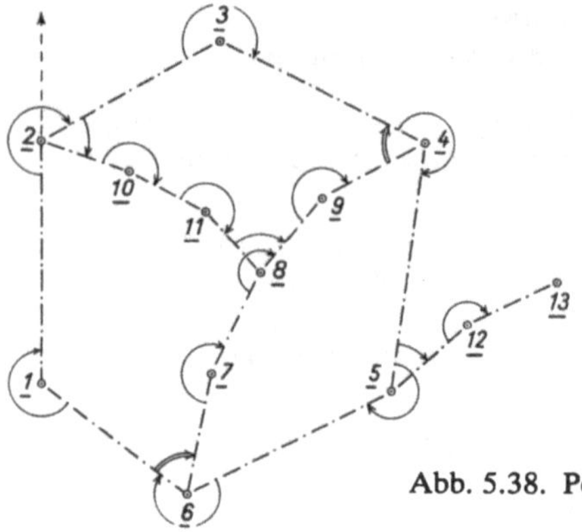


Abb. 5.38. Polygonnetz

Man unterscheidet folgende Arten:

- Der *angeschlossene Polygonzug* beginnt und endet (wie in Abb. 5.38 der Zug 6 7 8 9 4) auf einem bereits vorher bestimmten Festpunkt; in ihm werden außer den Seiten und den Brechungswinkeln die in Abb. 5.38 mit einem Doppelpfeil bezeichneten Anschlußwinkel beobachtet.

- Ein *toter Polygonzug* ist, wie in Abb 5.38 der Zug 5 12 13, nur einseitig angeschlossen. Solche Züge weisen eine sehr ungünstige Fehlerfortpflanzung auf [5.8.4.1]. Man kann sie aber zur Aufnahme von Innenhöfen und Sackgassen, für die Absteckung von Tunnels u. dgl. nicht entbehren.
- Ein *freier Polygonzug* hat keinerlei Anschlüsse; man braucht ihn zur Absteckung von Geraden, deren Endpunkte gegenseitig nicht sichtbar sind, zur Aufnahme und Absteckung von Verkehrslinien usw. Vgl. Band III, 6.4.

Ein *Polygonnetz* besteht aus mehreren Polygonzügen. Damit kann praktisch jedes noch so unübersichtliche Aufnahmegebiet erschlossen werden. Bei der Berechnung der Koordinaten führt die Ausgleichung von Polygonnetzen zu fehlertheoretisch günstigsten Ergebnissen (*Gründig/Joeckel* 1983).

### *5.8.1.2 Auswahl der Neupunkte*

Die Auswahl der Neupunkte hängt von der jeweiligen Aufgabenstellung ab. Bei der *polygonometrischen Verdichtung der Trigonometrischen Netze III. und IV. Ordnung* erkundet man die Polygonpunkte so, daß die Wetterabhängigkeit – im Hinblick auf Reichweite und Genauigkeit bei der Richtungs- und Streckenmessung – gering ist und der kostspielige Signalaufbau vermieden wird. Diese Vorteile erzielt man, wenn die Zugseiten durchschnittlich 0,8 . . . 1 km lang sind (*Augath* 1976). Nicht alle Polygonpunkte sind bei dieser Meßanordnung Punkte des Lagefestpunktfeldes; einige Punkte benutzt man nur vorübergehend bei den Messungen und Berechnungen (Abb. 7.6). Die trigonometrischen Punkte sind in der Regel so zu erkunden, daß möglichst eine gleichmäßige Verteilung und eine gute Verbindung zu Nachbarpunkten gegeben ist.

Bei der *Objektvermessung* folgen die Polygonzüge im allgemeinen den Verkehrswegen, Wasserläufen und Eigentumsgrenzen. Zweckmäßig legt man sie so, daß von den Polygonpunkten aus möglichst viele Einzelheiten aufgenommen werden können. Für die Polygonpunkte sucht man geschützte Standorte aus, auf denen sich der Theodolit sicher aufstellen läßt.

Die Länge der Zugseiten hängt von der Dichte der aufzunehmenden Objekte und den topographischen Verhältnissen ab.

Alle Punkte werden fest vermarkt – z. B. durch Rohre oder Bolzen – und zum leichten Auffinden durch Zusatzmessungen in geometrische Verbindung mit benachbarten Hausecken, Masten u. dgl. gebracht.

#### *5.8.1.3 Messen der Seiten und Winkel*

Am schnellsten und genauesten bestimmt man die *Polygonseiten* mit den in [2.7.1] beschriebenen elektronischen Entfernungsmessern. In Ausnahmefällen verwendet man gespannte Meßbänder [Band I, 2.4] oder die 2 m-Basislatte [2.9].

Für die *Richtungsmessungen* nimmt man je nach Aufgabenstellung Theodolite niederer, mittlerer oder hoher Genauigkeit [1.3, 1.4].

Häufig setzt man Tachymeter ein; Theodolit und Entfernungsmesser sind dann fest miteinander verbunden [3].

Je nach Aufgabenstellung gibt es unterschiedliche Genauigkeitsforderungen. So fordert man z. B. in dicht besiedelten, hochentwickelten Ländern im Zusammenhang mit der polygonometrischen Verdichtung der trigonometrischen Netze III. und IV. Ordnung eine

- Standardabweichung der Strecken von $\sigma(s) = 5$ mm
- Standardabweichung der Richtungen von $\sigma(r) = 0{,}5$ mgon*

und bei der Objektvermessung eine

- Standardabweichung der Strecken von $\sigma(s) = 1 \ldots 2$ cm
- Standardabweichung der Richtungen von $\sigma(r) = 1 \ldots 2$ mgon**.

---

* In der Regel mißt man 3 Sätze mit einem Theodoliten hoher Genauigkeit

** In der Regel mißt man 2 Sätze mit einem Theodoliten mittlerer Genauigkeit

Die Richtungs- und Streckenmessungen sollen möglichst gleich genau sein, d. h. die durch die Unsicherheiten der Richtungsmessungen hervorgerufenen Querabweichungen $s \cdot \sigma(r)$ sollen etwa gleich groß sein wie die durch die Unsicherheiten der Distanzmessung hervorgerufenen Längsabweichungen $\sigma(s)$:

$$\sigma_0 = \sigma(s) = s \cdot \sigma(r).$$

Die für die polygonometrische Punktbestimmung erforderliche Genauigkeit erreicht man in erster Linie durch genauere Zentrierung. Beim Zentrieren des Instruments und beim Einloten der Zielstäbe mit bloßem Auge kann leicht ein Zentrierfehler von 0,5 cm entstehen. Dieser verschwenkt, wenn er rechtwinklig zur Zielrichtung verläuft, nach der Formel $d = (b/r)\,(200/\pi)$ eine Seite von 150 m Länge um 2,1 mgon. Also verfälschen drei Zentrierfehler dieser Größe, wenn zufällig die in Abb. 5.39 angenommene Fehlerhäufung eintritt, einen gestreckten Winkel um 8,4 mgon. Die Auswirkungen der Zentrierfehler übersteigen daher bei weitem die Ungenauigkeiten bei der Ablesung am Instrument.

Abb. 5.39. Zentrierungsfehler

Eine spürbare Verbesserung läßt sich erzielen, wenn man die Zwangszentrierung einsetzt [1.5.4].

### 5.8.2 Berechnen der Polygone

Man bestimmt zunächst die orientierten Richtungen $r_i^0$ und die in das Abbildungssystem reduzierten Längen der Polygonseiten $s_i$ [2.4, 2.5, 4.3.3]. Anschließend berechnet man – von einem Festpunkt ausgehend – durch polares Anhängen [4.1.1] von Punkt zu Punkt fortschreitend die Koordinaten der Neupunkte.

### *5.8.2.1 Beidseitig angeschlossene Polygonzüge*

Als Beispiel wird der in Abb. 5.40 dargestellte Polygonzug berechnet.

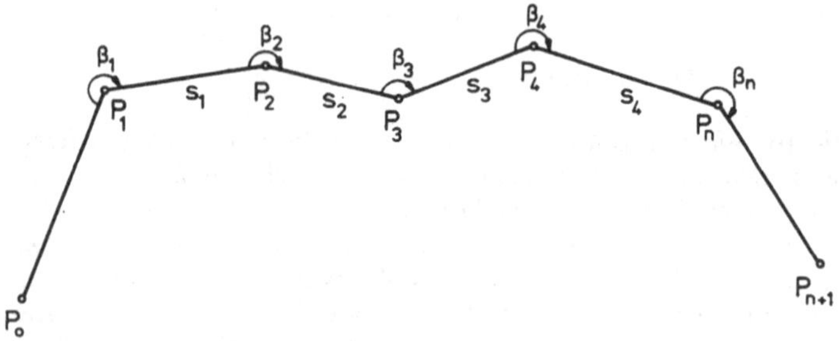


Abb. 5.40. Beidseitig angeschlossener Polygonzug
Gegeben sind: $x_0, y_0, x_1, y_1, x_n, y_n, x_{n+1}, y_{n+1}$.
Gemessen sind: $s_1 \ldots s_4, \beta_1 \ldots \beta_n$.
Gesucht sind: $x_2, y_2 \ldots x_4, y_4$.

Die Neupunkte $P_2$, $P_3$, $P_4$ kann man bei fehlerfreien Messungen mit den Winkeln $\beta_1$, $\beta_2$, $\beta_3$ und den Strecken $s_1$, $s_2$, $s_3$ eindeutig festlegen. Mit der Strecke $s_4$ und den Winkeln $\beta_4$ und $\beta_n$ sind drei überschüssige Messungen gegeben. Als Folge treten im Zuge der Berechnungen Abweichungen auf; diese lassen sich auf unterschiedlichen Wegen beseitigen:

(1) Man rechnet den Zug von einem Endpunkt aus als einseitig angeschlossenen Zug [5.8.1] näherungsweise durch und paßt ihn schließlich mit Hilfe einer Ähnlichkeitstransformation [4.2] zwischen den beiden Anschlußpunkten ein.
(2) Man verteilt zunächst die Winkelabweichung auf die gemessenen Brechungswinkel, rechnet den Zug näherungsweise durch, verteilt anschließend die verbleibenden Koordinatenabweichungen proportional zu den gemessenen Strecken und berechnet schließlich die endgültigen Koordinaten.

Das erste Verfahren stellt keine besonderen Anforderungen an die geometrische Form des Zuges, solange gewährleistet ist, daß die Winkel- und Streckenmessungen gleich genau sind. Die Züge können gebogen sein und lassen sich daher optimal an die aufzunehmenden Objekte anpassen. Zweckmäßig benutzt man diese Methode dann, wenn der neu bestimmte Zug eine größere Genauigkeit aufweist als das vorhandene Festpunktfeld. Die Form des Zuges wird dann von den Unsicherheiten der Koordinaten der Anschlußpunkte nicht beeinflußt. Nachteilig ist, daß bei diesem Verfahren der Winkel $\beta_n$ nur für die Kontrolle der Brechungswinkel $\beta_i$, nicht jedoch für die Berechnungen genutzt wird.

Das zweite Verfahren sollte man nur auf nahezu geradlinig gestreckte Züge anwenden. Diese Methode bevorzugte man in der Vergangenheit, als noch keine elektronischen Entfernungsmesser zur Verfügung standen und die mit Meßbändern ausgeführten Streckenmessungen ungenauer als die Winkelmessungen waren. Der nachfolgend beschriebene 2. Lösungsweg entspricht einem strengen Ausgleichungsverfahren [5.8.4.1].

*1. Lösungsweg*

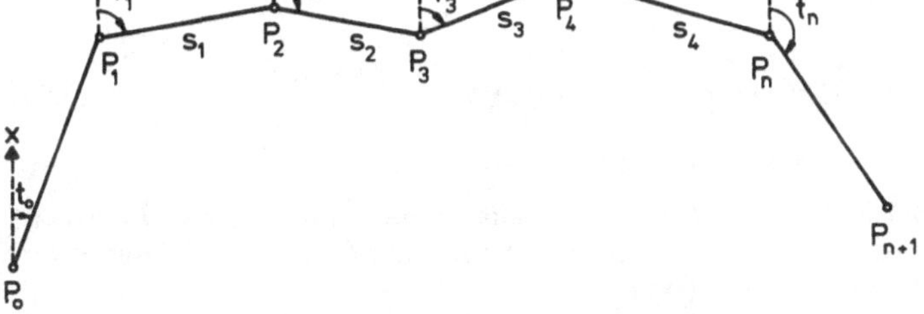


Abb. 5.41. Polare Bestimmungselemente des Polygonzuges

Vorbereitend berechnet man die Richtungswinkel $t_0$ und $t_n$ nach [4.1.2]. Danach verlaufen die Berechnungen folgendermaßen:

*1. Schritt:* Man überprüft zunächst die gemessenen Winkel $\beta_i$. Hierzu bildet man die Summe $t_0 + [\beta] + n \cdot 200$ gon, die bis auf ein Vielfaches $a$ von 400 gon gleich dem errechneten Richtungswinkel $t_n$ sein sollte. Infolge der Unsicherheiten der Meßwerte und Anschlußkoordinaten erhält man jedoch die Winkelabweichung:

$$w_\beta = (t_n - t_0) - \{[\beta] + n \cdot 200 \text{ gon} - a \cdot 400 \text{ gon}\}. \qquad (5.62)$$

Ist diese kleiner als eine vorgegebene Fehlergrenze – vgl. z. B. [5.8.4.2] –, so kann man den Polygonzug vorläufig berechnen.

*2. Schritt:* Man rechnet nun in einem $x'y'$-System mit den Anfangskoordinaten $x_1' = 0$, $y_1' = 0$ den Zug durch. Vorbereitend orientiert man von Punkt zu Punkt fortschreitend die Richtungen der Polygonseiten, indem man zu dem berechneten Richtungswinkel $t_0$ die Brechungswinkel $\beta_i + 200$ gon folgendermaßen hinzuzählt:

$$\begin{aligned} r_1^0 &= t_0 + \beta_1 + 200 \text{ gon} \\ r_2^0 &= r_1^0 + \beta_2 + 200 \text{ gon} \\ &\dots \quad \dots \end{aligned} \qquad (5.63)$$

Probe:

$$t_n = r_4^0 + \beta_n + 200 \text{ gon}.$$

Mit den orientierten Richtungen $r_i^0$ und den Strecken $s_i$ berechnet man von Punkt zu Punkt fortschreitend die örtlichen Koordinaten:

$$\begin{aligned} x_2' &= x_1' + s_1 \cos r_1^0; \quad y_2' = y_1' + s_1 \sin r_1^0 \\ x_3' &= x_2' + s_2 \cos r_2^0; \quad y_3' = y_2' + s_2 \sin r_2^0 \\ &\dots \quad \dots \\ x_n' &= x_4' + s_4 \cos r_4^0; \quad y_n' = y_4' + s_4 \sin r_4^0. \end{aligned} \qquad (5.64)$$

Bei fehlerfreien Messungen müßten die Punkte $P_n$ und $P_n'$ zusammenfallen. Statt dessen erhält man die Quer- und Längsabweichung $Q$ und $L$ (Abb. 5.42):

$$\begin{aligned} L &\approx s_{1n} - s_{1n}' \\ Q &\approx \frac{\varphi \cdot \pi}{200} \cdot s_{1n} \end{aligned} \qquad (5.65)$$

mit

$$s_{1n} = \sqrt{(x_n - x_1)^2 + (y_n - y_1)^2}; \quad s'_{1n} = \sqrt{(x'_n)^2 + (y'_n)^2} \qquad (5.66)$$

$$\varphi = t_{1n} - t_{1n'} = \text{arc cos} \frac{x_n - x_1}{s_{1n}} - \text{arc cos} \frac{x'_n}{s'_{1n}} \qquad (5{,}67)$$

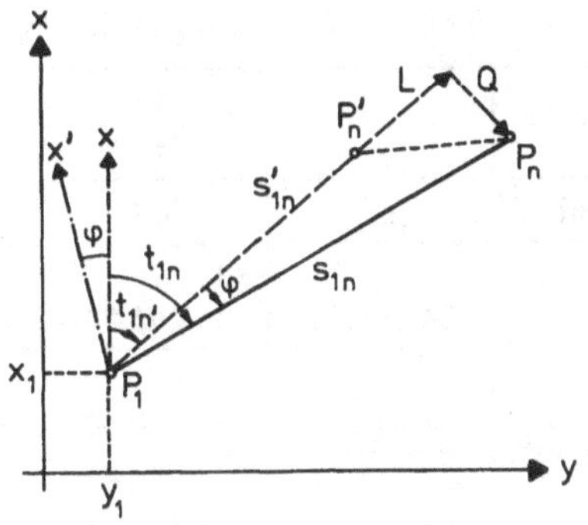


Abb. 5.42. Quer- und Längsabweichung des Polygonzuges

Sind für $Q$ und $L$ vorgegebene Fehlergrenze – vgl. z. B. [5.8.4.2] – eingehalten, so kann man den Zug endgültig berechnen.

*3. Schritt*: Die Anschlußpunkte $P_1$, $P_n$ bzw. $P_n'$ kann man als identische Punkte zweier Koordinatensysteme betrachten, die um den Winkel $\varphi$ gegeneinander gedreht sind, unterschiedliche Maßeinheiten haben und um $x_1$ und $y_1$ gegeneinander verschoben sind.

Die Koordinaten der Neupunkte lassen sich folglich durch eine Ähnlichkeitstransformation berechnen. Betrachtet man $P_1$ als Drehpunkt, so gilt nach [4.2.1] Gl. (4.14a), wenn an Stelle von $x_0 = x_1$, $y_0 = y_1$, $\xi_i = x_i'$, $\eta_i = y_i'$ gesetzt wird:

$$\begin{aligned} x_2 &= x_1 + ax_1' - oy_1'; \quad & y_2 &= y_1 + ox_1' + ay_1' \\ x_3 &= x_1 + ax_2' - oy_2'; \quad & y_3 &= y_1 + ox_2' + ay_2' \\ &\ldots \ \ldots & &\ldots \ \ldots \end{aligned} \tag{5.68}$$

mit

$$o = q \cdot \sin \varphi ; \quad a = q \cos \varphi .$$

$$q = \frac{s_{1n}}{s_{1n}'} \text{ und } \varphi \text{ vgl. (5.67).}$$

*Zahlenbeispiel:* Beiderseits angeschlossener Polygonzug (1. Lösungsweg):

| | $t$<br>[gon] | $s$<br>[m] | $\Delta y$<br>$y$<br>[m] | $\Delta x$<br>$x$<br>[m] | Pkt. Nr. |
|---|---|---|---|---|---|
| | | | 35<br>84 099,32 | 55<br>36 105,52 | $P_0$ |
| $t_0$ | 14,9730 | | | | |
| | | | 84 292,22 | 36 910,51 | $P_1$ |
| $t_{1n}$, $s_{1n}$ | 278,5802 | 1 120,010 | − 1 057,21 | − 369,77 | |
| | | | 83 235,01 | 36 540,74 | $P_n$ |
| $t_n$ | 129,6971 | | | | |
| $t_n - t_0$ | 114,7241 | | 35<br>84 099,32 | 55<br>36 105,52 | $P_{n+1}$ |

| | $r^0$<br>$\beta$ | $s$ | $y'$<br>$y$ | $x'$<br>$x$ | Pkt. Nr. |
|---|---|---|---|---|---|
| $t_0$ | *14,9730* | – | 0,000 | 0,000 | |
| | | | *84 292,22* | *36 910,51* | $P_1$ |
| $\beta_1$ | 41,0195 | | | | |
| $r_1^0$, $s_1$ | 255,9925 | 234,995 | − 181,049 | − 149,813 | |
| | | | 84 111,19 | 36 760,73 | 2 |
| | 228,1020 | | | | |
| | 284,0945 | 242,206 | − 415,735 | − 209,699 | |
| | | | 83 876,55 | 36 700,87 | 3 |
| | 162,4195 | | | | |
| | 246,5140 | 248,266 | − 581,414 | − 394,594 | |
| | | | 83 710,88 | 36 516,02 | 4 |
| | 250,5375 | | | | |
| | 297,0515 | 269,017 | − 850,143 | − 407,049 | |
| | | | 83 442,20 | 36 503,58 | 5 |
| | 214,2430 | | | | |
| $r_{n-1}$, $s_{n-1}$ | 311,2945 | 210,534 | − 1 057,372 | − 369,893 | |
| $\beta_n$ | 18,4100 | – | *83 235,01* | *36 540,74* | $P_6 = P_n$ |
| { }* | 114,7315 | | | | |
| $w_\beta$ | − 0,0074 | | $Q = +0{,}062$ | $L = -0{,}194$ | $Q$, $L$ |
| $t_{1n'}$, $s'_{1n}$ | 278,5767 | 1 120,204 | | | |
| $\varphi$, $q$ | − 0,0035 | 0,000 826 8 | +0,000 055 0 | +0,999 826 8 | $o$, $a$ |

* $\{[\beta] + n \cdot 200 \text{ gon} - a \cdot 400 \text{ gon}\}$

*2. Lösungsweg:*

*1. Schritt:* Man berechnet die Winkelabweichung $w_\beta$ wie in dem ersten Lösungsweg. Falls diese kleiner als eine vorgegebene Fehlergrenze – vgl. z. B. [5.8.4.2] – ist, verteilt man sie zu gleichen Teilen auf die Brechungswinkel $\beta_1 \ldots \beta_n$.

*2. Schritt:* Nun berechnet man vorläufige Koordinatenunterschiede und Koordinatenabweichungen. Vorbereitend orientiert man von Punkt zu Punkt fortschreitend die Richtungen der Polygonseiten, indem man zu dem berechneten Richtungswinkel $t_0$ die *verbesserten* Brechungswinkel $\left(\beta_i + \frac{w_\beta}{n}\right)$ und 200 gon folgendermaßen hinzuzählt:

$$\begin{aligned} r_1^0 &= t_0 + \beta_1 + \frac{w_\beta}{n} + 200\,\text{gon} \\ r_2^0 &= r_1^0 + \beta_2 + \frac{w_\beta}{n} + 200\,\text{gon} \\ &\ldots \quad \ldots \end{aligned} \tag{5.69}$$

Probe:

$$t_n = r_4^0 + \beta_n + \frac{w_\beta}{n} + 200\,\text{gon}.$$

Mit den orientierten Richtungen $r_i^0$ und den Strecken $s_i$ rechnet man von Punkt zu Punkt fortschreitend:

$$\begin{aligned} \Delta x_1 &= s_1 \cos r_1^0; \quad \Delta y_1 = s_1 \sin r_1^0 \\ \Delta x_2 &= s_2 \cos r_2^0; \quad \Delta y_2 = s_2 \sin r_2^0 \\ \ldots &\ \ldots \qquad\quad \ldots \ \ldots \\ \Delta x_4 &= s_4 \cos r_4^0; \quad \Delta y_4 = s_4 \sin r_4^0 \end{aligned} \tag{5.70}$$

Dann bildet man die Koordinatenabweichungen

$$w_x = (x_n - x_1) - [s \cdot \cos r^0]; \quad w_y = (y_n - y_1) - [s \cdot \sin r^0] \tag{5.71}$$

und mit diesen die Quer- und Längsabweichung $Q, L$ des Zuges (Abb. 5.43):

$$L = \frac{w_y[s \cdot \sin r^0] + w_x[s \cdot \cos r^0]}{\sqrt{[s \cdot \sin r^0]^2 + [s \cdot \cos r^0]^2}}; \quad Q = \frac{w_y[s \cdot \cos r^0] - w_x[s \cdot \sin r^0]}{\sqrt{[s \cdot \sin r^0]^2 + [s \cdot \cos r^0]^2}} \tag{5.72}$$

*Zahlenbeispiel:* Berechnung eines beiderseits angeschlossenen Polygonzugs (2. Lösungsweg)

| Pkt. | $\beta$<br>$r^0$ | $s$ | $y$<br>$\Delta y = s \sin r^0$ | $x$<br>$\Delta x = s \cos r^0$ |
|---|---|---|---|---|
| | [gon] | [m] | [m] | [m] |
| 1 | 2 | 3 | 4 | 5 |
| $P_0$ | | | 0,00 | 500,00 |
| | 143,8016 | | | |
| | −12 | | | |
| $P_1$ | *71,1530* | | 197,20 | 352,69 |
| | | | −3 | −1 |
| | 14,9534 | 148,11 | + 34,47 | + 144,04 |
| | −12 | | | |
| $P_2$ | *218,0123* | | 213,64 | 496,72 |
| | | | −2 | |
| | 32,9645 | *135,25* | + 66,95 | + 117,52 |
| | −12 | | | |
| $P_3$ | *211,5327* | | 280,57 | 614,24 |
| | | | −2 | |
| | 44,4960 | *121,17* | + 77,96 | + 92,76 |
| | −12 | | | |
| $P_4$ | *212,3319* | | 358,51 | 707,00 |
| | | | −2 | −1 |
| | 56,8267 | *138,28* | + 107,68 | + 86,76 |
| | −12 | | | |
| $P_5$ | *73,1133* | | 466,17 | 793,75 |
| | 329,9388 | | | |
| $P_6$ | | | 223,81 | 916,95 |
| Ist = | 186,1432 | | + 287,06 | + 441,08 |
| Soll = | 186,1372 | | + 286,97 | + 441,06 |
| $w_\beta$ = | − 0,0060 | | − 0,09<br>$= w_y$ | − 0,02<br>$= w_x$ |

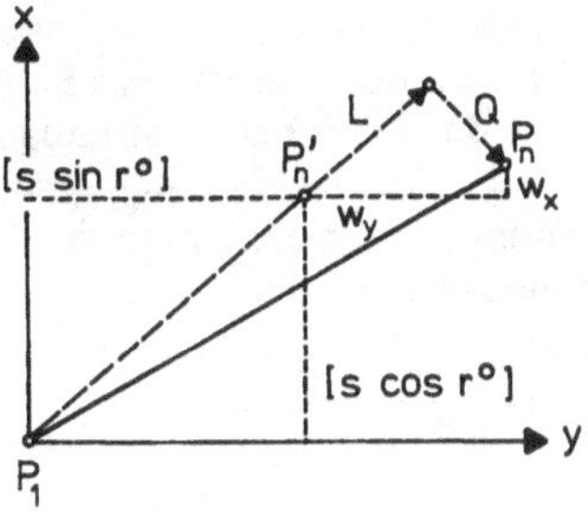


Abb. 5.43. Längs- und Querabweichung

Sind für $Q$ und $L$ vorgegebene Fehlergrenzen – vgl. z.B. [5.8.4.2] – eingehalten, so verteilt man die Koordinatenabweichungen proportional der $s_i$ auf die $\Delta x_i$ und $\Delta y_i$.

3. *Schritt:* Ausgehend von $x_1$ und $y_1$ werden schließlich durch schrittweises Addieren der verbesserten Koordinatenunterschiede die Koordinaten der Polygonpunkte erhalten, wobei nach Hinzuzählen der letzten Koordinatenunterschiede die Werte $x_n$ und $y_n$ herauskommen müssen.

$$\begin{aligned} x_2 &= x_1 + s_1 \cdot \cos r_1^0 + \frac{w_x}{[s]} \cdot s_1; \quad & y_2 &= y_1 + s_1 \cdot \sin r_1^0 + \frac{w_y}{[s]} \cdot s_1 \\ x_3 &= x_2 + s_2 \cdot \cos r_2^0 + \frac{w_x}{[s]} \cdot s_2; \quad & y_3 &= y_2 + s_2 \cdot \sin r_2^0 + \frac{w_y}{[s]} \cdot s_2 \\ &\ldots \ \ldots & &\ldots \ \ldots \end{aligned} \tag{5.73}$$

### *5.8.2.2 Berechnung eines Ringpolygons*

Das Ringpolygon 1 2 3 4 5 6 (Abb. 5.44), in dem alle Seiten und Winkel gemessen sind, habe keinerlei Anschlüsse an ein festes Koordinatensystem. Man führt daher ein örtliches System ein, in dem man etwa als Abszissenachse die Polygonseite 1-2 und als Koordinatenanfangspunkt den Punkt 1 wählt. Doch setze man, um negative Abszissen zu vermeiden, $x_1' = 500$ m.

Wenn man das Ringpolygon mit Maßstab und Transporteur aufträgt, erkennt man, daß zur eindeutigen Bestimmung der Figur auf die Beobachtung der Winkel auf 6 und 1, sowie auf die Messung der Seite 6–1 hätte verzichtet werden können. Als Folge der 3 überschüssigen Messungen und der Messungsungenauigkeiten werden also im Zuge der Rechnung – wie bei dem beiderseits angeschlossenen Zug – 3 Abweichungen auftreten: eine Winkelabweichung und zwei Koordinatenabweichungen.

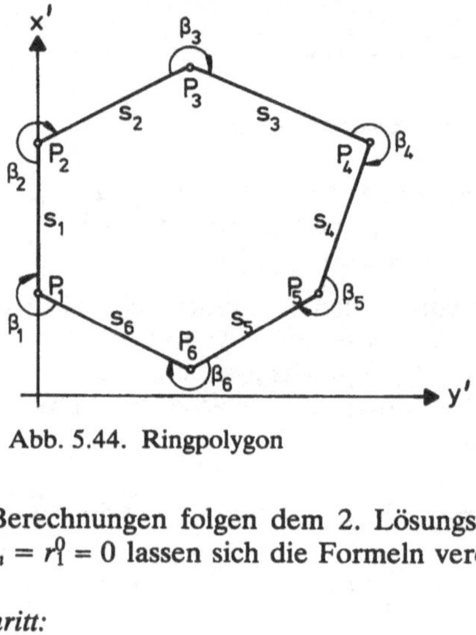


Abb. 5.44. Ringpolygon

Die Berechnungen folgen dem 2. Lösungsweg in [5.8.2.1]. Da $t_0 = t_n = r_1^0 = 0$ lassen sich die Formeln vereinfacht darstellen.

*1. Schritt:*

$$w_\beta = (n + 2) \cdot 200 \text{ gon} - [\beta] - a \cdot 400 \text{ gon}.$$

Fehlergrenzen s. z.B. [5.8.4.2].

*2. Schritt:*

$$r_i^0 = r_{i-1}^0 + \beta_i + \frac{w_\beta}{n} + 200 \text{ gon},$$

$$\Delta x' = s_i \cos r_i^0; \quad \Delta y_i' = s_i \sin r_i^0,$$

$$w_{x'} = 0 - [s_i \cos r_i^0]; \quad w_{y'} = 0 - [s_i \sin r_i^0],$$

$$w_s = \sqrt{w_{x'}^2 + w_{y'}^2}$$

*Zahlenbeispiel:* Berechnung eines Ringpolygons

| Pkt. | $\beta$<br>$r^0$ | $s$ | $y'$<br>$\Delta y' = s \sin r^0$ | $x'$<br>$\Delta x' = s \cos r^0$ |
|---|---|---|---|---|
| | [gon] | [m] | [m] | [m] |
| 1 | 2 | 3 | 4 | 5 |
| 1 | | | 0,00 | 500,00 |
| | | | +4 | −3 |
| | 0,0000 | *294,13* | 0,00 | +294,13 |
| | +4 | | | |
| 2 | *268,0269* | | 0,04 | 794,10 |
| | | | +4 | −3 |
| | 68,0273 | *255,25* | +223,73 | +122,88 |
| | +4 | | | |
| 3 | *261,9111* | | 223,81 | 916,95 |
| | | | +4 | −3 |
| | 129,9388 | *271,84* | +242,32 | −123,17 |
| | +4 | | | |
| 4 | *278,1518* | | 466,17 | 793,75 |
| | | | +5 | −4 |
| | 208,0910 | *308,14* | − 39,07 | −305,64 |
| | +4 | | | |
| 5 | *260,1032* | | 427,15 | 488,07 |
| | | | +4 | −3 |
| | 268,1946 | *282,51* | −247,99 | −135,35 |
| | +4 | | | |
| 6 | *275,6066* | | 179,20 | 352,69 |
| | | | +4 | −3 |
| | 343,8016 | *232,03* | −179,24 | +147,34 |
| | +4 | | | |
| 1 | *256,1980* | | 0,00 | 500,00 |
| | | Ist = | − 0,25 | + 0,19 |
| 2 | 0,0000 | Soll = | 0,00 | 0,00 |
| Ist = | 399,9976 | $w_s = 0{,}31$ | $w_{y'} = 0{,}25$ | $w_{x'} = -0{,}19$ |
| $w_\beta =$ | + 0,0024 | | | |

Wenn $w_{x'}$, $w_{y'}$ und $w_s$ bestimmte vorgegebene Fehlergrenzen nicht überschreiten, berechne man die endgültigen Koordinaten.

*3. Schritt:*

$$x_i' = x_{i-1}' + s_{i-1} \cos r_{i-1}^0 + \frac{w_{x'}}{[s]} \cdot s_{i-1};$$

$$y_i' = y_{i-1}' + s_{i-1} \sin r_{i-1}^0 + \frac{w_{y'}}{[s]} \cdot s_{i-1}.$$

*5.8.2.3 Einseitig angeschlossene und freie Polygonzüge*

Bei einem *einseitig angeschlossenen Polygonzug* (Abb. 5.38 Zug 5, 12, 13) wird am Anfangspunkt ein Richtungsanschluß beobachtet. Mit diesem kann der einseitig angeschlossene Zug ebenso gerechnet werden wie der beiderseits angeschlossene Zug; nur treten keine Abschlußfehler auf. Damit entfällt aber auch die durch die Abschlußfehler bewirkte Verprobung von Messung und Rechnung. Man wende also bei der Messung, besonders bei der Zentrierung, und bei der Rechnung doppelte Sorgfalt an [5.8.4.1].

Bei einem *freien Polygonzug* wählt man eine passende Polygonseite als Abszissenachse und rechnet im übrigen den Zug ebenso wie einen einseitig angeschlossenen Zug.

Der *Einrechnungszug* ist ein Polygonzug, bei dem zwar beiderseits Koordinatenanschlüsse vorliegen, jedoch keine Anschlußwinkel beobachtet sind. In solchen Fällen wird der Zug zunächst als freier Zug berechnet und dann durch Koordinatentransformation über die beiden Anschlußpunkte in das für die Anschlußpunkte maßgebliche System umgeformt (vgl. 1. Lösungsweg in [5.8.2]).

### 5.8.3 Auffinden grober Beobachtungsfehler

In geschlossenen Polygonen oder beiderseits angeschlossenen Polygonzügen werden grobe Winkelfehler sich im Winkelabschlußfehler, grobe Streckenfehler in den Koordinatenabschlußfehlern zeigen. In beiden Fällen ist es oftmals möglich, den Ort der Fehler durch Rechnung zu finden.

Um einen *groben Winkelfehler* zu finden, hat man den Zug, ohne den Abschlußfehler zu verteilen, zuerst vorwärts von $A$ aus, dann rückwärts von $E$ aus zu berechnen oder in einer großmaßstäbigen Karte mit Maßstab und Transporteur aufzutragen. Der Punkt, in dem der vorwärts- und der rückwärtsgerechnete Zug einander schneiden, ist, falls nur *ein* Winkel unrichtig ist, der Ort, auf dem der Winkel nachzumessen ist.

Abb. 5.45. Grober Winkelfehler

Wenn ein *grober Streckenfehler* unterlaufen ist, wird der Zugteil, der auf die Fehlerstelle folgt, in der Richtung der fehlerhaften Seite um den Fehlerbetrag verschoben, was einen Streckenabschlußfehler $w_s = \sqrt{w_x^2 + w_y^2} = L^2 + Q^2$ entsprechender Größe zur Folge hat. Man untersucht dann zunächst, ob $w_s$ nahezu gleich einem runden Maß, etwa 5 m bzw. 20 m ist. Alsdann prüft man, ob der Richtungswinkel des Abschlußfehlers ungefähr der orientierten Richtung einer Polygonseite entspricht. Ist das der Fall, so wird der Fehler bei der Messung dieser Seite unterlaufen sein und damit durch Nachmessung dieser Seite beseitigt werden können. Das Kriterium versagt, wenn mehrere Strecken nahezu gleiche orientierte Richtungen aufweisen.

### 5.8.4 Die Genauigkeit der Polygonierung

Die Untersuchungen beziehen sich in der Hauptsache auf beiderseits angeschlossene Polygonzüge.

#### *5.8.4.1 Die Fehlertheorie des gestreckten Zuges*

Die Auswirkungen der Messungsungenauigkeiten sind beim Polygonzug schwer zu verfolgen, weil zahlreichen verschieden gearteten Messungselementen nur 3 überschüssige Beobachtungen gegenüberstehen. Zweckmäßig faßt man zunächst nur gestreckte Züge ins Auge, weil bei ihnen die Fehler der Längenmessung sich hauptsächlich in der Längsrichtung des Zuges, die der Winkelmessung in der Querrichtung bemerkbar machen (vgl. 2. Lösungsweg in [5.8.2.1]).

Als Grundlage für diese Untersuchung berechnet man nach (5.72) die Längs- und Querabweichung (Abb. 5.43). Oder man ermittelt sie graphisch. Dazu trägt man in einer Karte (etwa 1:5000) von $P_1$ aus $[s \sin r^0]$ und $[s \cos r^0]$ auf und erhält damit $P_n$. Von $P_h$ aus werden $w_x$ und $w_y$ in 1:5 oder 1:10 abgetragen. Den so gefundenen Punkt $P_n$ projiziert man auf die Gerade $P_1P_n$ oder ihre Verlängerung und kann dann $Q$ und $L$ in dem vergrößerten Maßstab abgreifen.

In der *Längsabweichung* kommen in erster Linie die regelmäßigen und die unregelmäßigen Fehleranteile der Streckenmessung zum Ausdruck. Die regelmäßigen Fehleranteile sind den Längen der Seiten proportional, und zweifelsohne müssen die in den Abschlußfehlern enthaltenen regelmäßigen Fehleranteile proportional verteilt werden. Die unregelmäßigen Fehleranteile wachsen nach Band I [1.4.4.1] zwar mit der Wurzel aus der Strecke; falls aber, wie hier, die Endpunkte festliegen, müssen, wie eine strenge Ausgleichung ergibt, auch die unregelmäßigen Fehleranteile proportional den Strecken verteilt werden. Also gelten für die Verteilung der regelmäßigen und unregelmäßigen Fehleranteile der Längenmessung dieselben Grundsätze, womit sich eine Trennung dieser Anteile erübrigt.

Mithin entspricht die in [5.8.2.1] 3. Schritt vorgenommene Verteilung der Koordinatenabweichungen $w_x$ und $w_y$ proportional den Längen der Polygonseiten, sofern alle Polygonseiten mit denselben Meßwerkzeugen gemessen sind, der Theorie der Ausgleichungsrechnung.

Die *Querabweichung* ist bei gestreckten Zügen vor allem auf die Ungenauigkeiten bei den Winkelbeobachtungen zurückzuführen. Um dies verfolgen zu können, betrachte man zunächst einen gestreckten Polygonzug, der nur einseitig angeschlossen ist. Ein fehlerhafter Winkel verschwenkt in diesem Fall den gesamten darauffolgenden Restteil des Zuges. Infolgedessen sind Beobachtungsungenauigkeiten im Anfang eines Zuges besonders schädlich, während sie an seinem Ende nur noch wenig Einfluß haben.

Bei beiderseitigem Anschluß – also im Regelfall – wird der Winkelabschlußfehler vorweg gleichmäßig auf die beobachteten Winkel verteilt. Der Zug wird also zunächst so gerechnet, als wenn wohl ein Richtungsabschluß, aber kein Koordinatenabschluß vorhanden wäre. Aufgrund fehlertheoretischer Untersuchungen hat man dann am Ende eines gestreckten Zuges mit gleich langen Seiten eine *mittlere* Querabweichung $m_q$ zu erwarten, die, wenn $\sigma(\beta)$ die Standardabweichung und $n$ die Anzahl der Brechungswinkel ist, sich errechnet aus

$$m_q = [s]\,\sigma(\beta)\,\frac{\pi}{200}\sqrt{\frac{n(n+1)}{12(n-1)}}\,. \tag{5.74}$$

Dieser Ausdruck liefert die theoretische Grundlage zur Festsetzung einer Fehlergrenze für die Querabweichung [5.8.4.2].

Durch die Verteilung der Koordinatenabweichungen gemäß 5.8.2.1 wird neben der Längsabweichung auch die Querabweichung zum Verschwinden gebracht. Die dann in der Mitte des Zuges noch verbleibende mittlere Lageunsicherheit quer zur Zugrichtung beträgt überschlägig

$$m_{qm} = [s]\,\frac{\sigma(\beta)}{200/\pi}\sqrt{\frac{n}{192}}\,. \tag{5.75}$$

Das ist in Zahlen rund ein Viertel des aus (5.74) folgenden Betrages. Das in 5.8.2.1 gelehrte einfache Verfahren der Fehlerverteilung befindet sich also auch im Hinblick auf die Querabweichung in hinreichender Übereinstimmung mit der Fehlertheorie. Die Ergebnisse werden allerdings um so unsicherer, je mehr der Zug von der Idealform des gestreckten Zuges mit gleich langen Seiten abweicht und je größer die Abschlußfehler sind.

### *5.8.4.2 Die amtlichen Fehlergrenzen*

Sie sollen dem Stand der Technik und den Bedürfnissen nach Rechtssicherheit entsprechen und müssen daher von Zeit zu Zeit neu festgestellt werden. Bei ihrer Konzeption werden selbstverständlich die mannigfachen praktischen Erfahrungen der Vermessungsdienststellen berücksichtigt. In der großen Linie aber entsprechen die Fehlergrenzen, wie es in Bd. I [1.4.9] theoretisch begründet wurde, dem dreifachen Betrag der zu erwartenden Standardabweichung; sie sollten daher im allgemeinen nur zu einem Drittel in Anspruch genommen werden.

Die Arbeitsgemeinschaft der Vermessungsverwaltungen der Länder der Bundesrepublik Deutschland (AdV) hat – als Rahmenordnung für die Bundesländer – am 8. und 9. Juni 1970 für Polygonzüge folgende Fehlergrenzen beschlossen:

*I. Allgemeine Festsetzungen*

a) Die früher übliche Unterscheidung zwischen günstigen, mittleren und ungünstigen äußeren Verhältnissen bei der Streckenmessung, sowie die Unterteilung in Haupt- und Nebenpolygonzüge wird aufgegeben.

b) Für bestimmte Gebiete (z. B. Großstädte) können die Fehlergrenzen auf $^2/_3$ oder $^1/_2$ der nachfolgenden Grenzwerte verengt werden.

c) In begründeten Einzelfällen können Abweichungen (nach oben) bis zum 1,5fachen Betrag zugelassen werden.

*II. Spezielle Fehlergrenzformeln für Polygonzüge* bis zu 2 km Länge

a) Fehlergrenzformel $FW$ für die Winkelabweichung

$$FW \text{ in cgon} = 1{,}0 + 150/[s] \cdot (n-1)\sqrt{n}$$

mit $[s]$ = Summe der Polygonseitenlängen und $n$ = Anzahl der Brechpunkte einschließlich Anfang- und Endpunkt. Im 1. Glied soll 1 cgon die untere und im 2. Glied 150 cgon die obere Grenze sein. Diese Abweichungen sollen zugelassen werden, um unterschiedliche Verhältnisse in den einzelnen Ländern berücksichtigen zu können.

b) Fehlergrenzformel $FL$ für die Längsabweichung:

$$FL \text{ in m} = 0{,}06 + 0{,}00015\, s_{1n} + 0{,}004\sqrt{s_{1n}}$$

mit $s_{1n}$ = Strecke zwischen Anfangs- und Endpunkt in m.

c) Fehlergrenzformel $FQ$ für die lineare Querabweichung

$$FQ \text{ in m} = 0{,}06 + 0{,}00007\, s_{1n} + 0{,}007\, n\sqrt{n}.$$

## 5.8.5 Sonderfälle der Polygonierung

### *5.8.5.1 Anschluß an unzugängliche Punkte*

Der Anfangspunkt $P_1$ eines Polygonzuges sei unzugänglich, so daß der Anschlußwinkel $P_0P_12 = \beta_1$ und die Polygonseite $s_1$ nicht gemessen werden können. Man hilft sich, indem man die Koordinaten des Punktes $P_1$ auf den Polygonpunkt 2 überträgt.

Diese Aufgabe wird, wenn der unzugängliche Punkt $P_1$ ein Hochpunkt ist, als *Herablegen* bezeichnet. Zur Lösung der Aufgabe wählt man einen Hilfspunkt $H$, mißt die Hilfsbasis $b$, beobachtet

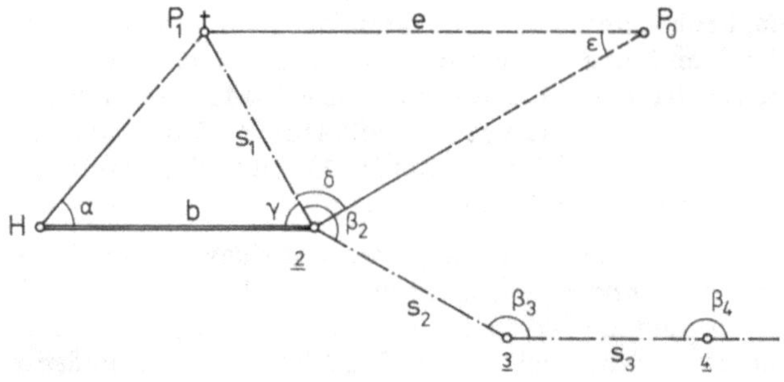


Abb. 5.46. Unzugänglicher Anschlußpunkt

auf $H$ den Winkel $\alpha$ und auf Punkt 2 die Richtungen nach $H$, $P_1$, $P_0$ und 3, aus denen man die Winkel $\beta_2$, $\gamma$ und $\delta$ ableitet. Mit diesen Messungen errechnet man zunächst die Strecke $s_1$

$$s_1 = b \frac{\sin \alpha}{\sin (\alpha + \gamma)} . \tag{5.76}$$

Dann bestimmt man, nachdem man nach 4.1.2 aus den Koordinaten von $P_1$ und $P_0$ die Strecke $e$ und den Richtungswinkel $t_{01} = t_0$ abgeleitet hat, den Winkel $\varepsilon$ bei $P_0$ aus

$$\sin \varepsilon = \frac{s_1}{e} \sin \delta \tag{5.77}$$

und erhält die orientierte Richtung $r_1^0$ aus

$$r_1^0 = t_0 - (\delta + \varepsilon) + 200 \text{ gon}. \tag{5.78}$$

Als Probe kann man die Koordinaten des Punktes 2 aus einem zweiten Hilfsdreieck ermitteln.

### *5.8.5.2 Ausschalten kurzer Seiten*

Kurze Seiten beeinflussen die Winkelmessung sehr ungünstig, weil der Einfluß der gefährlichen Zentrierfehler mit abnehmender Seitenlänge wächst. Um im Bild 5.47 die kurze Seite 2–3 auszuschalten, beobachtet man daher, wenn die Sicht vorhanden ist, auf den Punkten 2 und 5 außer den Richtungen nach den Nachbarpunkten auch die Richtungen nach 5 bzw. 2. Man ermittelt aus dem Zugteil 2 3 4 5 die Länge der Hilfsseite 2–5 und rechnet dann zuerst den Zug 1 2 5 6 ... durch. An diese Seite wird der Zug 2 3 4 5 nachträglich angeschlossen.

Ein weiteres Hilfsmittel zum Vermeiden von Zugverschwenkungen ist die *Zwischenorientierung*. Dazu ist in Abb. 5.47 in 2 und 3 ein nach Koordinaten bekannter weit entfernt liegender Festpunkt $F$ angezielt. Man rechnet den Zug 1 2 3 4 5 6 ... zunächst wie üblich durch. Daraus gewinnt man vorläufige Koordinaten für 2 und 3 und berechnet damit nach [4.1.2] die praktisch fehlerfreien Richtungswinkel $t_{2,F}$ und $t_{3,F}$. Hiervon ausgehend erhält man mit Hilfe der Winkel $F$ 2 1 und $F$ 3 4 orientierte Richtungen beider anschließenden Seiten und stimmt bei einer neuen Durchrechnung des Zuges die auf allen übrigen Punkten beobachteten Brechungswinkel auf diese Richtungswinkel ab. Dabei erhalten die orientierten Richtungen der beiden anschließenden Seiten zweite Verbesserungen, die in der Regel halb so groß sind wie die der anschließenden Brechungswinkel.

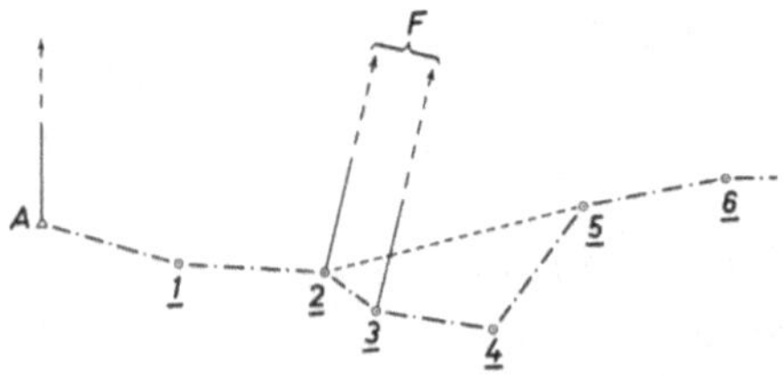


Abb. 5.4.7. Ausschalten kurzer Seiten

Werden die Winkel mit Zwangszentrierung beobachtet, so bringt man die obigen Hilfsmittel nur in ganz extremen Fällen zur Anwendung.

## 5.9 Punktbestimmung in Netzen

### *5.9.1 Gestaltung von Netzen*

Bei der netzweisen Punktbestimmung werden die Punkte eines Punktfeldes durch Richtungsmessungen, Distanzmessungen oder kombinierte Verfahren miteinander verbunden. Für die Anlage eines Netzes können unterschiedliche Zielsetzungen bestehen: im Zusammenhang mit Ingenieurprojekten kann z. B. eine bestimmte Mindestgenauigkeit vorgegeben sein; in der Regel sollen die Arbeiten aber auch bestimmte finanzielle Grenzen nicht überschreiten. Für eine optimale Gestaltung der Netze bestehen dabei in der Regel zwei Forderungen: die *Genauigkeitsmaximierung* und die *Aufwandsminimierung*.

Von (*Grafarend* 1974) wurden *verschiedene Optimierungsansätze* geordnet, indem er ein Design 0.–3. Ordnung definierte. Das *Design* 0. O. behandelt die *Festlegung einer Netzgeometrie in einem Koordinatensystem*, z. B. durch Festhalten einer ausreichenden Anzahl von Punktkoordinaten. Unter dem *Design* 1. O. versteht man die *Lageoptimierung*. Durch sie wird die optimale Lage der Punkte bei vorgegebenem Beobachtungsplan und zu erwartender Meßgenauigkeit festgelegt. Das *Design* 2. O. umfaßt die *Gewichtsoptimierung*. In dem Fall sind die Punktlagen fest. Die Wiederholungszahlen der Beobachtungen sind veränderlich. Als *Design* 3. O. bezeichnet man die *Verbesserung bereits vorhandener Netze durch Hinzufügen zusätzlicher Punkte und Beobachtungen* und die Bestimmung ihrer optimalen Gewichte. Auf eine genauere Darstellung der verschiedenen Optimierungsansätze kann im Rahmen dieses Buches nicht eingegangen werden. Es sei aber auf Literatur verwiesen wie (*Grafarend* u. a. 1979, *Schmitt* 1979).

Für die Gestaltung von Netzen seien hier nur einige allgemeingültige Grundforderungen genannt:

a) Eine *homogene und möglichst hohe Punktgenauigkeit* erreicht man, wenn die Messungen gleichmäßig über den Horizont verteilt werden und ein geeignetes Meßverfahren gewählt wird [5.2]. Für großräumige Aufnahmen wähle man das Verfahren der Trilateration und für Lagefestpunktfelder mit geringem Punktabstand kombinierte Richtungs- und Streckenmeßverfahren.

b) Um das *Prinzip der Nachbarschaft* zu gewährleisten sind insbesondere bei Richtungsmessungen die Nachbarpunkte miteinander zu verbinden.
c) Eine höhere *Zuverlässigkeit* ist gewährleistet, wenn überschüssige Beobachtungen vorliegen und übergreifende Richtungs- und Streckenmessungen auch über die Nachbarpunkte hinweg ausgeführt werden. Zuverlässigkeit beschreibt, wie weit zufällige und systematische Fehler die Berechnungsergebnisse beeinflussen können.

Auf die strenge Ausgleichung von Netzen wird im Rahmen dieses Buches nicht eingegangen. Es sei aber eine Auswahl der umfangreichen zur Verfügung stehenden Literatur gegeben (*Gotthardt* 1978, *Höpke* 1980, *Koch* 1980, *Pelzer* (Hrsg.) 1980, *Wolf* 1975). Nachfolgend soll jedoch ein für viele Zwecke brauchbares Näherungsverfahren beschrieben werden.

### 5.9.2 Näherungsverfahren für die Berechnung kleinerer durch Richtungs- und Distanzmessungen bestimmter Netze

Strenge Netzausgleichungen lassen sich nur weitgehend geschlossen lösen. Schon bei einer geringen Anzahl von Punkten benötigt man aufwendigere Rechner. Kleine Rechner – Taschenrechner – kann man dagegen einsetzen, wenn zwischen den Punkten je Richtungen und Strecken gemessen wurden und man sich mit einem Näherungsverfahren zufrieden gibt.

Tachymeter [2.7.1] [3] lassen sich besonders wirtschaftlich einsetzen, wenn man den Standpunkt frei wählen kann. In [5.7] ist bereits beschrieben, wie man die Koordinaten eines Neupunktes bestimmen kann, wenn dieser von einem frei gewählten Standpunkt aus polar angemessen wurde. Nachfolgend wird nun gezeigt, wie sich ein Tachymeternetz näherungsweise durch *verkettete Helmerttransformationen* berechnen läßt, wenn von mehreren Standpunkten aus Richtungen und Distanzen zu weiteren Punkten gemessen sind. Die einzelnen örtlichen polaren Systeme müssen über Verknüpfungspunkte miteinander verbunden sein (Abb. 5.48). Die einzelnen Aufnahmeeinheiten sind zunächst in Form

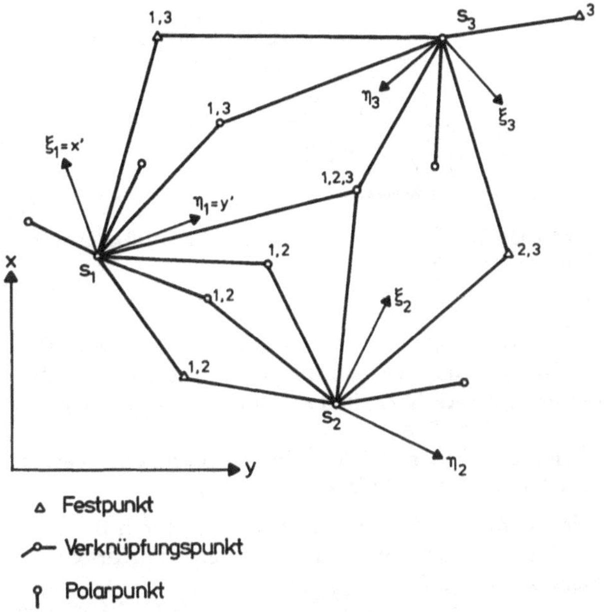


Abb. 5.48. Verkettete Helmerttransformation: Transformation mehrerer Standpunktsysteme ($\xi$, $\eta$) auf ein Einzelsystem ($x'$, $y'$) und anschließende Einpassung auf das $xy$-Festpunktfeld

von Polarkoordinaten in bezug auf den Standpunkt und eine willkürliche Nullrichtung festgelegt. Nicht alle polaren Systeme enthalten Festpunkte, da normalerweise nur wenige am Rande oder innerhalb des Aufnahmegebietes vorhanden sind.

Das Näherungsverfahren wurde erstmalig von *Ackermann* 1971 vorgestellt. Es umfaßt drei Schritte:

(1) Die Polarkoordinaten ($r_i$, $s_i$) der einzelnen örtlichen Systeme sind zunächst in rechtwinklige Koordinaten ($\xi$, $\eta$) umzurechnen (Abb. 5.49).
(2) Die einzelnen Elementarsysteme sind dann schrittweise durch Koordinatentransformationen [4.2] zu einem einheitli-

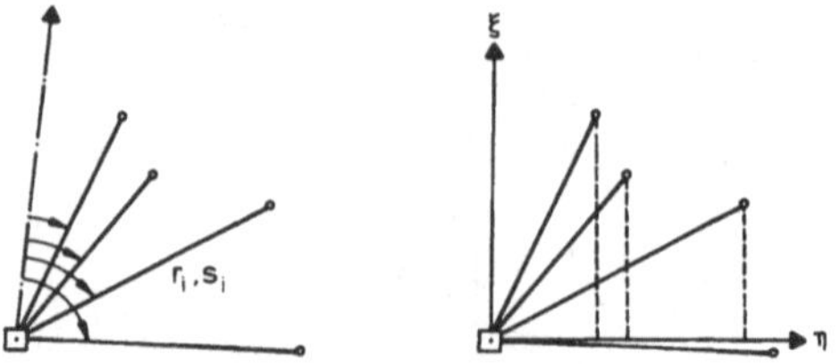


Abb. 5.49. Örtliches System in Polarkoordinaten ($r_i$, $s_i$) und in rechtwinkligen Koordinaten ($\xi$, $\eta$)

chen $x'y'$-Koordinatensystem zusammenzuschließen. Das gemeinsame örtliche $x'y'$-Koordinatensystem kann man beliebig wählen. Zweckmäßig hält man das Koordinatensystem eines Standpunktes fest.

(3) Abschließend sind nach [4.2] die $x'y'$-Koordinaten in das $xy$-Festpunktfeld zu transformieren.

Die Genauigkeit des Verfahrens ist wesentlich durch die Lage und Anzahl der Verknüpfungspunkte bestimmt. Für praktische Anwendungen merke man:

- Der Abstand der Verknüpfungspunkte ist möglichst groß zu wählen.
- Den Schwerpunkt der Verknüpfungspunkte lege man in die Mitte des gemeinsamen Randes zweier Aufnahmeeinheiten.
- Zusätzliche Verknüpfungspunkte in Schwerpunktnähe bringen keine wesentliche Verbesserung. Günstiger ist es, die Anzahl der äußeren Verknüpfungspunkte zu erhöhen.
- Gleichwertige Ergebnisse können sowohl mit Längs-, Quer- oder mit Kombinationen aus Längs- und Querverknüpfungen erzielt werden.

Ein abgewandeltes Verfahren ist die simultane Bestimmung verketteter Helmerttransformationen. Die Transformationen des 2. und 3. Schritts werden dann in einem Rechengang ausgeführt. Dieses Verfahren ist automationsfreudiger, läßt sich jedoch mit kleineren Rechnern nicht mehr ausführen. Das zuerst beschriebene Verfahren hat den Vorteil, daß die Berechnungen der Transformationsparameter und die Transformationen in getrennten Rechengängen ausgeführt werden. Dabei ist jeweils nur ein geringer Speicherbedarf erforderlich. Die simultane Ausgleichung ist durch eine größere Anzahl von Unbekannten gekennzeichnet: 4 Transformationsparameter pro Standpunktsystem und zwei Koordinaten pro Neupunkt. Zur Ausgleichung tragen allerdings nur die Neupunkte bei, die gleichzeitig Verknüpfungspunkte sind. Polar angehängte Einzelpunkte laufen mit, ohne das System der Normalgleichungen zu belasten.

Bei den zuvor beschriebenen Lösungen handelt es sich um Näherungsverfahren, da alle Größen mit dem Gewicht 1 eingeführt werden und angenommen wird, daß sie unkorreliert sind. Zahlreiche Untersuchungen haben gezeigt, daß die Näherungsverfahren für viele Anwendungszwecke – z. B. Katasterfortführungsvermessungen – eine ausreichende Genauigkeit liefern. (*Ackermann* 1973, *Krack* 1977, *Beuchle* 1981). Ist für höhere Anforderungen ein strenges Ausgleichungsverfahren erforderlich (*Gründig* 1981), so bieten die zuvor beschriebenen Verfahren geeignete Lösungswege für die Berechnung der Näherungskoordinaten.

# 6. Punktbestimmung durch Satellitenverfahren

## 6.1 Positionsbestimmung mit dem Transit Navigation Satellite System

Das Transit Navigation Satellite System wurde ursprünglich für Zwecke der weltweiten Navigation aufgebaut. Seit 1964 ist es für die U. S. Navy einsetzbar und seit 1970 nutzt man es aufgrund erheblicher Genauigkeitssteigerungen für geodätische Aufgaben, wie z. B.: Koordinatenbestimmung in großräumigen fundamentalen Netzen, Geoidbestimmung, Herleitung statischer und dynamischer Parameter der Erde. Das Verfahren arbeitet wetterunabhängig und man benötigt keine Sichtverbindung zwischen benachbarten Punkten.

Die Satelliten bewegen sich in polnahen Bahnen von ungefähr 1000 km Höhe (Abb. 6.1). Fünf Satelliten kann man zur Zeit für meßtechnische Zwecke nutzen. In mittleren Breiten lassen sich pro Tag etwa 40 bis 50 Durchgänge, in Äquatornähe 20 bis 30 beobachten. Die Satelliten werden von vier „Tracking Stationen" (Point Mugu, Kalifornien; Prospect Harbor, Maine; Rosemount,

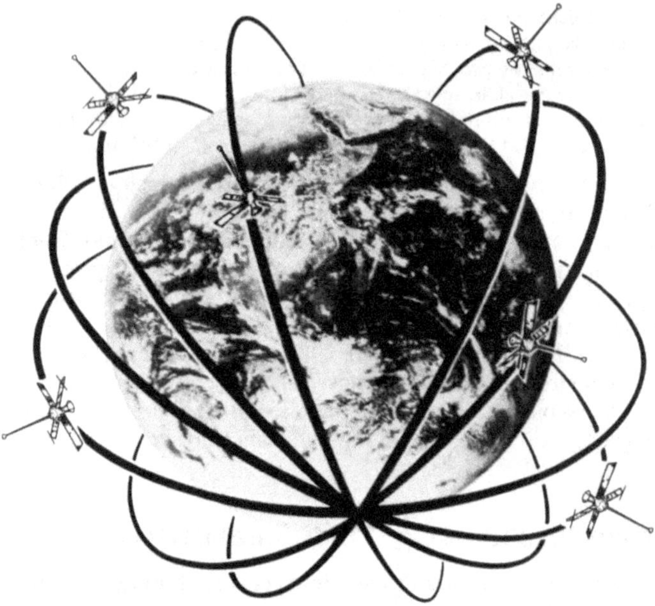

Abb. 6.1. Transit Satelliten auf polnahen Bahnen (*Magnovox* Firmenschrift)

Minnesota; Wahiawa, Hawaii) überwacht (Abb. 6.2). Aus den Meßwerten dieser Stationen werden in einem Rechenzentrum Bahndaten (Broadcast-Emphemeriden) vorausberechnet. Diese Daten sendet man über zwei der Stationen alle zwölf Stunden zu den Satelliten.

Die Satelliten senden kontinuierlich zwei Trägersignale von 150 und 400 MHz. Die Positionsbestimmungen kann man grundsätzlich mit einem Signal ausführen. Mit dem zusätzlichen Signal läßt sich die Ausbreitungsgeschwindigkeit in der Ionosphäre ermitteln. Da die Satelliten sich relativ zu einer Station $P_i$ auf der Erde bewegen (Abb. 6.3), werden die Signale dort aufgrund des Dopplereffektes frequenzverschoben empfangen.

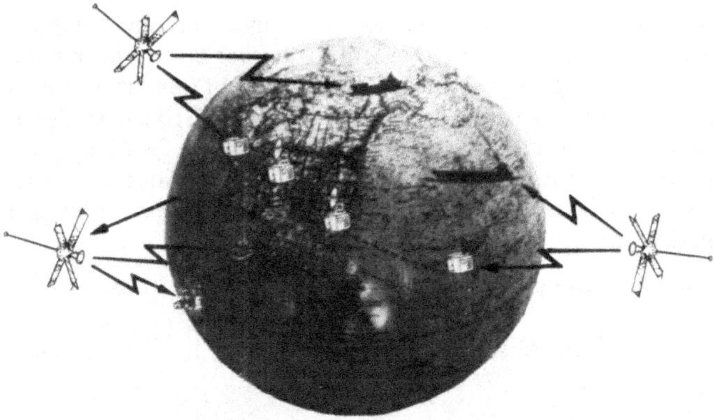

Abb. 6.2. Tracking Stationen des Transit Satelliten Systems (*Magnovox* Firmenschrift)

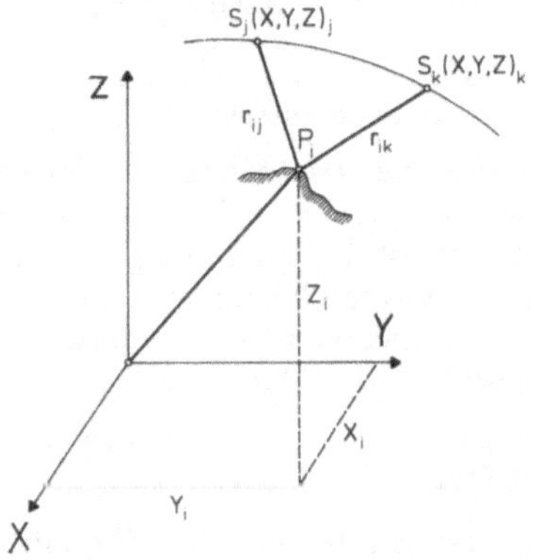


Abb. 6.3. Station auf der Erde und Satellitenbahn im Koordinatensystem des Satellitensystems

Der Empfänger auf der Station $P_i$ bestimmt jedoch nicht die Frequenzverschiebung selbst, sondern das Integral über die Freqenzverschiebung für ein bestimmtes Zeitintervall, den sogenannten „Dopplercount" *N*. Der Dopplercount ist ein Maß für die Strekkendifferenz zwischen zwei aufeinanderfolgenden Satellitenpositionen $S_i$ und $S_k$ zum Zeitpunkt $t_i$ und $t_k$ und der Beobachtungsstation $P_i$. Den Trägersignalen sind durch Phasenmodulation Informationen über die jeweiligen Bahnelemente (Broadcast-Ephemeriden) aufgeprägt, aus denen sich zeitabhängige Satellitenpositionen $X, Y, Z$ in dem erdfesten geozentrischen Koordinatensystem rechnen lassen. Diese Informationen nimmt der Empfänger zusätzlich auf.

Aus der Gleichung

$$N_{ik} = \frac{f_0}{c}(r_{ik} - r_{ij}) + (f_0 - f_s)(t_k - t_j) \tag{6.1}$$

mit

$$r_{ik} = \sqrt{(X_k - X_i)^2 + (Y_k - Y_i)^2 + (Z_k - Z_i)^2},$$

$$r_{ij} = \sqrt{(X_k - X_j)^2 + (Y_k - Y_j)^2 + (Z_k - Z_j)^2},$$

$f_0$: eine im Empfänger erzeugte Bezugsfrequenz,
$f_s$: die vom Satelliten ausgestrahlte Frequenz,
$X_j, Y_j, Z_j, X_k, Y_k, Z_k$: Satellitenkoordinaten zur Zeit $t_j$ und $t_k$,
$X_i, Y_i, Z_i$: Stationskoordinaten

lassen sich dann die Stationskoordinaten in einem erdfesten geozentrischen Koordinatensystem berechnen. Da die Frequenz $f_s$ nur näherungsweise bekannt ist, ist die Differenz $(f_0 - f_s)$ neben den Stationskoordinaten eine weitere Unbekannte. In der Regel beobachtet man eine größere Anzahl von Dopplercounts und bestimmt dann die Unbekannte in einem Ausgleichungsverfahren.

Die bei einem Satellitendurchgang auftretenden Fehler sind in Tab. 6.1 zusammengestellt (*Seeber* 1980).

Für einen eingeschränkten Nutzerkreis werden für eine oder maximal zwei Satelliten „präsize Ephemeriden" zur Verfügung gestellt. Ihre Genauigkeit liegt bei etwa ± 1 m. Diese Ephemeriden beziehen sich auf das nicht veröffentlichte Bezugssystem NWL-9D.

Bei den Auswertemodellen unterscheidet man im wesentlichen zwischen drei Verfahren: der Einzelpunktbestimmung, dem Translocationsverfahren und den „Short arc" Lösungen. Wäh-

Tab. 6.1. Fehlerquellen während eines Satellitendurchganges

| | |
|---|---|
| (1) Fehler der Broadcast Ephemeriden | |
| – Unsicherheit des Erdschweremodells (WGS 72) | ± 5 – 10 m |
| – Rundungsfehler der Ephemeriden | ± 5 m |
| – Unkorrekt modellierte Oberflächenkräfte | ± 10 – 25 m |
| (2) Refraktionsfehler | |
| – Ionosphärische Refraktion 3. Ordnung | |
| – Vernachlässigte trophosphärische Effekte | ± 1 – 5 m |
| (3) Empfängerfehler | |
| – Oszillator, „time jitter“, Variation des Antennenphasenzentrums | ± 1 – 6 m |
| | ± 12 – 28 m |

rend bei dem ersten Verfahren die Fehler 1. und 2. der Tab. 6.1 die Ergebnisse direkt beeinflussen, versucht man diese bei den anderen Verfahren durch Differenzmessungen und erweiterte Modellbildungen zu eliminieren.

Bei der *Einzelpunktbestimmung* wirken alle in der Tab. 6.1 zusammengestellten Fehlerquellen auf das Ergebnis. Nach etwa 50 Durchgängen erzielt man eine Koordinatengenauigkeit von 4–6 m. Verwendet man präzise Ephemeriden, so erzielt man eine Koordinatengenauigkeit von ± 0,5 bis 1 m.

Beim *Translocationsverfahren* führt man Beobachtungen gleichzeitig auf mehreren Stationen aus und leitet die Stationskoordinaten aus Differenzbildungen ab. Da auf benachbarten Stationen bis etwa 1000 km Entfernung für gleichzeitige Beobachtungen der Satellitendurchgänge Ephemeridenfehler und Refraktionsfehler zum Teil nahezu gleich sind, entfallen diese weitgehend beim Bilden der Differenzen. Dieses Verfahren ermöglichte es erst, die Broadcast – Ephemeriden für geodätische Zwecke zu verwenden. Bei der Multistationslösung erzielt man relative Koordinatengenauigkeiten von ± 0,5 m und besser.

Verwendet man die *Short arc Lösung*, so wird lediglich das Schwerefeld als bekannt angenommen und die Bahn des Satelliten neu berechnet. Genauigkeiten von etwa ± 0,1 m sind möglich.

Eine *Satellitenempfangsanlage* besteht aus einer Antenne, dem Empfänger, einer Datenregistriereinheit und einem Prozeßrechner, der die Daten verwaltet und vorläufige Koordinaten berechnet (Abb. 6.4). Zur Zeit bieten drei Firmen Geräte an: *Canadian Marconi,* Montreal; *JMR*, Kalifornien; *Magnovox,* Kalifornien. Neuere Geräte haben ein Mikroprozessorsystem, mit dem sich auch für längere Beobachtungszeiträume die Messungen vollautomatisch ausführen lassen.

Abb. 6.4. Satellitenempfangsanlage für Dopplermessungen (Magnovox MX 1502)

## 6.2 Punktbestimmung mit dem Satellitensystem NAVSTAR/GPS

Das Satellitensystem NAVSTAR/GPS ist primär für militärische Zwecke entwickelt. Ende 1987 wird es aus 18 (eventuell 24) NAVSTAR Satelliten bestehen. Ihre Bahnen sind nahezu kreisförmig, gegenüber dem Äquator haben sie eine Inklination von

55°, ihre Höhe beträgt 20000 km und für einen Umlauf benötigen sie 12 Stunden (Abb. 6.5). Das System ist so aufgebaut, daß von jedem Punkt der Erde vier Satelliten gleichzeitig beobachtet werden können. Überwacht wird das System von mehreren Kontrollstationen, die ständig die Bahndaten (Ephemeriden) und weitere Korrekturen ermitteln und diese an die Satelliten weitergeben.

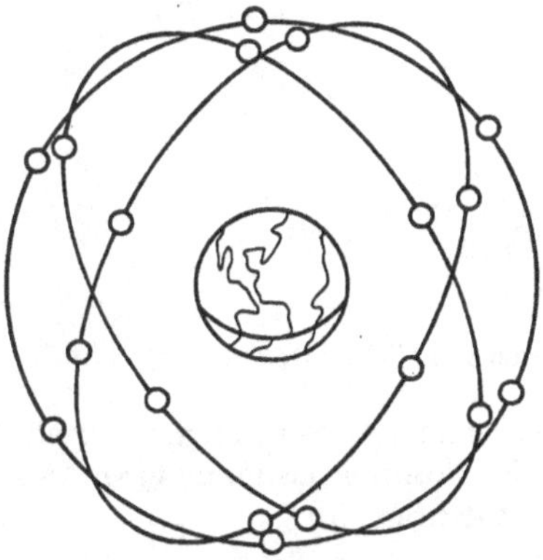

Abb. 6.5. GPS 18-Satellitenkonstellation

Die Satelliten senden zwei Trägersignale (1227 und 1575 MHz). Aus dem Laufzeitunterschied beider Signale lassen sich Korrekturen für die Laufzeit in der Ionosphäre ermitteln. Den Signalen sind durch Modulation zusätzliche Informationen aufgeprägt: regelmäßige Zeitmarken, Informationen über die Position des Satelliten und die Zeit, zu der die Informationen ausgesendet wurden. Die Informationen werden in zwei verschiedenen Codes übermittelt. Der *C/A*-Code enthält weniger genaue, der *P*-Code sehr genaue Angaben über die Bahnen. Die Zeitangaben beziehen sich auf das universelle GPS-Zeitsystem.

Der Anwender bestimmt seine Position durch einen räumlichen Bogenschlag, nachdem Distanzen zu mehreren Satelliten gemessen wurden (Abb. 6.6). Der Empfänger ermittelt dazu die Abweichung seiner Uhr von dem GPS-Zeitsystem, die Ankunftszeit der Information und schließlich die Laufzeit. Nach Multiplikation mit der Ausbreitungsgeschwindigkeit erhält man die Distanzen. Je nachdem, ob der Anwender die Stationen zwei- oder dreidimensional festlegen will, hat er drei oder vier Unbekannte zu bestimmen: *x*, *y* und die Zeit oder *x*, *y*, *z* und die Zeit.

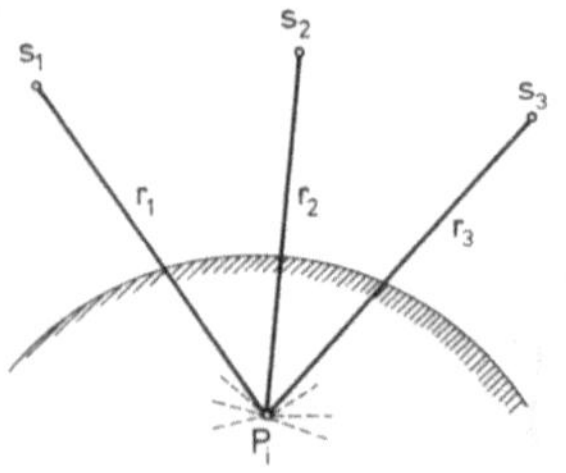


Abb. 6.6. Positionsbestimmung durch räumlichen Bogenschlag

Neben den Distanzmeßverfahren, dem „Pseudo Range"-Verfahren, wendet man auch die Doppler-Positionsbestimmung an. Das mathematische Modell entspricht dem in [6.1].

Tab. 6.2 beschreibt die bei den Verfahren auftretenden Fehler (*Wells* u. a. 1981).

Tab. 6.2. Fehlerangaben für das GPS-Pseudo-Range- und GPS-Doppler-Verfahren

| | | |
|---|---|---|
| *GPS-Pseudo-Range-Verfahren* | *P*-Code | *C/A*-Code |
| Satellit, Refraktion, Empfänger | 4,0 . . . 5,8 m | 12 . . . 20 m |
| *GPS-Doppler-Positionierung* | | |
| Satellit, Refraktion, Empfänger | 8,0 m | 18,7 m |

Höhere Genauigkeiten erzielt man mit *GPS-Differenzmeßtechniken*. Im wesentlichen kann man zwischen drei Verfahren unterscheiden:

– Anwenden der Doppler-Distanzdifferenzmessungen

– Distanzbestimmung über Phasenvergleich auf unterschiedlichen Stationen
– Interferometrische Verfahren

Das erste Verfahren ist bereits unter dem Begriff Translocationsverfahren in [6.1] beschrieben. Simulationsrechnungen zeigen, daß sich nach mehrstündigen Messungen Genauigkeiten von etwa 10 cm erzielen lassen.

Bei dem zweiten Verfahren vergleicht man die Phasenlagen der auf zwei Stationen ankommenden Signale und bestimmt die Distanzen aus der Phasendifferenz. Auf den Beobachtungsstationen müssen hierfür die Trägersignale rekonstruiert werden. Nachteilig ist, daß man hierfür den *P*-Code benötigt. Simulationsrechnungen zeigen, daß sich Distanzen nach wenigen Stunden Beobachtungszeit mit cm-Genauigkeit bestimmen lassen.

Das dritte Verfahren beruht auf Techniken, die auch bei der „Very Long Base Line Interferometry" (vgl. z. B. *Torge* 1975, 1980) angewendet werden. Über Korrelationsanalysen bestimmt man die Laufzeitunterschiede der von einem Satelliten ausgesendeten und auf unterschiedlichen Stationen empfangenen Trägersignale. Damit lassen sich die Distanzen zwischen den Stationen berechnen. Wenn zusätzlich Radiometer für die Bestimmung der Parameter der Atmosphäre eingesetzt werden, lassen sich voraussichtlich Distanzen zwischen 2 und 200 km mit einer Genauigkeit von $\pm 0{,}5 \ldots 3$ cm bestimmen (*Wells* u. a. 1981).

# 7. Grundlagen der Landesvermessung

Eine Landesvermessung [Band I, II] umfaßt die Bestimmung eines *Lagefestpunktfeldes*, eines *Höhenfestpunktfeldes*, die *Grundstücksvermessung* und die *topographische Aufnahme* des Geländes. Die Anlage eines Höhenfestpunktfeldes ist in [Band I, 7.1 und 7.2], die einer Grundstücksvermessung in [Band I, 3.1] und [Band II, 5.7] erläutert. Die topographische Aufnahme ist in [Band III, 4] beschrieben.

Soll ein größerer Teil der Erdoberfläche – z.B. ein Staatsgebiet – zusammenhängend vermessen werden, so überdeckt man diesen in bestimmten Abständen mit Festpunkten, den *trigonometrischen Punkten.* In der Regel sind diese Festpunkte, soweit sie nicht mit Gebäudeteilen (Turmspitzen usw.) zusammenfallen, als

Bodenpunkte durch Steinpfeiler vermarkt [Band I, 2]. Eine Platte unter dem Pfeiler dient als Sicherung. Dieses Lagefestpunktfeld bildet zusammen mit einem Höhenfestpunktfeld die Grundlage für die topographische Landesaufnahme und die allgemeine Grundstücks – oder Katastervermessung. Die Arten der technischen Hilfsmittel [5.1.2] und der Aufbau der Lagefestpunktfelder haben sich mit der Zeit immer wieder gewandelt. Ein Lagefestpunktfeld wird in der Regel in mehreren Stufen angelegt, die „Ordnung“ genannt werden.

## 7.1 Ältere Lagefestpunktfelder

*Ältere Lagefestpunktfelder* sind nach dem *Verfahren der Triangulation* aufgebaut und haben normalerweise vier Stufen. Die Grundlage bildet das Hauptdreiecksnetz oder das Netz der Dreiecke I. O. mit Seiten von 30–50 km Länge. Ihre Eckpunkte sind die Trigonometrischen Punkte I. O. oder *TP* (1). Als Standorte hierfür werden meistens Berge, Hügel oder Anhöhen, und wo solche fehlen, die Turmspitzen von öffentlichen Bauwerken gewählt, die jedoch zur Sicherung gegen etwaige Bewegungen des Baukörpers durch nahegelegene Bodenpunkte exzentrisch versichert werden. Die Hauptdreiecke wurden schrittweise verdichtet durch die *TP* II. O. oder *TP* (2) mit gegenseitigen Abständen von 10–20 km, die *TP* (3) mit Abständen von 3–10 km und durch *TP* (4) mit Abständen von 1–3 km. In die *TP* (3) oder *TP* (4) wurden als letzte Verdichtungsstufe Polygonzüge eingehängt.

Abb. 7.1 zeigt ein Beispiel für ein durch Triangulation entstandenes Netz I. O., das deutsche Hauptdreiecksnetz, das zwischen 1870 und 1950 aus dem Zusammenschluß einzelner Netzteile entstanden ist.

Bezugsfläche ist das 1841 von *Bessel* aus 10 Gradmessungen berechnete Ellipsoid ($a = 6377397$ m, $f = 1:299{,}15$). Fundamentalpunkt ist der Punkt Rauenberg mit der angenommenen Lotabweichung Null. Orientiert wird das Netz durch das astronomische Azimut der Dreiecksseite Rauenberg–Berlin, Marienkirche. Den Maßstab bestimmen fünf Grundlinien, die man in Basisvergrößerungsnetzen bestimmte (*Torge* 1975, 1980).

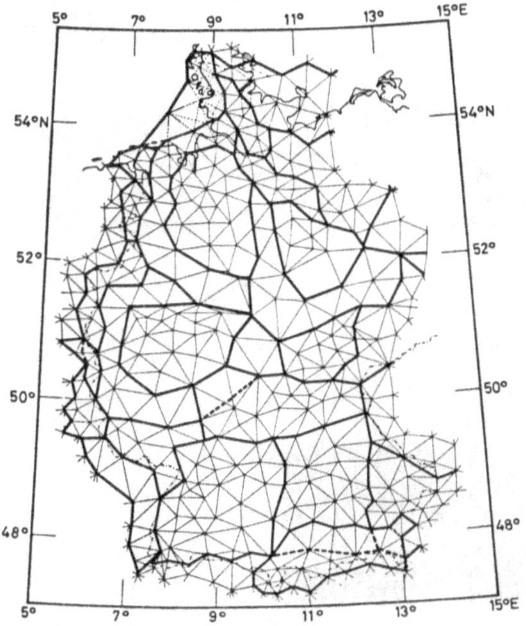


Abb. 7.1. Deutsches Hauptdreiecksnetz (Niedersächs. Minister des Inn. 1969)

Die *Winkel in den Hauptdreiecken* eines nach dem Verfahren der Triangulation aufgebauten Netzes wurden mit Theodoliten höchster Genauigkeit meistens mittels photographischer Registrierung auf Bruchteile einer Sekunde beobachtet. Als Stände für die Theodolite bei Turmbeobachtungen dienten Brüstungen oder aufgemauerte Pfeiler. Auf Bodenpunkten wurden hölzerne Vermessungstürme (Signale) oder Stahltürme nach Abb. 7.2 bis zu 30 m Höhe und mehr errichtet. Diese bestanden aus zwei ineinander geschachtelten Bauteilen, nämlich einem besonders festen inneren Turm, der für das Instrument bestimmt war, und einem etwas leichteren Turm, der den Beobachter und außerdem – für die Anzielungen von anderen Ständen aus, – eine Zieltafel und einen Leuchtstand trug. Als Ziele dienten bei der Messung I. Ord-

Abb. 7.2. Stahlturm mit Windschutzplanen

nung allein die in den Leuchtständen der Nachbarpunkte aufgestellten künstlichen Lichter oder die sog. Heliotrope, die mit Hilfe eines Spiegelsystems das Sonnenlicht auf den Beobachter der Gegenstation lenkten. Die Winkel wurden entweder in allen Kombinationen oder nach der Sektorenmethode beobachtet [1.7.5]. Nachteiligen Auswirkungen der Refraktion suchte man dadurch entgegenzuwirken, daß die Beobachtungen jedes einzelnen Winkels auf mehrere Tage mit unterschiedlichem Wetter verteilt und mit Nachtbeobachtungen gemischt wurden. Wegen der häufig begrenzten Sichtweite dauerten die Beobachtungen auf einer Station durchschnittlich 6 Wochen (*Augath* 1976). Alle Beobachtungen unterwarf man einer Stationsausgleichung, die für jede Richtung den günstigsten Wert ergab.

*Hauptdreiecksseiten* sind in den Haupttriangulierungsnetzen bis etwa 1960 in Abständen von 100 bis 200 km in wochenlanger Arbeit durch Basismessungen bestimmt worden. Dazu wurde eine 5 bis 8 km lange Basis mittels Invardrähten zum Erzielen einer inneren Genauigkeit von 1:1000000 mehrere Male gemessen, und es wurde ihre Länge über einem ebenfalls mit höchster Genauigkeit auszumessenden Basisvergrößerungsnetz (Abb. 7.3) durch Winkelmessungen auf die Hauptdreiecksseite übertragen, deren Genauigkeit dann etwa auf 1:100000 veranschlagt werden konnte.

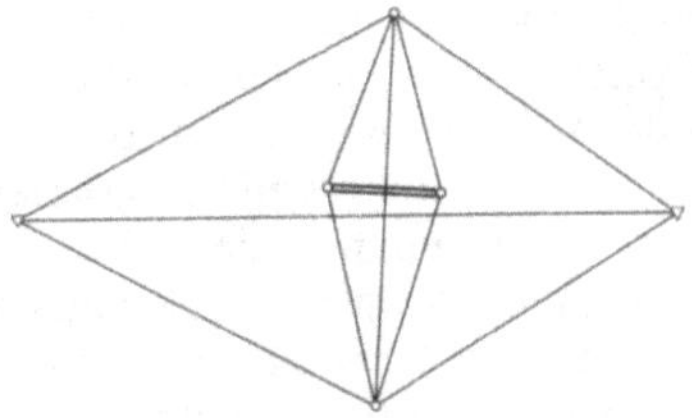

Abb. 7.3. Basisvergrößerungsnetz

*Zur Orientierung des Hauptdreiecksnetzes* auf dem Bezugsellipsoid mußten bei der Triangulation auf einigen ausgezeichneten Punkten des Netzes die geographische Breite, die geographische Länge und die Richtung des Meridians (Nordrichtung) durch astronomische Beobachtungen bestimmt werden.

*Die Verdichtung des Hauptdreiecksnetzes* durch die Punkte der II. bis IV. Ordnung sollte an sich der Gleichmäßigkeit und der leichteren Übersichtlichkeit halber nach dem gleichen Verfahren vorgenommen werden, wie der Aufbau des Hauptdreiecksnetzes. Dieser Gesichtspunkt hatte sich jedoch in der Praxis nicht durchgesetzt. Es wurde jeweils nach dem Verfahren verdichtet, das mit dem geringsten Aufwand zum Ziel führte. Man bestimmte einzelne Punkte oder kleine Punktgruppen.

Die *Berechnung der Dreiecke* begann mit der – meistens sehr umfangreichen – Ausgleichung der Messungswidersprüche in den Hauptdreiecken. Aus den ausgeglichenen Beobachtungen wurden, ausgehend von den astronomisch bestimmten Punkten, mittels ellipsoidischer Rechnungen die Längen und Richtungen der Dreiecksseiten ermittelt. Mit Hilfe dieser Stücke rechnete man für die Dreieckspunkte I. O. geographische Koordinaten. Aus den geographischen Koordinaten leitete man rechtwinklige Koordinaten ab [4.3]. Im System der rechtwinkligen Koordinaten wurden schließlich nacheinander die Punkte der II., der III. und der IV. O. nach der Methode des vereinten Vor- und Rückwärtseinschneidens und seit elektronische Distanzmesser zur Verfügung standen, durch Distanzmessungen oder kombinierte Richtungs- und Distanzmessungen eingeschaltet [5].

In den USA, der UdSSR und anderen sehr ausgedehnten Ländern hat man Triangulationsketten entlang der Meridiane und Breitengrade errichtet. Wo die Ketten zusammenstoßen wurden Laplace Azimute zur Richtungskontrolle und Basislinien für Maßstabskontrollen gemessen. Das Grundnetz der USA hat eine Maschenweite von etwa 500 km und das der UdSSR von ca. 200 bis 400 km. Die Genauigkeit der Netze beträgt einige ppm. Für die Verdichtung verwendete man je nach Entwicklung der Gebiete unterschiedliche Verfahren.

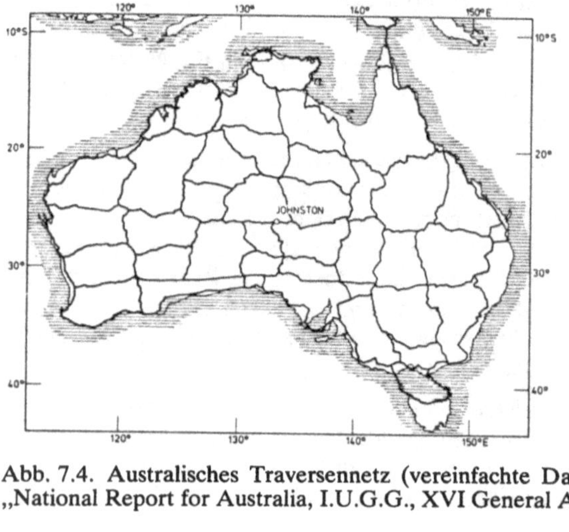


Abb. 7.4. Australisches Traversennetz (vereinfachte Darstellung) nach „National Report for Australia, I.U.G.G., XVI General Assembly 1975“

Das australische Grundnetz besteht vorwiegend aus Langstrekkenpolygonen (Abb. 7.4). Die Knotenpunkte haben einen Abstand von mehreren 100 km. Auf fast allen Beobachtungsstationen wurden Laplace Azimute beobachtet. In den Küstengebieten verdichtete man das Grundnetz mit Triangulations- und Polygonnetzen. In weniger dicht besiedelten Gebieten bestimmte man Festpunkte mit dem Aerodistverfahren.

## 7.2 Anlage und Beobachtung neuer Lagefestpunktfelder

Neuere Entwicklungen im Liegenschaftskataster fordern heute insbesondere in hochentwickelten dicht besiedelten Gebieten Lagefestpunktfelder hoher Genauigkeit. Fortschritte auf den Gebieten der elektronischen Entfernungsmessung und Datenverarbeitung ermöglichen Genauigkeitssteigerungen in Zusammenhang mit einem abgewandelten Netzaufbau. Nachfolgend wird an einem Beispiel gezeigt, wie ein Lagefestpunktfeld aufgebaut werden kann, wenn hohe Genauigkeitsforderungen bestehen.

Mit elektronischen Distanzmessern und Theodoliten kann man sehr wirtschaftlich und genau arbeiten, wenn das Lagefestpunktfeld in zwei Stufen errichtet wird*. Die erste Stufe, das Grundnetz, umfaßt ein flächenhaftes Netz der *TP* (1) und *TP* (2). Die zweite Stufe, das Verdichtungsnetz besteht aus einem flächenhaften Netz der *TP* (3) und *TP* (4). Bei dem Grundnetz wendet man das Verfahren der Trilateration an, wobei Mikrowellengeräte zum Einsatz kommen (Abb. 7.5).

Das Verdichtungsnetz bestimmt man mit kombinierten Richtungs- und Streckenbeobachtungen in Form von Polygonnetzen (Abb. 7.6).

Den Verfahren der Trilateration und Polygonierung gibt man heute den Vorzug, da sie auch bei hohen Genauigkeitsanforde-

* Dieser Weg wurde in der Bundesrepublik in dem Bundesland Niedersachsen beschritten.

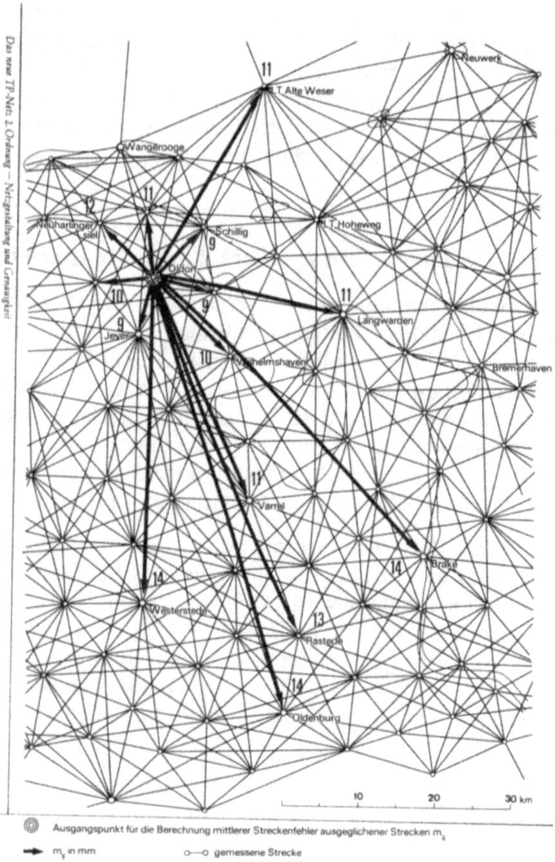


Abb. 7.5. Grundnetz der *TP* (1) und *TP* (2) Netzgestaltung und Genauigkeit (*Augath* 1976)
(◉ Ausgangspunkt für die Berechnung der Standardabweichungen $s(s)$ ausgeglichener Strecken, ➞ $s(s)$ in mm, O—O gemessene Strecke)

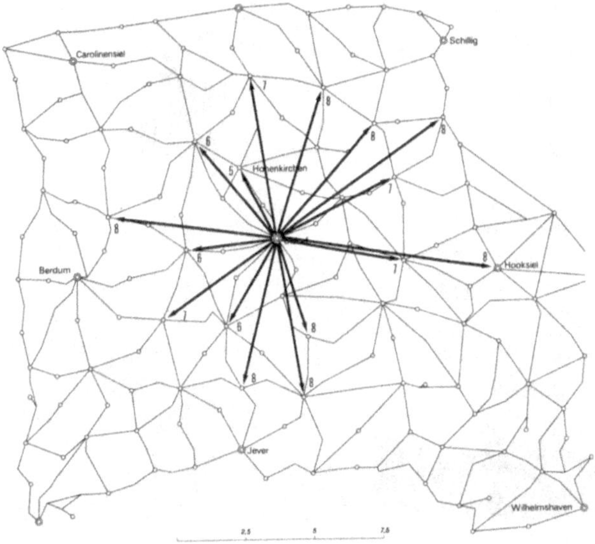


Abb. 7.6. Verdichtungsnetz, Neugestaltung und Genauigkeit (*Augath* 1976)
(◉ Ausgangspunkt für die Berechnung der Standardabweichungen $\sigma(s)$ ausgeglichener Strecken, ➛ $s(s)$ in mm, O—O gemessene Strecke)

rungen sehr wirtschaftlich sind. Größere Entfernungen überbrückt man mit transportablen Beobachtungsleitern (Abb. 7.7), die nur einen Bruchteil der Kosten verursachen, die Vermessungstürme bei der Triangulation erzeugten. Die Verfahren sind außerdem weitgehend von der Witterung unabhängig. Bei der Trilateration lassen sich an einem Tag mehrere Stationen beobachten.

In weniger erschlossenen Gebieten kann man nach wie vor Punktbestimmungen durch Langstreckenpolygone oder photogrammetrisch durch Aerotriangulation vornehmen.

Für die Orientierung der Festpunktfelder wählt man unterschiedliche Wege:

Abb. 7.7. Beobachtungsleiter (Unterteil und Plattform)

a) Ist bereits über ein Landesdatum* verfügt, so wird man das neue Festpunktfeld über identische Punkte in das vorhandene Landesdatum transformieren.
b) In der Regel wird man jedoch zusätzlich Satellitenmessungen [6] nutzen, um den Maßstab, die Orientierung und die Geometrie in einer gemeinsamen Ausgleichung zu verbessern. Die dreidimensionalen durch Satellitenmessungen bestimmten Festpunkte lassen sich dann mit terrestrischen Messungen verknüpfen, wenn ellipsoidische Höhen zur Verfügung stehen, die sich z.B. aus Nivellements und Geoidbestimmungen herleiten lassen. Wenn für das Arbeitsgebiet keine genügend genauen Geoidinformationen vorliegen, wird man normalerweise die Kombination zweidimensional ausführen.

---

* Datum: s. z.B. (*Torge* 1975, 1980)

c) Ist über das Landesdatum noch nicht verfügt, so bietet es sich an, das Satellitendatum zur Grundlage des Festpunktfeldes zu machen. Die Ergebnisse bereits vorhandener terrestrischer Messungen können mit einer Transformation über identische Punkte eingepaßt werden.

Mit dem Transit Navigation Satellite System [6.1] kann man Punkte relativ mit einer Genauigkeit von wenigen dm bestimmen. Bei einem geeigneten Punktabstand läßt sich eine Maßstabsgenauigkeit von ca. $2 \cdot 10^{-6}$ erzielen. Für eine Verbesserung und Verdichtung des Canadischen Festpunktfeldes hat man z.B. in den letzten Jahren große Teile des Landes mit Doppler Kontrollpunkten überzogen, die einen Abstand von ca. 100 . . . 300 km haben.

Voraussichtlich kann man schon in wenigen Jahren mit dem NAVSTAR/GPS Satellite System über Differenzverfahren [6.2] Punkte mit cm-Genauigkeit bestimmen. Vermutlich ist es dann wirtschaftlich, Punktfelder mit Punktabständen bis herunter zu 10 km mit diesem Verfahren zu bestimmen (Langley u. a. 1982). Die klassischen geodätischen Netze verlieren dann an Bedeutung.

# Anhang

## A. Kurze Einführung in die Matrizenrechnung

Eine Matrix **A** ist ein in Zeilen $i$ und Spalten $j$ geordnetes Schema von Elementen $a_{ij}$. Wesentlich sind der *Wert* und die *Stellung* eines Elementes $a_{ij}$. Eine Matrix ist *keine* Determinante, sondern ein Koeffizientenschema, das als eine selbständige mathematische Größe aufgefaßt wird, für die bestimmte Operationen definiert werden.

Die Elemente $a_{ij}$ können komplexe Zahlen, Funktionen u. a. sein. Für die Ausgleichungsrechnung sind die Elemente ausschließlich natürliche Zahlen. Durch die Angabe der Zahl der Zeilen und Spalten wird der Typ der Matrix festgelegt. Wir bezeichnen die Matrizen mit fett gedruckten Buchstaben. Der 1. Index gibt die Zahl der Zeilen, der 2. Index die Zahl der Spalten an.

$r$

$n$ | **A***nr* | Matrix vom Typ *nr*

*Besondere Typen:*

(1) Quadratische Matrix mit $n = r$.

(2) Diagonalmatrizen mit $a_{ij} = 0$ für $i \neq j$. Sind die $a_{ij} = 1$ für $i = j$ erhält man die Einheitsmatrix **E**.

(3) Nullmatrix 0, wenn alle $a_{ij} = 0$.

(4) Spaltenmatrizen (Vektoren) mit $j = 1$.

*Rechenregeln:*

(1) **A** = **B** wenn a) Typ **A** = Typ **B**
b) Alle $a_{ij} = b_{ij}$.

(2) **A** + **B** = **S**
Voraussetzung: Typ **A** = Typ **B**.

Die entsprechenden Elemente sind zu summieren

$s_{ij} = a_{ij} + b_{ij}$.

$i = 1 \ldots\ldots n$

$j = 1 \ldots\ldots r$.

Unter diesen Voraussetzungen gilt das kommutative Gesetz

$\mathbf{A} + \mathbf{B} = \mathbf{B} + \mathbf{A}$

und das distributive Gesetz

$(\mathbf{A} + \mathbf{B}) + \mathbf{C} = \mathbf{A} + (\mathbf{B} + \mathbf{C}) = \mathbf{A} + \mathbf{B} + \mathbf{C}$.

Es ist

$\mathbf{A} + \mathbf{O} = \mathbf{O} + \mathbf{A} = \mathbf{A}$.

(3) $\mathbf{A} - \mathbf{B} = \mathbf{D}$

Voraussetzung

Typ $\mathbf{A}$ = Typ $\mathbf{B}$

$d_{ij} = a_{ij} - b_{ij}$.

$i = 1 \ldots\ldots n$

$r = 1 \ldots\ldots r$.

(4) Multiplikation mit einem konstanten Faktor $\lambda$

$\lambda \mathbf{A} = \mathbf{A} \lambda$.

Es wird jedes Element $a_{ij}$ mit $\lambda$ multipliziert.

(5) Multiplikation

$\mathbf{A} \cdot \mathbf{B} = \mathbf{P}$

Voraussetzung: Verkettete Matrizen, d.h. Spaltenzahl von $\mathbf{A}$ = Zeilenzahl von $\mathbf{B}$

Bildung der Elemente: $p_{ij} = a_{i1} b_{1j} + a_{i2} b_{2j} \ldots\ldots + a_{ir} b_{rj}$ d.h. die Elemente der Zeile $i$ werden mit den Elementen der Spalte $j$ multipliziert und aufsummiert.

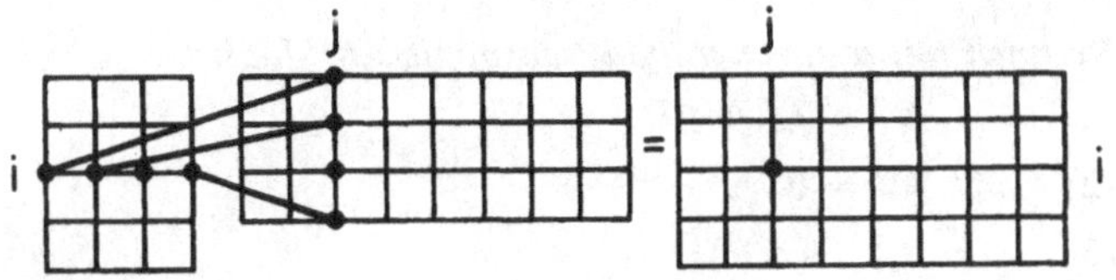


Bei der Multiplikation mit der Einheitsmatrix bleibt die Matrix unverändert

$\mathbf{A}\mathbf{E} = \mathbf{E}\mathbf{A} = \mathbf{A}$.

Es gilt das assoziative Gesetz

$$(\mathbf{AB})\mathbf{C} = \mathbf{A}(\mathbf{BC}) = \mathbf{ABC}.$$

Es gilt *nicht* das kommutative Gesetz (bis auf Sonderfälle)

$$\mathbf{AB} \neq \mathbf{BA}.$$

Es gilt das distributive Gesetz

$$(\mathbf{A} + \mathbf{B})\mathbf{C} = \mathbf{AC} + \mathbf{BC}.$$

(6) Multiplikation mit Diagonalmatrizen **D**
**AD**
d.h. Multiplikation von rechts, bedeutet Multiplikation aller Spalten mit den Diagonalelementen (Konstante Faktoren).
**DA**
d.h. Multiplikation von links, bedeutet Multiplikation aller Zeilen mit den Diagonalelementen (Konstante Faktoren).

(7) Die Reziproke oder inverse Matrix $\mathbf{A}^{-1}$ wird aus der Bezeichnung $\mathbf{AA}^{-1} = \mathbf{A}^{-1}\mathbf{A} = \mathbf{E}$ gewonnen.
Voraussetzungen: $\mathbf{A}$ = quadratisch
Det $A \neq 0$.

(8) Die transponierte Matrix $\mathbf{A}^T$ entsteht aus der Matrix $\mathbf{A}$ durch Vertauschung von Zeilen und Spalten.

$$a_{ij} = a_{ji}^T.$$

Daraus folgt $(\mathbf{A}^T)^T = \mathbf{A}$
Ist $\mathbf{A}^T = \mathbf{A}$ heißt die Matrix symmetrisch.

(9) Matrizen können unter Berücksichtigung der Verkettung in Untermatrizen aufgeteilt werden. Die Teilmatrizen werden wie normale Elemente behandelt.

*Rechnen mit reziproken und transponierten Matrizen:*

(1) $(\mathbf{A} + \mathbf{B})^T = \mathbf{A}^T + \mathbf{B}^T$

(2) $(\mathbf{AB})^T = \mathbf{B}^T\mathbf{A}^T$

(3) $(\mathbf{A}^T)^{-1} = (\mathbf{A}^{-1})^T$

(4) Ist $\mathbf{A}$ symmetrisch (d.h. $\mathbf{A} = \mathbf{A}^T$) und existiert $\mathbf{A}^{-1}$ (d.h. Det. $A \neq 0$), so ist auch $\mathbf{A}^{-1}$ symmetrisch.

(5) Wenn $\mathbf{A}^{-1}$ und $\mathbf{B}^{-1}$ existieren ist $(\mathbf{AB})^{-1} = \mathbf{B}^{-1}\mathbf{A}^{-1}$.

## B. Ausgleichungsalgorithmus für vermittelnde Beobachtungen

Die Ausgleichung nach vermittelnden Beobachtungen wendet man an, wenn mehrere Unbekannte gemeinsam zu bestimmen sind und die Anzahl der Beobachtungen größer ist als die der Unbekannten. In vielen Fällen sind nicht die Unbekannten selbst beobachtet worden, sondern andere Größen, die mit ihnen in einem funktionalen Zusammenhang stehen. So werden z.B. beim trigonometrischen Einschneiden Winkel gemessen; als Unbekannte aber werden die Koordinaten des Neupunktes $N$ bestimmt. Zur Lösung drückt man zunächst in den Fehlergleichungen die Beobachtungen durch die Unbekannten aus. Alsdann werden die dabei auftretenden Verbesserungen $v$ aufgrund der Forderung $[vv]$ zum Minimum ausgeglichen.

Ein einfaches Beispiel für das Aufstellen von Fehlergleichungen ist bereits in Band I, Kapitel [1.4.5] gegeben. Nachfolgend soll ein Lösungsweg für die Bestimmung mehrerer Unbekannter beschrieben werden. Für jede Beobachtung $L_i$ erhält man eine Fehlergleichung. Bei mehreren Unbekannten $x, y, z$ haben diese, falls ein linearer Zusammenhang $L_i + v_i = f_i(x, y, z)$ gegeben ist, die Form:

$$\begin{aligned} L_1 + v_1 &= a_{11}x + a_{12}y + a_{13}z \\ L_2 + v_2 &= a_{21}x + a_{22}y + a_{23}z \\ &\vdots \\ L_m + v_m &= a_{m1}x + a_{m2}y + a_{m3}z, \end{aligned} \qquad \text{(B 1)}$$

wobei die $a_{ij}$ die bekannten Koeffizienten (vgl. z.B. B 10) beschreiben. Der Index $i$ bezeichnet die Beobachtungen, $j$ die Unbekannten.

In Matrizenschreibweise hat (B 1) die Form

$$\mathbf{L} + \mathbf{v} = \mathbf{A}\mathbf{x}, \qquad \text{(B 2)}$$

$$\begin{bmatrix} L_1 \\ L_2 \\ \vdots \\ L_m \end{bmatrix} = \mathbf{L} \quad \begin{bmatrix} v_1 \\ v_2 \\ \vdots \\ v_m \end{bmatrix} = \mathbf{v} \quad \begin{bmatrix} x \\ y \\ z \end{bmatrix} = \mathbf{x} \quad \begin{bmatrix} a_{11} & a_{12} & a_{13} \\ a_{21} & a_{22} & a_{23} \\ a_{31} & a_{32} & a_{33} \end{bmatrix} = \mathbf{A}$$

Nach Anwenden der Methode der kleinsten Quadrate erhält man aus (B 2) für gleichgewichtige Beobachtungen die Normalgleichungen

$$\mathbf{A}^T\mathbf{A}\mathbf{x} - \mathbf{A}^T\mathbf{L} = \mathbf{0} \tag{B 3}$$

und daraus die Unbekannten

$$\hat{\mathbf{x}} = (\mathbf{A}^T\mathbf{A})^{-1}(\mathbf{A}^T\mathbf{L}). \tag{B 4}$$

(ˆ: Schätzwert)

Von besonderem Interesse in der Gleichung (B 4) ist die Kofaktormatrix $(\mathbf{A}^T\mathbf{A})^{-1}$. Mit dieser berechnet man die Varianz-Kovarianzmatrix der Unbekannten:

$$\begin{bmatrix} \sigma_x^2 & \sigma_{xy} & \sigma_{xz} \\ \sigma_{yx} & \sigma_y^2 & \sigma_{yz} \\ \sigma_{zx} & \sigma_{zy} & \sigma_{zz} \end{bmatrix} = \sigma_0^2\,(\mathbf{A}^T\mathbf{A})^{-1} \tag{B 5}$$

Die Größen in der Diagonalen sind die Varianzen der Unbekannten die seitwärts liegenden die Kovarianzen. Der Faktor $\sigma_0^2$ ist eine Konstante. Eine unverzerrte Schätzung für die Konstante ist die empirische Varianz

$$s_0^2 = \frac{\mathbf{v}^T\mathbf{v}}{n-u}, \tag{B 6}$$

wobei

$n$: Anzahl der Beobachtungen
$u$: Anzahl der Unbekannten ist.

Bei einer ausreichenden Anzahl von Überbestimmungen ($n = u > 5$) kann $s_0^2$ in (B 5) an Stelle von $\sigma_0^2$ verwendet werden.

Die Verbesserungen erhält man nach (B 2) aus

$$\mathbf{v} = \mathbf{A}\hat{\mathbf{x}} - \mathbf{L}. \tag{B 7}$$

Bei Beobachtungen mit unterschiedlichen Gewichten erhält man an Stelle von (B 3), (B 4), (B 5):

$$(\mathbf{A}^T\mathbf{P}\mathbf{A})^{-1}\mathbf{x} - \mathbf{A}^T\mathbf{P}\mathbf{L} = \mathbf{0}, \tag{B 3a}$$

$$\hat{\mathbf{x}} = (\mathbf{A}^T\mathbf{P}\mathbf{A})^{-1}\mathbf{A}^T\mathbf{P}\mathbf{L}, \tag{B 4a}$$

$$\begin{bmatrix} \sigma_x^2 & \sigma_{xy} & \sigma_{xz} \\ \sigma_{yx} & \sigma_y^2 & \sigma_{yz} \\ \sigma_{zy} & \sigma_{zy} & \sigma_z^2 \end{bmatrix} = \sigma_0^2(\mathbf{A}^T\mathbf{P}\,\mathbf{A})^{-1} \tag{B 5a}$$

mit

$$\begin{bmatrix} P_1 & & & & \\ & P_2 & & & \\ & & \cdot & & \\ & & & \cdot & \\ & & & & \cdot \\ & & & & P_n \end{bmatrix} = \mathbf{P}$$

Sind die ursprünglichen Fehlergleichungen (B 1)

$$L_i + v = f_i(x, y, z)$$

nicht linear, so werden sie – mit Hilfe der Taylorschen Reihe für mehrere Unbekannte – linear gemacht. Nach Einführen von Näherungswerten

$$x = x_0 + dx, \quad y = y_0 + dy, \quad z = z_0 + dz, \tag{B 8}$$

erhält an Stelle von (B 1):

$$v_i = f_i(x_0, y_0, z_0) + \left(\frac{\partial f_i}{\partial x}\right)_0 dx + \left(\frac{\partial f_i}{\partial y}\right)_0 dy + \left(\frac{\partial f_i}{\partial z}\right)_0 dz + \cdots \tag{B 9}$$

Setzt man

$$\left(\frac{\partial f_i}{\partial x}\right)_0 = a_{i1}, \quad \left(\frac{\partial f_i}{\partial y}\right)_0 = a_{i2}, \quad \left(\frac{\partial f_i}{\partial z}\right)_0 = a_{i3} \tag{B 10}$$

und

$$L_i - f_i(x_0, y_0, z_0) = l_i \tag{B 11}$$

so bekommen die umgeformten Fehlergleichungen die Form:

$$v_i = a_{i1}dx + a_{i2}dy + a_{i3}dz - l_i. \tag{B 12}$$

*Beispiele:*

a) Die ursprünglichen Fehlergleichungen für die von Festpunkten $(x_i, y_i)$ zu einem Neupunkt $(x, y)$ gemessenen Strecken lauten:

$$s_i + v_i = q\sqrt{(y - y_i)^2 + (x - x_i)^2} \tag{B 13}$$

bzw. nach Einführen von Näherungskoordinaten für den Neupunkt $N$

$$s_i + v_i = q\sqrt{(y_0 - y_i + dy)^2 + (x_0 - x_i + dx)^2}.$$

$q$ ist ein Maßstabsfaktor, $q_0$ ein Näherungswert.

Für die einzelnen Glieder von (B 12) erhält man dann

$$f_i(x_0, y_0) = q_0\sqrt{(y_0 - y_i)^2 + (x_0 - x_i)^2} = s_i^0,$$

$$\left(\frac{\partial f_i}{\partial x}\right)_0 = a_{i1} = q_0\frac{y_0 - y_i}{s_i^0};\quad \left(\frac{\partial f}{\partial y}\right)_0 = a_{i2} = q_0\frac{x_0 - x_i}{s_i^0};$$

$$\left(\frac{\partial f_i}{\partial q}\right)_0 = a_{i3} = s_i^0,$$

so daß die umgeformten Fehlergleichungen lauten

$$v_i = q_0\frac{y_0 - y_i}{s_i^0}dy + q_0\frac{x_0 - x_i}{s_i^0}dx + s_i^0 dq - (s_i - s_i^0). \qquad \text{(B 14)}$$

b) Bei Richtungsbeobachtungen von Festpunkten $(x_i, y_i)$ zu einem Neupunkt $(x, y)$ gelten die ursprünglichen Fehlergleichungen:

$$(r_N^0)_i + v_i = \arctan\frac{y - y_i}{x - x_i}, \qquad \text{(B 15)}$$

wobei $(r_N^0)_i$ die zum Neupunkt weisenden orientierten Richtungen sind [5.3.2]. Nach Einführen von Näherungswerten

$$y_i = y_0 + dy_i,\quad x_i = x_0 + dx_i$$

erhält man durch Linearisieren

$$(r_N^0)_i + v_i = \arctan\frac{y_0 - y_i}{x_0 - x_i} + \left(\frac{\partial \operatorname{arctan} g}{\partial y}\right)_0 dy + \left(\frac{\partial \operatorname{arctan} g}{\partial x}\right)_0 dx$$

mit

$$g = \frac{y_0 + dy - y_i}{x_0 + dx - x_i},$$

$$\left(\frac{\partial \operatorname{arctang}}{\partial y}\right)_0 = a_{i1} = + \frac{x_0 - x_i}{(s_i^0)^2} \cdot \frac{200}{\pi},$$
$$\left(\frac{\partial \operatorname{arctang}}{\partial x}\right)_0 = a_{i2} = - \frac{y_0 - y_i}{(s_i^0)^2} \cdot \frac{200}{\pi},$$
$$(s_i^0)^2 = (y_0 - y_i)^2 + (x_0 - x_i)^2.$$

Setzt man noch $\arctan \dfrac{y_0 - y_i}{x_0 - x_i} = t_i^0$, so gilt für die umgeformten Fehlergleichungen:

$$v_i = \frac{x_0 - x_i}{(s_i^0)^2} \cdot \frac{200}{\pi} dy - \frac{y_0 - y_i}{(s_i^0)^2} \cdot \frac{200}{\pi} dx - ((r_N^R)_i - t_i^0) \quad \text{(B 16)}$$

c) Sind auf einem Neupunkt $(x, y)$ Richtungen $r_i$ zu mehreren Festpunkten $(x_i, y_i)$ gemessen, so gilt für die Richtung nach einem beliebigen Punkt:

$$r_i + v_i = - \varphi + \arctan \frac{y_i - y}{x_i - x}. \quad \text{(B 17)}$$

Die arctan Funktion unterscheidet sich von der in (B 15) auftretenden dadurch, daß im Zähler und Nenner des Quotienten die Vorzeichen vertauscht sind. Im Vergleich zu (B 16) haben daher auch die Koeffizienten der Fehlergleichungen ein umgekehrtes Vorzeichen; der Betrag der Koeffizienten bleibt erhalten. $\varphi$ ist eine Orientierungsunbekannte. An Stelle von (B 16) erhält man:

$$v_i = - \frac{x_0 - x_i}{(s_i^0)^2} \cdot \frac{200}{\pi} dy + \frac{y_0 - y_i}{(s_i^0)^2} \cdot \frac{200}{\pi} dx - (r_i - t_i^0) \quad \text{(B 18)}$$

mit

$$t_i^0 = \operatorname{arc\,tan} \frac{y_0 - y_i}{x_0 - x_i} \pm 200 \text{ gon}.$$

Beim Rückwärtseinschneiden sind nicht nur die Koordinaten des Neupunktes, sondern auch die Orientierung $\varphi$ der gemessenen Richtungen unbekannt. Das System der Fehlergleichungen kann daher erst gelöst werden, wenn auch für die Unbekannte $\varphi$ eine Fehlergleichung aufgestellt ist. Da hierfür keine Beobachtung vorliegt, muß eine fingierte Gleichung eingeführt werden. Diese lautet nach *Schreiber*:

$$v_{n+1} = [a_{i1}]_1^n\, dy + [a_{i2}]_1^n\, dx - [l_i]_1^n; \text{ Gewicht: } p_{n+1} = -\frac{1}{[p_i]_1^n}, \qquad \text{(B 19)}$$

wobei

$$l_i = (r_i - t_i^0).$$

Einzelne Aufgaben kann man nach folgendem Rechenschema lösen: Bilde

| | | |
|---|---|---|
| (1) | Näherungskoordinaten | $x_0, y_0$ |
| (2) | die linearen bzw. nichtlinearen Beziehungen zwischen den Beobachtungen und Unbekannten, d. h. stelle jede Beobachtung als Funktion der Unbekannten auf | $L_i + v_i = f_i(x, y, z)$ |
| (3) | die Koeffizienten | $a_{i1}, a_{i2}, \ldots$ |
| (4) | die Absolutglieder | $l_i = L_i - f_i(x_0, y_0, z_0)$ |
| (5) | die Matrix der Koeffizienten | $\mathbf{A}$ |
| (6) | die Matrix der Absolutglieder | $\mathbf{l}$ |
| (7) | die Unbekannten | $\hat{\mathbf{x}} = (\mathbf{A}^T\mathbf{A})^{-1}(\mathbf{A}^T\mathbf{l}) = \mathbf{N}^{-1}\mathbf{n}$ |
| (8) | die Verbesserung der Beobachtungen | $\mathbf{v} = \mathbf{A}\hat{\mathbf{x}} - \mathbf{l}$ |
| (9) | die Ausgleichungsprobe | $\mathbf{v}^T\mathbf{v} = -\mathbf{l}^T\mathbf{v}$ |
| (10) | die empirische Varianz | $s_0 = \mathbf{v}^T\mathbf{v}/(n-u)$ |
| (11) | die Varianz der Unbekannten | $((\mathbf{A}^T\mathbf{A})^{-1})s_0^2$ |
| (12) | das Endergebnis | $\hat{\mathbf{x}}$ |

# Literaturverzeichnis

Hand- und Lehrbücher sind mit einem * vor dem Namen des Autors gekennzeichnet.

Abkürzungen:

AVN Allgemeine Vermessungsnachrichten
DGK Deutsche Geodätische Kommission
ZfV Zeitschrift für Vermessungswesen


*Ackermann, F.:* Neue Ziele und Methoden der automatischen Berechnung umfangreicher geodätischer Netze. In (Hrsg.) Draheim Sammlung Wichmann, Neue Folge, Heft 15. Karlsruhe 1971.

*Ackermann, F.:* Ergebnisse einer Programmentwicklung zur Blockausgleichung großräumiger Polaraufnahmen. In (Hrsg.) Draheim Sammlung Wichmann, Neue Folge, Heft 19. Karlsruhe 1973.

*Aeschlimann, H.:* Eine verbesserte Zwangszentrierung. Vermessungswesen, Photogrammetrie, Kulturtechnik, 1975.

*Aeschlimann, H.:* Messen der Kippachsneigung mit dem Kern DKM 2-AM. Vermessungstechnik. 1979.

*Augath, W.:* Untersuchungen zum Aufbau geodätischer Lagenetze. Wiss. Arb. der Lehrstühle für Geodäsie, Photogrammetrie und Kartographie an der Univ. Hannover. Hannover 1976.

*Bean, B. R., L. Fehlhaber und J. Großkopf:* Die Radiometeorologie und ihre Bedeutung für die Ausbreitung der m-, dm- und cm- Wellen auf große Entfernungen. NTZ 1962, Heft 1.

*Beuchle, E.:* Untersuchungen zur Anwendung der freien Stationierung in der Grundstücksvermessung. Dissertation an der Fakultät Bauingenieur- und Vermessungswesen der Univ. Stuttgart. Stuttgart 1981.

**Borucki, L. und J. Dittmann:* Digitale Meßtechnik. 2. Aufl. Berlin–Heidelberg–New York 1971.

*Bretterbauer, K.:* The refractive index in the reduction of Tellurometer Data. Canad. Survey. 1965, S. 367.

*Bullock, M. C., and R. E. Warren:* Electronic Total Station speeds Survey Operations. Hewlett-Packard-Journal 1976, Vol. 27, S. 2–12.

**Deumlich, F.:* Instrumentenkunde der Vermessungstechnik. 7. Aufl. Berlin 1980.

**Fabeck, W. von:* Kreiselgeräte. Würzburg 1980.

*_Gotthardt, E.:_ Einführung in die Ausgleichungsrechnung. 2. Aufl. Karlsruhe 1978.

_Grafarend, E.:_ Fehlertheoretisch günstigstes Vorwärtseinschneiden. ZfV 93 (1968), S. 414–419.

_Grafarend, E.:_ Optimization of geodetic network. Bollentino di Geodesia a Sienze affini. 1974.

_Grafarend, E., H. Heister, R. Kelm, H. Kropf und B. Schaffrin:_ Optimierung geodätischer Meßoperationen. Karlsruhe 1979.

*_Großmann, W.:_ Geodätische Rechnungen und Abbildungen in der Landesvermessung. 3. Aufl. Stuttgart 1976.

_Groten, E.:_ Zur Definition des mittleren Punktfehlers. ZfV 94 (1969), S. 445–457.

_Gründig, L.:_ Programmsystem TANA zur Tachymeternetzausgleichung. In (Hrsg.): _Conzett/Matthias/Schmid:_ Ingenieurvermessung 80. Beiträge zum VIII. Internationalen Kurs für Ingenieurvermessung. Bonn 1981.

_Gründig, L. und R. Joeckel:_ Vergleich der hierarchischen Polygonnetzberechnung mit der strengen Ausgleichung. AVN 90 (1983), S. 12–17.

*_Hake, G.:_ Kartographie I. 6. Aufl. Berlin–New York 1982.

_Hallermann, L. und B. Witte:_ Ein neuerer Teilkreisprüfer der Firma Breithaupt. ZfV 92 (1967), S. 415–416.

_Hamacher, W.:_ Zum fehlertheoretisch günstigsten Vorwärtseinschneiden. ZfV 94 (1969), S. 234–235.

_Haupt, E.:_ Zukunftstendenzen des Liegenschaftskatasters. ZfV 104 (1979), S. 191–196.

_Helble, W.:_ Rechnerische Grenzfeststellung mit 5-Parameter-Transformation. ZfV 106 (1981), S. 590–597.

_Heuvelink, H. J.:_ Bestimmung des regelmäßigen und des mittleren zufälligen Durchmesser-Teilungsfehlers bei Kreisen von Theodoliten und Universalinstrumenten. ZfV 42 (1913), S. 441–452.

*_Höpcke, W.:_ Fehlerlehre und Ausgleichungsrechnung. Berlin–New York 1980.

*_Jordan, W., O. Eggert und M. Kneißl:_ Handbuch der Vermessungskunde. 10. Aufl. Metzlersche Verlagsbuchhandlung in Stuttgart.

a) Band II „Feld- und Landmessung, Absteckungsarbeiten“ 1963.
b) Band III „Höhenmessung und Tachymetrie“ 1956.
c) Band IV „Mathematische Geodäsie“ 1958/59.
d) Band VI „Die Entfernungsmessung mit elektromagnetischen Wellen . . .“ Bearbeitet von _K. Rinner_ und _F. Benz,_ 1966.

*_Kahmen, H.:_ Elektronische Meßverfahren in der Geodäsie. 2. Aufl. Karlsruhe 1978.

*Kahmen, H.:* Mikroprozessoren und elektronische Tachymeter. ZfV 104 (1979), S. 481–492.

*Kahmen, H.:* Grundlagen der elektronischen Tachymetrie. In (Hrsg.) *Draheim, H.:* Datenfluß der elektronischen Tachymetrie, Sammlung Wichmann, Neue Folge. Karlsruhe 1981.

*Koch, H. R.:* Parameterschätzung und Hypothesentests in linearen Modellen. Bonn 1980.

*Krack, K.:* Die Blockausgleichung zur Berechnung umfangreicher tachymetrischer Aufnahmen. DGK, Reihe C, Heft 231. München 1977.

*Krüger, L.:* Konforme Abbildung des Erdellipsoids in der Ebene. Potsdam 1912.

*Langley, R. B., J. D. McLaughlin, D. E. Wells:* The potential engineering and land survey market for GPS. Conference on „Engineering Applications of Space Surveying Technology" Nashville, Tennessee 1982.

*Leitz, H.:* Computergestützte Koordinatenbestimmung durch räumlichen Vorwärtseinschnitt mit elektronischen Präzisionstheodoliten. VDI-Berichte 472. Düsseldorf 1983.

**Magnus, K.:* Kreisel, Theorie und Anwendungen. Berlin–Heidelberg 1971.

*Matthias, H.:* Umfassende Behandlung der Theodolitachsenfehler auf vektorieller Grundlage unter spezieller Berücksichtigung der Taumelfehler der Kippachse. Zürich 1961.

*Nieders. Min. d. Innern:* Aufbau und Erhaltung des trigonometrischen Festpunktfeldes (TP-Erlaß). Hannover 1969.

**Pelzer, H.:* (Hrsg.) Geodätische Netze in Landes- und Ingenieurvermessung, Stuttgart 1980.

*Pelzer, H.:* Wandlungen in der geodätischen Aufnahme und Auswertetechnik. In Festschrift 100 Jahre Geodätische Lehre und Forschung in Hannover; Wisse. Arbeiten d. Fachrichtung Vermessungswesen d. Univ. Hannover. Nr. 100, S. 63–69. Hannover 1981.

*Pollmann, H.:* Vermessungskreisel. Vermessungstechnische Rundschau. Hefte 4/1969–11/1971.

*Roelofs, R.:* Optimalisierung der Kreisteilungsuntersuchung. ZfV 90 (1965), S. 489–496.

*Ruopp, M.:* Genauigkeitsbetrachtungen zur polaren Punktbestimmung mit elektronischen Tachymetern bei freier Standpunktswahl. AVN 78 (1971), S. 289–299.

*Scheel, G.:* Über die Exzentrizität von Teilkreisen. DGK Reihe C Heft 15. Frankfurt 1955.

*Schmitt, G.:* Zur Numerik der Gewichtsoptimierung in geodätischen Netzen. Habilitationsschrift. Karlsruhe 1980.

*Schnädelbach, K.:* Neuere Verfahren zur präzisen Längen- und Höhenmessung. AVN 87 (1980), S. 2–21.

*Schnädelbach, K.:* Vorlesungsmanuskript 1983.

**Schwidefsky, K. und F. Ackermann:* Photogrammetrie – Grundlagen, Anwendungen. 7. Aufl. Stuttgart 1976.

*Seeber, G.:* Satelliten – Dopplerverfahren. In: *Pelzer (Hrsg.):* Geodätische Netze in der Landes- und Ingenieurvermessung. Stuttgart 1980.

*Soltau, G.:* Die Vertikalkreisexzentrizität an Theodoliten mit einem Zeiger. ZfV 86 (1961), S. 392–394.

**Torge, W.:* Geodesy. Berlin–New York 1980. Geodäsie. Berlin–New York 1975.

*Wells, D., P. Vanicek and D. Delikaraoglou:* Application of NAVSTAR/GPS to Geodesy in Canada. Technical Report No. 76, Department of Surveying Engineering, University of New Brunswick. Fredericton 1981.

*Wolf, H.:* Die Genauigkeit der für eine Helmerttransformation berechneten Konstanten. ZfV 91 (1966), S. 33–34.

**Wolf, H.:* Ausgleichungsrechnung nach der Methode der kleinsten Quadrate. Bonn 1975.

**Zetsche, H.:* Elektronische Entfernungsmessung (EDM). Stuttgart 1979.

# Sachverzeichnis

eodätische
räzisionsinstrumente
on Kern.
Veltweit geschätzt
nd bewährt für
enaue, zuverlässige
eformations-
essungen.
rn & Co. AG
erke für Präzisionsmechanik, Optik und Elektronik
-5001 Aarau, Schweiz, Telefon 064 251111
Kern
SWISS

FSC
www.fsc.org
MIX
Papier | Fördert
gute Waldnutzung
FSC® C083411

Kolibri 360 GmbH
Ferdinand-Jühlke-Straße 7
99095 Erfurt, Deutschland
produktsicherheit@kolibri360.de